KB053123

그리스 신화로 보는 우리 내면의 은밀한 심리

심리학으로 읽는
그리스 신화

그리스 신화로 보는 우리 내면의 은밀한 심리

심리학으로 읽는 그리스 신화

| 김상준 지음 |

보아스
BOAZ

그리스 신화는 가장 좋은 심리학 교과서

아마 그리스 신화를 한 번쯤 읽지 않은 사람은 없을 겁니다. 그리스 신화는 일단 읽는 재미가 있습니다. 수많은 주인공과 다양한 이야기들이 우리를 빠져들게 하는 매력이 있습니다.

또한 신들은 지고지상의 존재가 아니라 지극히 인간적인 모습으로 그려집니다. 그들은 인간사에 사사건건 끼어들고, 인간의 운명을 좌지우지하지만, 인간처럼 고통에 빠지기도 하고, 사랑에 빠져 어찌할 바를 모르며, 자신이 당한 작은 일도 넘어가거가 용서하지 않고 반드시 복수를 하고야마는 속 좁은 모습으로 그려집니다. 그렇게 신과 인간이 어우러져 대하드라마를 연출하니 그리스 신화는 재미있지 않을 수가 없습니다.

그런데 그리스 신화가 재미있는 가장 큰 이유는 그 이야기들이 바로 우리의 무의식을 건드리고 있기 때문입니다. 우리 안에 존재하는 '원형'이라고 불리는 더 이상 나눠지지 않는 원초적인 심리학의 조각들이 그리스 신화에는 고스란히 담겨 살아 움직이고 있습니다.

우리 마음속의 원형으로는 전사, 마법사, 유혹자, 배신자, 바보, 구원자, 순교자, 복수하는 자, 헌신하는 자, 사랑하는 자, 천재, 불의에 맞서는 자, 비겁자 등 다양한 모습이 존재하고 있습니다. 이 원형들은 우리 내면의 무의식에 잠재해 있다가 어느 순간 또는 어떤 계기에 의해 의식으로 표출되는 것입니다.

그래서 평범한 주부가 어느 날 갑자기 불의에 맞서서 거대 기업과 재판을 벌이는 전사의 모습을 보이기도 하고, 유약하기만 했던 청년이 나라에 위기가 닥치자 전사로 변해 의연히 전장으로 나서기도 합니다. 또한 사랑과는 담을 쌓고 살던 소심한 남성이 어느 날 큐피드의 화살을 맞고 자신의 목숨까지 내놓을 수 있을 정도로 사랑에 빠져 그동안 보지 못했던 정열을 불태우기도 하는 것입니다.

그리스 신화에는 바로 이런 원형들이 적나라하게 그려지고 있습니다. 신화 속에는 사랑의 열병에 빠진 자, 사랑을 배신하는 자, 다른 이를 위해 희생하는 자, 타인을 치유하는 자 등등 수많은 우리 마음속의 원형들이 나타나기 때문에 우리는 신화에 동일시하고 공감하고 이야기에 빠져들게 되는 것입니다.

또한 지금 우리는 수천 년 전의 사람들과는 크게 다른 모습으로 살고 있지만, 인간의 감정은 그리스 신화 속에 등장했던 인물들의 모습과 달라진 점이 전혀 없다는 겁니다. 우리는 현대라는 공간에 살고 있는 그리스 신화 속의 헤라클레스, 헤라, 제우스, 프로메테우스, 테세우스입니다. 그러한 까닭에 그리스 신화는 아무리 긴 세월이 흘러도 여전히 우리의 마음을 울리고, 우리는 그리스 신화의 이야기들을 통해 우리 내면에 감춰진 탐욕, 분노, 집착, 사랑, 배신 등 다채로운 심리들을 비추어 볼 수 있는 것입니다.

신화 속의 인물들은 바로 우리 심리의 거울이며, 그들을 통해 우리는 우리 안에 숨겨진 마음의 비밀을 엿볼 수 있습니다.

자, 이제 그리스 신화의 이야기들을 통해 그 비밀이 무엇인지 확인해 보시기 바랍니다.

제1장

팜므파탈의 원조
판도라의 진실

우월감

Superiority Complex

헤시오도스!!!

헤시오도스, 그자로 인해서 저는 천하의 요부로 낙인찍히고 말았습니다.

그자가 글재주가 뛰어나다고는 하지만 어찌 저를 이렇게 방탕하고, 호기심 많고, 형편없는 여자로 전락시켰는지 저는 억울하기 짝이 없습니다.

저는 판도라Pandora입니다. 제 이름의 원래 의미는 '모든 선물을 주는 자'입니다.

하지만 많은 사람이 저를 '선물을 주는 자'가 아니라 '재앙을 불러온 여자'로 알고 있습니다. 호기심 많은 한 여자가 열어 보아서는 안 될 항아리의 뚜껑을 연 탓에 평화롭던 인간 세상에 온갖 재앙을 불러왔다는 것입니다.

제가 나타나기 전까지 인간 세상은 황금시대를 누리고 있었습니다.

인간은 노동을 하지 않아도 먹을 것이 풍족했고, 질병도 없었으며, 서로 간에 다툼이나 원한도 없었습니다. 하지만 제가 금단의 항아리 뚜껑을 여는 순간 그 안에서 온갖 질병, 질투, 고통, 죽음 등 나쁜 것이란 나쁜 것은 모두 쏟아져 나오고 말았죠.

인간은 이때부터 노동을 해야 자신의 입에 풀칠을 할 수 있게 되었습니다. 이후 인간의 후손들은 저에 대해 불평을 늘어놓고 온갖 비난을 퍼부었습니다.

"판도라만 아니었다면 인간은 지상 낙원에서 아무런 노동을 하지 않아도 먹고살 수 있었을 거야. 그뿐인가? 인간에게 일어나는 온갖 불행이나 질병도 생기지 않았을 거라구. 그 경박한 판도라 때문에 인간은 나락의 길로 떨어지고 말았어."

여기서 아마도 여러분은 저를 통해 이브를 떠올리셨을 거라 생각합니다.

이브도 저처럼 호기심을 이기지 못해 뱀의 유혹에 넘어가 금단의 열매인 사과를 따 먹고 에덴동산에서 쫓겨나고 말았죠.

결국 이브 때문에 인간들은 노동을 해야 먹고살 수 있게 되었고, 유한한 생명을 갖게 되었으며, 여성들은 산고의 고통까지 떠안게 되었습니다.

저나 이브 모두 여자가 가진 호기심 때문에 인간 세상을 낙원에서 지옥으로 바꾼 장본인이라는 점에서 똑같은 운명을 짊어지게 되었습니다.

하지만 저는 이브보다도 먼저 여성의 호기심으로 인간 세상을 어지럽혔다고 해서 장 쿠쟁이라는 프랑스 화가는 〈최초의 이브 판도라 Eva Prima

Pandora〉라는 그림까지 남겼습니다.

하지만 저는 억울합니다.

저는 호기심이 많은 여자도 아니고, 인간 세상을 어지럽힌 장본인도 아닙니다. 저는 단지 저를 음해하려는 음모론의 희생자일 뿐입니다.

그렇다면 누가 가해자인지 궁금하실 겁니다.

일단 조작된 이야기를 만들고 퍼뜨렸던 이는 고대 그리스의 시인인 '헤시오도스'라는 자입니다. 그는 그동안 전해져 왔던 저의 기품 있는 모습은 모두 지워 버리고, 호기심 많고 남자를 재앙에 빠뜨리는 팜므파탈femme fatale, 즉 요부妖婦의 모습으로 저를 바꾸어 놓았습니다.

물론 이것은 헤시오도스의 잘못만은 아닙니다. 그는 단지 하수인에 불과했으니까요.

저는 저처럼 모함에 의해 음모론의 희생자가 더 이상 생겨나서는 안 된다고 생각했습니다. 그런데 이브라는 또 다른 희생자가 생기고 말았습니다. 제 이야기는 곧 인근 지역으로 퍼져 나갔고, 아담과 이브의 이야기로 다시 만들어졌던 거죠.

이제 저는 어떤 경위로, 그리고 제가 어떻게 왜곡되고 폄하되었는지 차근차근 설명해 드리려고 합니다. 제 이야기를 다 듣고 나면 어쩌면 여러분은 오히려 저를 측은하게 여기실지도 모릅니다.

〈에바 프리마 판도라〉
장 쿠쟁 | 1550년경 | 루브르 박물관 소장

프로메테우스, 인간을 만들다

그리스 신화에서 인간을 처음으로 만든 신은 올림포스의 주신인 제우스Zeus*라고 생각하는 사람이 많을 것이다. 하지만 실은 제우스가 아니라 거인족인 티탄Titan**족의 신인 프로메테우스Prometheus***다.

프로메테우스는 '먼저 생각하는 자'라는 의미로 그는 이름처럼 선견지명이 뛰어난 신이며, 인간에게 불을 훔쳐다 주어 인간에게 문화를 전해 준 은인으로서 인간과 떼려야 뗄 수 없는 관계에 있다.

그에게는 에피메테우스 Epimetheus****라는 동생이 있었는데, 에피메테우스란 '나중에 생각하는 자'라는 의미를 갖고 있다. 진중한 형과 달리 에피메테우스는 우둔하고 즉흥적인 성격을 갖고 있었다.

처음 프로메테우스는 진흙에 물을 붓고 이를 잘 반죽해 신의 형상을 한 인간을 만들어 냈다. 그리고 인간에게 서서 다닐 수

* **제우스** 그리스 신화에 나오는 최고의 신. 거인족 크로노스와 레아의 아들로, 신들과 인간의 아버지로서 올림포스 신들 가운데 최고의 신이며 하늘을 지배하는 동시에 인간 세상을 통치하는 신이기도 하다.

** **티탄족** 그리스 신화에 나오는 거인족. 천공의 신 우라노스와 대지의 여신 가이아 사이에서 태어난 6명의 남신과 6명의 여신으로 이루어져 있다. 올림포스 신들이 세상을 지배하기 전인 황금시대를 다스렸고, 올림포스 신들과의 전쟁에서 패배해 멸망했다.

*** **프로메테우스** 티탄족 이아페토스의 아들. 제우스가 감춘 불을 훔쳐내어 인간에게 전달해 줌으로써 최초로 인간에게 문명을 전달해 주었다. 그 벌로 바위의 쇠사슬에 묶여 매일 독수리에게 간을 쪼아먹히지만, 밤이 되면 간이 회복되어 영원히 고통을 겪게 된다. 나중에 헤라클레스에 의해 독수리가 사살되고 제우스에 의해 고통에서 해방된다.

**** **에피메테우스** 프로메테우스의 동생이자 판도라의 남편. 판도라와의 사이에서 프로메테우스의 아들인 데우칼리온의 아내 피르하를 낳았다.

있는 능력을 부여함으로써 다른 동물들이 고개를 숙여 땅을 내려다보는데 반해 인간만은 고개를 들고 하늘을 바라볼 수 있게 되었다. 그래서 인간은 동물들과 달리 자유로운 두 손으로 도구를 만들 수 있게 된 것이다.

프로메테우스는 자신의 손으로 만들어진 인간의 모습을 보고 매우 흡족해했다. 그리고 썩 미더운 것은 아니었지만 나머지 일은 동생인 에피메테우스에게 맡겼다.

"아우야 이제 내가 인간을 만들었으니 네가 인간에게 그들이 살아갈 수 있는 능력을 주도록 해라. 인간의 모습은 신의 형상대로 만들었지만 그들은 추위를 이겨낼 따뜻한 털도 없고, 맹수를 이길 수 있는 날카로운 발톱과 빠른 다리도 갖지 못했다. 그러니 인간에게도 스스로 살아갈 수 있는 능력을 부여하는 것을 절대 잊어서는 안 된다."

에피메테우스는 형인 프로메테우스에게 절대 잊지 않겠다고 말하고는 두 형제가 창조한 온갖 동물에게 각 동물이 생존할 수 있는 능력을 하나씩 나눠 주기 시작했다. 새에게는 하늘을 마음껏 날아다닐 수 있는 날개를 주었고, 곰에게는 강한 힘을 주었다. 또한 뱀에게는 지혜를 주었고, 사자에게는 날카로운 이와 발톱을 주었고, 공작에게는 아름다운 깃털을 주었다. 이렇게 각각의 동물에게 능력을 모두 나눠 주고 나서 한숨을 돌릴 즈음 에피메테우스는 인간에게 아무런 능력을 주지 않은 것이 갑자기 떠올랐다.

'큰일 났다. 다른 동물들에게 모든 재능을 나눠 주고 나니 인간에게 줄 게 없으니 이를 어쩌지. 돌아올 형에게 대체 뭐라고 해야

하나.'

　프로메테우스가 밖에서 돌아와서 사태를 파악했을 때는 이미 돌이킬 수 없는 상황이었고, 우둔한 동생을 나무란다고 해서 해결될 일이 아니었다. 프로메테우스의 가장 큰 실수는 미덥지 못한 동생에게 그런 큰일을 맡긴 것이었다.

　'그렇다면 인간에게 줄 수 있는 것이 도대체 무어란 말인가? 내가 나눠 줄 수 있는 것은 이미 다른 동물들에게 다 나눠줬으니……'

　고심을 하고 있던 프로메테우스에게 갑자기 한 가지 생각이 떠올랐다.

　'그래 인간에게는 불을 주는 거야. 신만이 불을 갖고 있으란 법은 없잖아. 불만 가진다면 추위를 피할 수 있고, 음식을 지어 먹을 수도 있지 않은가. 지혜의 신 아테나_Athena_*가 인간에게 선물한 두뇌를 활용한다면 도구도 만들 수 있을 테니 말이야.'

　그래서 프로메테우스는 천상으로 올라가 불을 훔치기로 마음먹었다. 그는 불을 붙여 오기 위해 회향나무 가지를 꺾어 들고 아폴론_Apollon_**의 태양마차가 하늘길의 중간에 이르렀을 때 몰래 마차 뒤에 숨어 불을 훔치는 데 성공했다.

　프로메테우스가 불을 훔친 것은 여러 가지 설이 있는데, 대장장이의 신인 헤파이스토스_Hephaestos_***의

> • **아테나** 그리스 신화에 나오는 지혜와 전쟁의 여신. 제우스와 지혜의 여신 메티스 사이에서 태어났다. 올림포스 12신 가운데 한 명이며 아테네의 수호신이다.
>
> •• **아폴론** 그리스 신화에 나오는 올림포스 12신 가운데 한 명. 제우스와 티탄족의 여신 레토 사이에서 태어났다. 태양의 신이며, 이성과 예언, 의술, 궁술, 음악과 시의 신이기도 하다. 냉철함과 이성을 지닌 신이다. 달과 사냥의 여신인 아르테미스와 쌍둥이 남매지간이다.

아궁이에서 불을 훔쳤다는 이야기도 있고, 제우스가 항상 가지고 다니는 벼락에서 몰래 불을 붙여왔다는 이야기도 있다.

프로메테우스가 불을 전해줌으로써 인간은 어두운 밤도 환히 밝힐 수 있게 되었고, 날음식도 익혀 먹을 수 있게 되었으며, 추운 밤도 따뜻하게 지낼 수 있게 되었다. 무엇보다 인간이 가진 뛰어난 재능인 지능에 불을 더하게 되면서 새로운 도구를 만들 수 있는 기틀이 마련되었다.

하지만 세상일이란 좋은 일이 있으면 나쁜 일도 있게 마련이다.

이 과정을 천상에서 모두 지켜보고 있던 제우스는 불쾌함을 감추지 못했다.

"자신의 왕위를 찬탈할까봐 자식을 모두 배 속에 집어삼킨 나의 아버지 크로노스Cronos****를 물리치기 위해 티탄족과 10년 동안이나 전쟁을 치르는 동안 같은 티탄족이면서도 나를 도와 이 전쟁에서 승리하게 해 준 프로메테우스에게 나는 감사하는 마음을 잊지 않았었다. 그런데 이게 대체 무언가? 그는 내 허락도 받지 않고 진흙으로 인간이라는 미물을 만들고, 게다가 그 미물을 우리 신의 모습과 똑같이 만들기까지 했다. 이제는 그것도 모자라 천상의 재산인 불까지 훔쳐다 인간에게 주는 무례함을 범했다. 나는 더 이상 프로메테우스를 용서할 수가 없다. 지금 당장 프

*** **헤파이스토스** 그리스 신화에 나오는 불과 대장장이의 신. 올림포스 12신 가운데 한 명이다. 절름발이에 볼품없는 외모를 지녔지만 미의 여신인 아프로디테의 남편이 된다.
**** **크로노스** 그리스 신화에 나오는 농경과 계절의 신. 레아와의 사이에서 헤스티아, 데메테르, 헤라, 하데스, 포세이돈, 제우스에 이르는 6명의 자식을 낳았다. 제우스에 의해 추방당한다. 크로노스의 시대는 인류의 황금시대였다.

로메테우스를 벌할 생각은 없지만, 그의 창조물인 인간은 내가 가만 두지 않겠다."

제우스는 자신이 과거에 신세를 졌던 프로메테우스를 당장 벌하는 대신 인간의 씨를 말리기로 결정했다. 그래서 제우스는 인간에게 이렇게 선포했다.

"인간들아 내가 바로 전지전능한 신 제우스다. 너희가 비록 프로메테우스의 손에서 태어났다고는 하나 천지 만물 어느 것도 나의 명령에 따르지 않는 것은 없다. 그러니 앞으로 너희는 나에게 인간의 음식 중 가장 좋은 것을 바쳐야 한다. 대신 내가 너희를 어여삐 여겨 보살펴 주마."

하지만 제우스의 속마음은 인간을 돌봐 주려는 것이 아니라 인간의 음식을 뺏어 그들을 굶겨 죽이려는 의도였다.

제우스의 의도를 간파한 프로메테우스는 인간이 굶어 죽는 것을 어떻게든 막으려 했다. 그래서 한 가지 꾀를 냈다. 그는 소를 잡아서 두 개의 꾸러미에 나누어 포장을 했다. 그중 하나는 내장과 기름덩어리를 싸고, 다른 하나는 맛있는 살코기를 싼 다음 두 개의 꾸러미 중 하나를 제우스에게 선택하라고 했다. 제우스는 내장과 기름덩어리를 싼 꾸러미가 더 커 보여서 그것을 선택했고, 살코기는 인간의 몫으로 돌아갔다. 제우스는 곧 프로메테우스의 계략에 넘어갔다는 사실을 알고 크게 분노했다.

신의 왕인 자신이 티탄족의 이름 없는 자손인 프로메테우스에게 속아 넘어갔다는 사실에 더욱 화가 난 제우스는 어떻게 해서든지 인간을 괴롭힐 궁리를 했다. 좋은 방법이 없을까 고심하던 차에 제우스는 자신의 이름을 더럽히지 않으면서도 인간을 궁지에 빠트릴 묘책을 생각해 냈다. 겉으로는 인간을 돕는 것처럼 보이지만, 결국 인간에게 화가 돌아가게 하는 방법이었다.

이때 퍼뜩 떠오른 것이 자신의 아들이자 대장장이의 신인 헤파이스토스였다. 헤파이스토스는 무엇이든 만들어 내는 재주를 가졌으니 뭔가 기막힌 물건을 만들어 낼 수 있을 거라 생각한 것이다. 그래서 제우스는 헤파이스토스에게 인간에게 줄 선물을 만들어 오라고 지시를 내렸다. 하지만 거기에는 한 가지 조건이 있었다. 겉으로만 선물처럼 보일 뿐 인간에게 커다란 재앙을 가져다주어야 한다는 것이었다.

평화롭던 인간 세상에 재앙을 뿌린 판도라

며칠 동안 대장간에서 나오지 않고 문을 걸어 잠근 채 무엇인가 열심히 작업을 하던 헤파이스토스가 작업장 문을 열어젖히자 마침내 그의 작품이 공개되었다.

그것은 바로 아름다운 여인이었다. 그는 진흙에 숨결을 불어넣어 자신의 아내인 아프로디테Aphrodite의 모습을 본떠 아름다운 여인을 만들어 낸 것이다. 인간에게 여자

* **아프로디테** 그리스 신화에 나오는 미와 풍요의 여신. 호메로스는 아프로디테가 제우스와 아르테미스의 딸이라고 주장했고, 헤시오도스는 아들 크로노스가 아버지 우라노스의 성기를 거세했을 때 그것이 바다에 떨어져 흰 거품이 되어 그 거품 속에서 아프로디테가 태어났다고 주장했다.

가 없다는 사실을 알게 된 헤파이스토스는 인간에게 가장 필요하면서 또 인간을 괴롭힐 상대는 여자라는 것을 알고 있었기 때문이다.

이제 헤파이스토스의 역할은 끝나고 다른 신들이 최초의 여자에게 다른 재능을 부여할 차례가 되었다. 도둑의 신이자 여행의 신이기도 한 헤르메스Hermes**는 뻔뻔스럽고 기만적인 성격을 주었고, 미의 여신인 아프로디테는 끝없는 욕망과 근심을 주었다. 그러나 지혜의 여신인 아테나만은 바느질하는 법과 베 짜는 법을 가르쳐 주었다.

이렇게 신이 의도해서 만든 최초의 여자는 마치 프랑켄슈타인처럼 여러 신의 안 좋은 속성을 짜깁기해서 만들어졌다. 지상 최초의 여자는 판도라***라고 이름 붙여졌다.

드디어 최초의 여자가 인간세계에 내려가게 되었다.

올림포스의 신들이 선택한 여자의 배필은 프로메테우스의 동생인 에피메테우스였다. 즉흥적이고 아둔한 에피메테우스가 분명 자신들이 쳐놓은 덫에 걸릴 거라고 예상했기 때문이다.

하지만 신들은 지상에 인간 여자인 판도라를 내려보내는 것도 모자라서 또 다른 간계를 생각해 냈다. 판도라를 지상으로 내려보내면서 그녀에게 커다란 항아리를 갖고 가게 했다. 그 항아리에는 신들이 생

** **헤르메스** 그리스 신화에 나오는 나그네, 상인, 도둑의 수호신이며, 신과 신 그리고 신과 인간 사이의 소통을 담당하고 제우스의 말을 전달하는 전령의 신이다. 또한 죽은 자들을 인도하는 신이기도 하다. 올림포스 12신 중의 한 명이며, 제우스와 아틀라스 딸 마이아 사이에서 태어났다.

*** **판도라** 그리스 신화에 나오는 인류 최초의 여성. 대장장이의 신 헤파이스토스가 흙에 물을 섞어 여신을 닮은 형상을 만들고 생명을 불어넣고, 각 신이 여기에 각종 요소를 심어 인류 최초의 여성을 탄생시켰다.

각하기에 가장 나쁜 것들, 즉 질병, 고통, 절망, 슬픔, 원한, 복수심 등을 가득 담아 놓았다.

항상 먼저 생각하는 자인 프로메테우스는 신들이 보낸 여자를 아내로 맞이하려는 에피메테우스에게 경고를 했다.

"이번 신들이 보낸 선물은 뭔가 불길한 느낌이 들어. 아우야, 그 선물을 돌려보내는 것이 어떻겠니? 지난번 제우스를 골려 준 것도 있고 해서 아무래도 신들이 뭔가 나쁜 일을 꾸미고 있는 것 같다."

하지만 에피메테우스는 형의 말을 듣지 않았다.

"형님은 먼저 생각하는 것은 좋은데, 항상 의심이 많은 게 탈입니다. 신이 보내 준 여자 판도라의 얼굴을 보세요. 얼마나 아름답게 생겼어요. 그냥 이번에 우리와 화해하는 의미로 신들이 선물을 보내 준 거라구요. 저렇게 아름다운 여자가 뭐가 불길하다고 그러는 겁니까?"

결국 에피메테우스는 판도라를 아내로 맞아들였다.

에피메테우스와 판도라의 결혼생활이 시작되고 얼마 후, 판도라는 점점 일상생활이 재미가 없고 권태롭게 느껴졌다. '뭐 재미나는 일이 없을까?' 한참을 생각하던 중에 판도라는 신이 자신과 함께 지상으로 내려보낸 항아리가 문득 떠올랐다.

"대체 이 안에 뭐가 들었을까? 천상에서 물어봐도 신들은 빙긋이 웃기만 할 뿐 가르쳐 주지 않았단 말이야?"

판도라는 호기심에 가득 찬 눈으로 광으로 들어가 자신이 지상으로 갖고 내려온 항아리의 뚜껑을 열어 보았다. 그 순간 항아리 안에서 튀어나온 온갖 나쁜 것들이 인간 세상으로 흩어지기 시작했다.

그녀는 너무나 놀라서 황급히 뚜껑을 닫았지만 항아리 속에 들어 있던 재앙은 이미 인간 세상에 모두 퍼진 뒤였다.

그동안 인간세계에는 질병, 고통, 절망, 슬픔 등이 없었는데 삽시 간에 퍼져 버린 항아리에서 나온 재앙들은 인간을 불행의 나락으로 떨어뜨렸다.

판도라의 항아리에 관련된 또 다른 이야기가 있다. 에피메테우스 의 집에 원래 재앙이 가득 담긴 항아리가 있었는데 에피메테우스가 판도라에게 절대로 항아리를 열어 보지 말라고 했으나 그녀가 호기 심 때문에 항아리를 열었다고 한다.

판도라가 항아리를 여는 순간, 인간은 지상 낙원에서 추방된 아담 과 이브처럼 죽도록 노동을 해야 했고, 생로병사의 굴레에 걸려들고 말았다. 하지만 이미 열린 항아리의 뚜껑은 아무도 되돌릴 수가 없 었고, 제우스는 이 광경을 지켜보면서 프로메테우스에게 당한 수치 를 갚을 수 있게 되어 회심의 미소를 지었다.

인간에게 판도라를 보내 해코지를 한 제우스는 그래도 천상의 불 을 훔쳐 간 것에 대한 화를 풀지 못해 결국 프로메테우스를 카우카 소스 산의 정상에 매달아 버렸다.

인간을 만들고 인간을 위해 불을 훔친 프로메테우스는 카우카소 스 산의 정상에서 매일 독수리에게 간을 뜯기는 고통을 겪어야 하 는 형벌에 처해졌다. 독수리에게 뜯긴 간은 저녁이면 다시 자라나게 되고, 어김없이 다음 날이면 찾아오는 독수리는 프로메테우스의 간 을 뜯어먹고는 유유히 사라졌다.

〈쇠사슬에 묶인 프로메테우스〉
야코프 요르단스 | 1640년경 | 발라프 리하르츠 미술관 소장

판도라 신화 속에 내재된 남성중심 사회의 심리

그리스 신화에 등장하는 최초의 인간 여자인 판도라에 대한 이야기는 여성에 대한 폄하로부터 시작된다. 여자의 얄팍한 호기심이 결국 인간을 낙원에서 끌어낸 원흉이라는 해석이다.

그동안 남자들이 황금시대를 누리며 평화롭게 살았던 인간 세상에서 신이 던져 준 여성으로 말미암아 노동과 질병, 고통, 원한, 질투와 시기, 전쟁 등의 재앙이 비로소 시작되었다는 것이다.

그렇다면 고대 그리스 사람들은 왜 여자에 대한 부정적인 시각을 갖고 있었던 것일까? 왜냐하면 고대 그리스 사회는 가부장적인 질서와 이성을 신봉하는 사회였기 때문이다.

그들은 남성만이 이성을 소유하고 있으며, 여성은 무질서와 혼돈을 대변하고 있다고 보았다. 또한 가부장제가 확립되기 시작하면서 여성에 대한 폄하를 통해 남성중심사회를 구축하기에 이르렀다. 그러면서 고대 그리스인들은 남성신이 들어서기 전 이미 토착화된 여성신을 남성신에게 복속시키거나 별 볼 일 없는 존재로 전락시키는 작업에 들어갔다.

그러한 작업에 뛰어든 사람 중 한 명이 시인 헤시오도스*였다. 그는 기원전 700년경 활약했던 시인으로 지금 남아 있는 작품으로는 〈신통기〉와 〈노동과 나날〉, 두 편이 있다.

> * **헤시오도스** 기원전 700년경의 그리스의 서사시인. 종교적, 교훈적, 실용적인 내용을 특징으로 하는 보이오티아파를 대표하는 시인. 도덕적인 교훈의 내용과 농경기술을 서술한 〈노동과 나날〉과 천지창조와 신들의 계보를 기술한 〈신통기〉가 전해진다.

헤시오도스의 작품 중 〈노동과 나날〉에 판도라에 관한 이야기가
기술되어 있다.

그때까지 지상에 사는 인간의 종족들은
아무런 번민도 없었고, 괴로운 노동도 없었으며
인간에게 죽음을 가져다주는 질병도 모르고 살아왔다.
그런데 여자는 그 손으로 커다란 항아리 뚜껑을 열어
항아리의 내용물을 마구 흩어놓아
인간에게 여러 가지 고난을 초래하게 되었다.
그곳에는 한 사람 엘피스(희망)만이
항아리 가장 밑바닥에 남아 있었다.
구름을 모으는 힘과 아이기스(방패)*를 가진
제우스의 계략으로
여자는 그것이 밖으로 나오기 전에
항아리의 뚜껑을 닫았기 때문이다.
그러나 엄청난 다른 재앙들이
인간세계에 횡행하게 되었다.

이처럼 헤시오도스가 〈노동과 나날〉에 판도라의 이야기를 실은
것은 여성에 대한 그리스 사람들
의 생각을 반영한다고 볼 수 있으
며, 이 헤시오도스의 이야기로 인
해 판도라는 완전히 팜므파탈의

• **아이기스** 제우스의 방패로, 헤파이
스토스가 만들었다. 중앙에는 메두사
의 머리가 장식되어 있고 가장자리는
뱀의 무늬가 장식되어 있다.

원조로 자리잡았다.

사실 헤시오도스의 생각은 그 당시 그리스 사람들의 생각을 반영한 것일 뿐 개인만의 생각은 아니었을 것이다.

그리스 사람들이 신봉하는 남성적인 질서와 이성, 가부장적인 사회에서 가장 두려운 존재는 여성이었다. 그 당시 남성들이 생각하기에 여성은 혼돈 그 자체였으며 매우 신비스럽고 알 수 없는 존재였다. 여성은 매달 피흘림이라는 월경을 하고, 어느 날 갑자기 배가 불러오면서 출산을 하기도 한다. 그 당시 그리스 남성들은 이러한 여성들의 불규칙적이면서도 창조적인 행위에 대한 두려움을 갖고 있었다. 아무리 이성적으로 생각해도 여성의 출산과 월경에 대해 이해가 되지 않았기 때문이다. 또한 속으로는 이런 창조적인 행위가 신적인 요소를 담고 있다고 생각했다. 사실 처음 만물을 만든 존재도 가이아Gaea** 라는 커다란 어머니 신이 아닌가?

하지만 당시는 남성이 이미 사회의 중심으로 자리잡고 있는 상태였기에 이러한 여성적인 특성에 경외심을 드러낼 수는 없었다. 도리어 남성이 갖지 못한 여성적인 특성을 비하하고 깎아내릴 필요성이 있었다. 만약 그렇지 않으면 다음 세대인 자신의 아들들이 여성적인 성향에 도취되어 남성중심의 사회가 이어지지 못할 것이란 두려움이 있었기 때문이다.

또한 남성들이 가장 두려워한 것은 여성의 매력에 자신이 빠지는 것이었다. 아무리 이성으로 무장한 남성이라 해도 여성의 아름

> ** 가이아 그리스 신화에 나오는 대지의 여신. 모든 신과 인간의 원초가 되는 최초의 신으로, 고대 그리스인들이 제우스를 최고의 신으로 받들기 이전에 숭배하던 어머니 신이다.

다움과 섬세함에 빠져들게 되면 그의 이성은 곧 마비되고 만다. 그리고 하루 종일 자신의 마음을 빼앗아간 여성을 생각하며 아무런 일도 하지 못하게 된다. 그래서 헤시오도스는 여성에게 끌리는 남성에게 경각심을 불러일으키기 위해 "여자의 달콤한 혀를 따라가지 마라, 그녀는 자신의 매력적인 몸으로 미혹할 것이다"라는 말을 남기기도 했다.

남성은 여성이 자신을 유혹했다고 생각하지만, 내심 자신이 유혹당하지 않을까 두려움을 가진다. 그래서 그들은 반대로 자신의 흔들리는 이성에 대한 책임을 여성에게 뒤집어씌워 버린다.

이러한 까닭에 판도라는 욕망과 유혹의 화신으로 그려지고, 여성이라는 존재는 이성과 질서를 파괴하고, 인간 세상을 몰락시킨 원흉으로 지목된 것이다. 거기에 헤시오도스의 글이 쐐기를 박아 준 것이다.

사실 판도라는 인간 여자가 아니었다. 헤시오도스의 〈노동과 나날〉에서 판도라는 유혹적이고 호기심 많은 여인으로 그려졌지만, 그녀는 원래 대지의 여신이었다. 판도라라는 이름도 '모든 선물을 주는 자'라는 의미를 담고 있다.

하지만 그리스 신화에서 남성신이 득세를 하면서 기존에 자리잡고 있던 여성신들은 남성신에게 자리를 빼앗기거나 격하되고, 심지어 판도라처럼 악명 높은 여자로 전락하게 된다.

그러나 원래의 판도라 신화는 다음과 같다.

처음 대지의 어머니 신이 인간에게 생명을 주었다. 이렇게 태어난 인간은 음식을 구하기 위해 여기저기 돌아다니게 되었다. 어느 날

아침 인간들은 이상할 정도로 뚱뚱한 곰의 새끼를 발견하고 그 곰을 쫓아가게 되었다. 그 곰을 따라가다 그들은 많은 열매가 달린 관목숲에 다다랐다. 인간은 먹을 것을 발견하고 뛸 듯이 기뻐했다. 이때 갑자기 그들이 딛고 있던 땅이 흔들리기 시작하더니 갈라지면서 판도라가 흙으로 만든 항아리를 들고 나타났다. 인간들은 갑작스레 나타난 여신과 그녀를 둘러싼 광채를 보고 몹시 놀랐다.

여신은 "나는 판도라다. 모든 것을 주는 신이다"라고 하면서 커다란 항아리의 뚜껑을 열었다. 그녀가 항아리에서 석류열매를 꺼내자 이 열매는 사과, 레몬, 배로 변했다. 판도라는 다시 인간에게 이렇게 말했다.

"나는 과실이 열리는 나무를 줄 것이고, 올리브 열매를 맺는 나무와 포도나무를 줄 것이다."

그러고는 이 나무의 씨앗을 언덕에 뿌리기 시작했다.

"나는 인간이 가진 질병과 배고픔을 덜어 주는 나무를 줄 것이고, 직물을 짜고 염색을 하는 나무를 줄 것이다. 그리고 이 땅 아래에는 많은 진귀한 광물과 보석이 있으니 너희가 그걸 발견하게 될 것이다."

마지막으로 판도라는 항아리에서 두 개의 작은 돌을 꺼냈다.

"나는 이 부싯돌을 줄 것이다. 이것으로 너희는 불을 만들 수 있다."

이어서 판도라가 항아리를 기울이자 그녀의 은총이 언덕을 감싸기 시작하더니 인간들도 판도라의 광채에 감싸였다. 판도라가 다시 말했다.

"너희에게 호기심과 기억을 주고, 자비와 정의를 주고, 서로 보살 피는 마음과 용기와 강인함을 주고 평화의 씨앗을 주겠다."

이제 나의 모든 이야기를 끝맺을 때가 되었군요. 헤시오도스의 글에 현혹되어 있는 여러분께 자초지종을 이야기하고 나니 속이 후련합니다.

그동안 저는 인간 여자로 전락했고, 게다가 인간에게 온갖 나쁜 것을 주는 여자라는 오명까지 얻었습니다.

프로메테우스가 인간에게 불을 주었기 때문에 고통을 받았듯이, 저 또한 인간에게 모든 것을 주었기 때문에 다른 신의 시기를 받게 된 겁니다. 다른 신들 특히 제우스를 비롯한 올림포스의 신들은 제 능력을 시기했습니다.

모든 것은 올림포스의 주신인 제우스의 음모로 인한 것입니다. 그는 저를 미워했어요. 그는 질투가 많은 신입니다. 그는 제가 인간에게 모든 것을 베푸는 것에 질투가 났던 것입니다. 그래서 계속 저를 깎아내리고 신의 반열에서 쫓아낼 궁리만 했죠.

그러나 저는 분명 당당한 대지의 여신이었으며, 여러분 인간에게 모든 것을 베풀었던 장본인입니다.

올림포스의 신들을 보세요.

그들은 인간에게 해 준 것이 없습니다. 그들은 올림포스 신전에서 암브로시아를 먹고 넥타르나 마셔대며 시시덕거릴 뿐 인간의 행복이나 안전에는 관심도 없었습니다. 그러면서 인간에게 공물이나 요구하고, 인간의 운명을 옥죄는 역할만 했을 뿐입니다.

그들이 저에 대해 왜곡하고 조작한 이야기들을 생각하면 가슴이 미어지지만, 저는 수천 년을 참으면서 이런 기회가 언젠가 올 거라는 희망으로 살아왔습니다. 항아리 속에 마지막으로 남아 있던 희망을 붙든 채 지금까지 참아온 것입니다.

이제 저는 다시 대지의 여신으로 돌아가고 싶은 심정뿐입니다.

그때가 오면 저는 또다시 여러분 인간에게 모든 것을 주는 자로서 마음껏 베풀고 싶을 뿐입니다.

제2장

근친살해의 원형
오이디푸스의 변명

갈등
Conflict

저는 억울합니다!

저는 많은 사람에게 아버지를 때려죽이고 어머니와 결혼한 패륜아로 지탄받아 왔습니다. 그러나 저 자신은 아버지를 죽이고 어머니와 결혼할 것이라는 델포이의 신탁을 피하기 위해 찾은 테베에서 아버지와 어머니를 만날 줄은 꿈에도 몰랐습니다.

또 맹세코 계곡에서 마차를 내달리며 길을 비키라고 호통을 치고, 저를 때리기까지 한 사람이 제 아버지인 줄은 몰랐습니다. 만약 아버지가 좀 더 점잖게 길을 비켜 달라고 했거나, 자신의 신분을 밝혔다면 아마 그런 불상사는 없었을 겁니다. 물론 화를 참지 못하고 경솔하게 아버지를 죽인 일마저 아무런 잘못이 없다고 변명하지는 않겠습니다.

하지만 제가 몹쓸 죄만 지은 것은 아닙니다.

저는 테베를 공포에 휩싸이게 한 스핑크스의 저주를 풀어 황폐해 가던 테베를 구했던 장본인이기도 합니다. 그래서 제가 원하지도 않았는데 테베의 시민들은 저를 테베의 왕으로 임명했고, 제 생모인 이오카스테Iocaste 왕비의 남편으로 삼은 것입니다.

저는 이런 잘못을 도저히 받아들일 수 없어 저를 낳아준 아버지와 어머니도 알아보지 못한 눈을 스스로 찔러 아무것도 볼 수 없게 되었습니다. 또한 이 때문에 복수의 여신들인 에리니에스Erinyes에게 죽을 때까지 저주를 받아야 했습니다. 이 복수의 여신들은 몸에 뱀을 감고, 한 손에는 횃불을 들고, 또 다른 한 손은 채찍을 휘두르며 특히 저처럼 친족을 살해한 사람들을 죽을 때까지 괴롭히며 따라다닙니다.

하지만 제가 받은 죗값 중에서 가장 고통스러운 것이 무엇인지 아십니까?

생모인 이오카스테와의 사이에서 낳은 형제이자 아들인 폴리네이케스Polyneices와 에테오클레스Eteocles가 제가 버린 왕권을 차지하기 위해 다투다 모두 죽었다는 것입니다. 그리고 사랑하는 딸이자 누이인 안티고네Antigone마저도 이 세상을 떠나고 말았습니다.

자식을 먼저 이 세상에서 떠나보낸 아비의 심정이 어떻겠습니까?

저는 '오이디푸스 콤플렉스Oedipus complex'의 모델이 되었습니다. 이는 어머니를 사랑하는 아들이 아버지의 존재로 인해 어머니에 대한 사랑을 접어야 하고, 아버지를 죽이고 싶은 심정을 가슴속에 품고 지내는 것을 말하더군요.

하지만 저는 추호도 아버지와 경쟁을 벌일 생각도 없었고, 어머니를 이성적으로 사랑했던 것도 아닙니다. 단지 아버지와 어머니를 알아보지 못한 것이 저의 죄라면 죄라고 할 수 있겠죠.

저는 늘 제 변명을 하기 위한 기회가 오기를 기다려 왔습니다.

저는 아버지와 어머니를 죽일 것이라는 델포이의 신탁을 피하기 위해 제가 부모라고 생각했던 코린토스의 폴리보스Polybus 왕의 곁을 떠났던 사람입니다. 하지만 헤라Hera 여신이 우리 테베 가문에 내린 저주로 인해 그 모든 사건이 벌어지게 된 것입니다.

그러니 저는 운명의 희생자에 불과합니다. 아마 제 기구한 운명을 들어보시면 여러분도 저의 말에 동의하실 겁니다.

가혹한 운명의 굴레

테베의 왕인 라이오스Laius는 왕비인 이오카스테와의 사이에 오랫동안 자식이 없었다. 라이오스는 왜 자식이 생기지 않는지 궁금해서 왕비 몰래 델포이의 아폴론 신전에 신탁을 청했다. 하지만 신탁의 예언은 라이오스를 아연실색케 했다.

"장차 당신은 아들을 얻게 될 것이다. 하지만 그 아들은 당신을 죽이고 그것도 모자라 어미를 아내로 맞이하게 될 것이다."

이 신탁을 듣게 된 라이오스 왕은 며칠 동안 식음을 전폐하고 두문불출하며 지냈다. 이때 라이오스 왕은 묘한 오기가 발동했다.

'델포이의 신탁이 별거란 말인가? 아내와 잠자리를 하지 않으면 아기도 생길 리가 없고, 그렇다면 델포이의 신탁은 영락없이 빗나가게 되겠지.'

라이오스 왕은 이후로 이오카스테를 피하면서 그녀와 가까이하려 하지 않았다. 그러지 않아도 자식이 없어 걱정을 하던 이오카스테는 잠자리마저 거부하는 남편에게 조금씩 화가 나기 시작했고, 급기야 남편의 애정이 식었다고 생각했다.

남편의 애정은 그렇다고 쳐도 아기를 간절히 갖고 싶었던 이오카스테는 꾀를 냈다. 어느 날 라이오스 왕에게 술상을 차려 와 술을 잔뜩 마시게 해서 그의 이성을 마비시켜 마침내 하룻밤을 보내게 되었다. 그 후 아홉 달이 지나 이오카스테는 남자아이를 낳았다.

라이오스 왕은 갓 태어난 자신의 아들을 보고 신탁의 예언이 그대로 진행되고 있다는 불길한 생각에 잠을 이루지 못했다. 그는 다음 날 유모의 품에 안겨 있는 자신의 아들을 빼앗은 뒤 발뒤꿈치에 구멍을 뚫어 산에 데려가 죽이라는 명령을 내렸다.

하지만 그 명령을 받은 신하는 차마 아기를 죽일 수 없어 산에 버려두었다.

그러나 아기의 보호신인 아폴론과 아르테미스_{Artemis}* 남매 신의 도움으로 버려진 아기는 살아남을 수 있었다. 그 아이는 곧 코린토스의 양치기에게 발견되었고, 오이디푸스_{Oedipus}(부은 발)**라고 불리게 되었다. 아이는 양치기에 의해 코린토스로 가게 되고, 마침 아이가 없었던 코린토스의 왕인 폴리보스가 아이를 신이 준 선물이라 생각해서 양자로 삼았다.

오이디푸스는 자신이 코린토스 왕의 친아들이라고 생각하면서 성

* **아르테미스** 그리스 신화에 나오는 사냥, 출산, 처녀, 달의 여신이다. 올림포스 12신 중의 한 명. 그리스에서 기원전 500년~기원전 400년경에 아폴론과 아르테미스가 각기 태양과 달을 상징하는 신으로 자리잡았다.

** **오이디푸스** 그리스 신화에 나오는 테베의 왕 라이오스와 이오카스테의 아들. 신탁에 따라 아버지를 죽이고 어머니와 결혼하는 비극적인 운명을 겪는다. 이 이야기에서 오이디푸스 콤플렉스가 유래했다.

장했는데, 어느 날 친구에게 놀림을 받았다.

"너는 이상하게 네 아버지와 어머니를 하나도 닮지 않았잖아, 정말 네 부모가 맞는 거니?"

사실 오이디푸스 자신도 부모와 하나도 닮지 않은 외모로 인해 항상 뭔가 문제가 있는 것은 아닌가 하는 생각을 하고 있던 터였다. 그래서 그는 델포이의 신탁을 찾아가 자신의 운명을 물어보았다.

하지만 신탁의 예언은 이제 막 청년이 된 오이디푸스가 받아들이기에는 너무나 가혹한 것이었다.

"너는 네 아버지를 죽이고 어머니를 아내로 맞이할 것이다."

'세상에 이런 말도 안 되는 신탁이 다 있단 말인가?' 오이디푸스는 잔인하기 그지없는 자신의 운명을 한탄했지만 어찌할 도리가 없었다. 그럼에도 오이디푸스는 운명을 피할 수 있는 방법을 백방으로 모색했다.

'그래, 이 운명을 피할 방법은 하나밖에 없어. 아버지와 어머니의 곁을 떠나 다시는 코린토스로 돌아오지 않으면 결국 이 예언은 빗나가게 되고 말거야.'

그래서 오이디푸스는 정처 없이 동쪽을 향해 걸어갔다. 그가 좁다란 산길을 따라 고개를 넘어가고 있을 때였다. 갑자기 반대 방향에서 마차를 몰고 오는 무리가 나타났다. 그중 신분이 높은 사람으로 보이는 노인이 난데없이 길을 비키라고 호통을 치고 칼을 뽑아서 오이디푸스를 내리치려고 했다. 더군다나 오이디푸스의 발 위로 마차를 몰아 어릴 때 생긴 그의 발뒤꿈치의 상처가 다시 벌어지면서 그는 커다란 통증을 느꼈다. 상황이 이러하자 한창 혈기가 왕성한 오이디푸스는 화가 나서 자신의 길을 막아섰던 남자 다섯 명 중 네 명을 단숨에 죽여 버렸다. 간신히 목숨을 구한 한 명은 멀리 달아났다.

오이디푸스는 네 명이나 사람을 죽인 것에 대해 일말의 가책을 느꼈지만, 그들이 먼저 공격을 한 것에 대한 정당방위라고 스스로 위안하며 가던 길을 재촉했다.

오이디푸스의 참혹한 비극

오이디푸스가 계속 길을 걸어 도착한 곳은 테베 왕국이었다. 하지만 거리는 아무도 왕래하는 사람이 없었고 쥐 죽은 듯이 고요할 뿐이었다. 알고 보니 두 개의 작은 날개를 어깻죽지에 달고 상반신은 여자의 얼굴과 가슴을 하고 사자의 다리를 한 이상한 괴물이 테베의 성문 앞에 갑자기 출현했기 때문이다. 이 괴물은 스핑크스라고 불렸는데, 성문 앞을 지나는 사람들에게 수수께끼를 내서 만약 맞히지 못하면 잡아먹는다는 것이었다.

사실 테베의 왕이었던 라이오스 왕은 스핑크스를 퇴치할 방법을 물어보기 위해 델포이의 신탁을 받으러 가는 중에 오이디푸스와 계곡에서 만나게 되었고, 그는 자신의 친아들에게 죽임을 당한 것이다.

오이디푸스는 아버지를 죽일 것이라는 불길한 예언이 일어나느니 스핑크스와 맞닥뜨려 보자는 생각으로 테베의 성문 앞에 당도했다.

〈스핑크스의 수수께끼에 답변하는 오이디푸스〉
장 오귀스트 도미니크 앵그르 | 1808 | 루브르 박물관 소장

오이디푸스가 도착했을 때 성문 앞 도로에는 이미 스핑크스가 반쯤 먹어 치운 시체가 가득 쌓여 있었고, 피비린내가 진동하고 있었다.

스핑크스는 이미 많은 사람을 먹어 배가 불렀지만 또 다른 희생자를 발견하고 수수께끼를 냈다.

"아침에는 네 발로 걷고, 점심때는 두 발로 걷고, 저녁이면 세 발로 걷지만 도리어 다리가 많을 때 힘이 더 약한 것은 무엇이지?"

그러나 오이디푸스는 단번에 문제를 풀어 버렸다.

"그것은 사람이지. 아기 때는 네 발로 걷지만 이때가 제일 힘이 약하고, 젊어서는 두 발로 걷고, 나이가 들어서는 지팡이를 짚기 때문에 세 발로 걷잖아."

스핑크스는 의기양양하게 청년의 사지를 찢어 죽일 생각을 하고 있었지만, 청년이 문제의 답을 맞히자 굴욕감에 성벽에서 뛰어내려 스스로 목숨을 끊었다.

이 모습을 지켜보고 있던 테베의 시민들은 환호성을 질렀고, 드디어 거리를 활보하며 다닐 수 있게 되었다. 시민들은 오이디푸스를 테베 왕국을 구한 영웅으로 받들고 그에게 왕의 자리를 맡아달라고 부탁했다. 오이디푸스는 기꺼이 왕좌에 올랐고, 자연스럽게 이오카스테 왕비와 결혼까지 하게 되었다.

시간이 흘러 오이디푸스가 테베를 통치한 지도 15년이 되었고, 그간 이오카스테 왕비와의 사이에 아들 둘, 딸 하나를 두게 되었다. 그리고 코린토스의 왕이자 자신의 생부라고 생각했던 폴리보스 왕이 서거했다는 소식마저 들리자 오이디푸스는 그제야 불길한 신탁의 예언에서 벗어났다고 생각하며 안심했다.

그러나 행운이 계속된다고 자만할 때 불행이 따르고, 불행이 영원히 계속될 것 같다고 절망할 때 행운이 따르듯 테베에는 어둠의 그림자가 짙게 드리우기 시작했다. 갑자기 나라 전체에 페스트가 돌면서 많은 시민이 병으로 죽기 시작하자, 시민들은 오이디푸스에 대한 불만을 노골적으로 드러내기 시작했다.

"과거 라이오스 왕이 통치했을 때에는 이런 일들이 한 번도 없었는데, 왜 오이디푸스가 왕위에 오르면서 이런 일들이 일어나는지 모르겠어. 혹시 그가 신에게 불손한 행동을 한 것은 아닐까?"

한때 스핑크스를 퇴치한 것에 대해 열광했던 테베 시민들은 페스트가 돌기 시작하자 이제 태도가 돌변해 오이디푸스의 부덕을 탓하기 시작했다.

시민들의 동요를 잠재우기 위해 오이디푸스는 어쩔 수 없이 델포이의 신탁을 듣기 위해 신하를 보냈다. 오이디푸스는 자신이 델포이의 신탁을 보기 좋게 빗나가게 한 장본인이라고 여겼지만, 신하들이 계속해서 간청하자 그들의 청을 물리칠 수 없었기 때문이다.

신탁의 내용은 다음과 같았다.

"테베의 왕이었던 라이오스를 죽인 자를 찾아내어 응징하라."

오이디푸스는 내심 라이오스 왕을 죽인 자를 찾아내서 응징한다고 해서 역병이 물러갈 것이라고 생각하지는 않았지만, 페스트로 인해 흉흉해진 민심을 라이오스 왕의 사건으로 돌릴 수 있다고 판단해 사건 해결을 위해 적극적으로 나섰다. 원래 정치를 하는 사람들에게 가장 익숙하고 오랫동안 사용된 방법 중의 하나는 민심을 돌리기 위해 그 사회 안에서 희생양이나 비난받을 대상을 찾아내는 것이다.

오이디푸스는 "라이오스를 죽인 자를 꼭 찾아내어 그를 테베에서 몰아내겠다!"라고 공언했다. 그는 자신도 모르게 자기 자신에게 올가미를 씌우고 있었던 것이다.

이때 신하들은 이 사건을 해결할 적임자로 유명한 점쟁이인 테이레시아스Teiresias를 천거했다. 그는 장님이었지만, 눈이 보이지 않기 때문에 직관력이 더욱 발달해 남들은 해결하지 못하는 사건을 풀어내는 신비한 재주를 갖고 있었다.

그런데 테이레시아스는 오이디푸스의 부름을 받고 좀처럼 왕궁에 들어오려 하지 않으면서 이런저런 핑계만 댈 뿐이었다. 하루빨리 이 사건을 해결하고 민심을 수습해야 할 처지에 놓인 오이디푸스는 그를 재판정에 강제로 불러들였다.

테이레시아스는 머리카락을 어깨까지 늘어뜨리고, 허공을 응시한 채 느릿느릿 지팡이로 땅바닥을 두들기며 재판정에 들어섰다. 마음이 급한 오이디푸스는 테이레시아스에게 불쾌한 감정을 드러내며 말했다.

"지금 이 사건을 빨리 해결해야 하는 걸 당신은 모르고 있소. 당신이 신통한 능력을 가졌다고는 하나 감히 왕의 명령을 빨리 받들지 않고 이렇게 늦게 나타나다니 당신이 이 사건을 해결하지 못하면 당신의 운명도 여기서 다하는 줄 알고 있는 것이 좋을 거요."

하지만 왕 앞에서 조금도 위축되지 않고 테이레시아스는 이렇게 맞받아쳤다.

"곧 시작될 당신의 불행을 조금이라도 늦춰주기 위해서 그리한 것입니다."

그를 애타게 기다리던 자신에게 불에 기름을 끼얹는 듯한 말을 하자 오이디푸스는 더욱 화가 나서 말했다.

"그대가 정말 죽음을 재촉하고 있군. 빨리 라이오스 왕을 죽인 범인이나 알아맞혀 보시오. 만약 대답을 못할 시에는 그대의 목숨은 이제 지옥의 신인 하데스의 것이다."

하지만 테이레시아스는 여전히 태연한 표정으로 잠깐 동안 허공을 응시하더니 마침내 입을 열었다.

"바로 당신, 당신이 라이오스 왕을 죽인 범인입니다."

그의 말에 화가 난 오이디푸스는 조급한 성격을 억누르지 못해 당장 그의 목을 벨 태세였다. 그러나 신하들의 만류로 가까스로 자신의 감정을 수습하고는 이에 반박하기 위해 증거를 모으기 시작했다.

우선 그 당시 라이오스 왕의 일행 중 살아남은 한 명을 데려오라고 지시했다. 하지만 그가 자신의 무죄를 입증하기 위해 모은 증거들은 오히려 그가 범인임을 증명하는 증거가 되고 말았다.

머뭇거리며 재판정에 들어선 한 명의 생존자는 오이디푸스의 얼굴을 보고는 그가 라이오스 왕을 죽인 범인이라고 지목했다. 더욱이 아기를 주워서 코린토스 왕에게 바친 양치기도 코린토스 왕이 사실 오이디푸스의 생부가 아니라는 사실을 증언했다. 또한 라이오스 왕에게 아기를 산에서 죽이라는 명령을 받았던 신하까지 나타나 발꿈치에 구멍을 뚫었지만 차마 아기를 죽일 수 없어 산에 갖다 버렸다고 증언했다.

그제야 오이디푸스는 어린 시절부터 궁금하게 여겼던 자신의 발

〈오이디푸스와 안티고네〉
안토니 브로도프스키 | 1828 | 바르샤바 국립박물관 소장

꿈치에 난 흉터의 비밀을 알게 되었다. 다 아물었다고 생각했던 그의 상처가 벌어지면서 이제 걷잡을 수 없을 정도로 많은 비밀이 상처를 통해 드러난 것이다.

며칠 동안 재판 과정을 지켜보던 이오카스테는 아들과 혼인을 하고 게다가 자식까지 세 명이나 낳았다는 죄책감에 자기 방으로 달려가 목을 매 죽었다. 오이디푸스가 아내이자 어머니의 방으로 뒤이어 달려갔지만, 그가 본 것은 싸늘하게 식은 어머니의 시신이었다. 그는 어머니의 옷에서 핀을 빼내어 아버지와 어머니를 알아보지 못한 자신의 잘못을 자책하며 두 눈을 찔렀다.

오이디푸스는 사랑하는 딸이자 누이인 안티고네와 함께 테베에서 쫓겨났다. 하지만 오이디푸스의 비극은 여기서 그치지 않았다. 그의 아들들인 폴리네이케스와 에테오클레스가 공석이 된 왕권을 차지하기 위해 싸우다 둘 다 죽고 말았다. 게다가 그의 딸인 안티고네마저 삼촌인 크레온의 명령을 어기고 폴리네이케스의 시신을 수습하다 죽음을 맞이했다.

이렇게 해서 테베의 왕가는 막을 내리게 된다. 이 집안에 내린 저주는 가문의 몰락으로 끝이 나고 만 것이다.

오이디푸스 콤플렉스는 우리 내면에 존재하는 욕망의 그림자

오이디푸스 신화는 두 가지로 해석이 가능하다. 우리가 흔히 알고 있듯이 오이디푸스 콤플렉스˙와 관련해 해석할 수 있다.

프로이트는 오이디푸스 콤플렉스에 대해 다음과 같이 설명했다. 아들은 어린 시절 어머니에게 이성적인 애정을 느낀다. 그런데 이런 어머니를 향한 이성적인 감정은 계속 가질 수가 없는데 아버지라는 존재 때문이다. 아버지도 어머니를 사랑하기 때문에 아들이 어머니에게 애정을 갖게 되는 것은 아버지를 화나게 할 수 있으며, 심지어 자신이 아버지에게 거세당할 수 있다는 불안감을 갖게 된다. 그래서 아들은 이런 두려움 때문에 어머니에 대한 사랑을 포기하고 아버지에게 동일시함으로써 남성으로 성장한다. 그런데 이런 콤플렉스 complex**가 해결되지 못한 남성은 아버지를 살해하고, 어머니의 사랑을 독차지하고자 하는 욕구가 없어지지 않는다는 것이다.

그런 욕구를 실제로 드러낸 이가 신화 속의 주인공인 오이디푸스인 것이다. 오이디푸스가 갖고 있는 아버지 살해에 대한 욕구와 어머니와 결혼해서 함께 살고자 하는 욕구가 무의식적으로 드러남으로써 오이디푸스는 아버지인 라이오스 왕을 살해하고 어머니와 결혼했다는 것이다. 오이디푸스 신화에서 오이디푸스는 실제로 아버지를 죽이고 어머니와 결혼해서 자식까지 두게 된다.

하지만 프로이트는 이 사건이 실제로 일어났다고 본 것이 아니라, 이런 욕구를 남자아이들이 갖고 있다는 것을 오이디푸스 신화에서 잘 보여 주고 있다고 보았다.

하지만 이런 무의식적인 동기는 오래갈 수 없다. 왜냐하면 자신 안에 아버지를 죽이고 어머니와 결혼하고 싶은 욕구를 계속 갖고 있게 되면, 죄책감과 불안감이 들기 때문이다. 또한 속마음을 들켜서 아버지에게 보복당하지 않을까 하는 두려움을 갖게 된다. 따라서 이런 무의식적인 동기는 마음을 불안하게 만들고, 아무것도 하지 못하게 해서 남자아이가 성장하는 데 방해가 된다. 남자아이는 어머니의 품을 떠나 자신의 또래와 어울리고, 아버지와 동일시$_{Identification}$***함으로써 남자다워져야 하기 때문이다.

따라서 오이디푸스 콤플렉스를 가진 사람들은 성장이 정체되고, 항상 불안과 우울에 시달리게 된다. 이런 상태를 오이디푸스 신화에서는 테베에 만연했던 역병과 온갖 흉흉한 일들로 표현하고 있다.

인간이 자신의 잘못된 점을 돌아보는 시기는 마음이 안정되고 편안할 때가 아니다. 대개 우울하고 불안하거나 인생이 권태로울 때 자신의 마음을 들여다보게 된다.

"도대체 내 마음은 왜 이렇게 불안하고 우울할까?" "왜 이렇게 인생이 재미가 없을까?" 등의 심리적인 문제가 발생해야 자신을 들여다보게 된다.

그래서 테베에 돌고 있는 역병, 즉 마음의 우울 상태를 알기 위해 예언자이며 장님인 테이레시아스를 부르게 된다. 그는 앞을 보지 못하지만 마음의 눈은 누구보다 밝기 때문에 예언을 할 수 있는 것이다. 즉, 테이레시아스는 인간의 무의식을 들여다보는 통로인 것이다.

*** **동일시** 심리학 용어로, 다른 사람이나 집단의 특성을 받아들여 자아의 인격을 형성해내는 과정.

여기서 테이레시아스를 불렀다는 것은 자신 안에 존재하는 직관의 능력을 통해 우리 마음의 문제를 들여다본다는 것을 의미한다. 이때 직관의 능력인 테이레시아스는 그동안 오이디푸스가 애써 외면하고 보지 않으려 했던 금지된 욕망과 아버지에 대한 살해 욕구를 지적한다.

그러나 오이디푸스가 처음에는 그런 사실을 부인했듯이, 이런 직관의 능력이 알려 주는 자신의 콤플렉스에 대해 사람들은 선뜻 받아들이지 않는다. 하지만 점차 증거들이 모이고, 위기에 몰리게 되는 순간이 오면 그제야 자신 안에 존재하는 욕망의 그림자를 인정하게 된다.

오이디푸스는 자신의 잘못을 인정하는 순간, 그리고 자신의 어머니이자 아내인 이오카스테가 자살을 하자 자책감에 사로잡혀 자신의 눈을 스스로 찌른다. 그는 이제 신체적으로 장님이 된 것이다.

그리스 신화에는 장님이면서 예언의 능력을 가진 이가 두 명 등장한다. 한 명은 테이레시아스이고, 또 다른 한 명은 이아손Iason*이 황금양털을 구하기 위해 떠난 모험에서 만나는 피네우스Phineus 왕이다.

그렇다면 신화에서는 왜 장님을 예언의 능력을 가진 것으로 표현하고 있을까?

* **이아손** 그리스 신화에 나오는 영웅. 숙부 펠리아스에게서 왕위를 되찾기 위해 50여 명의 그리스 영웅들과 원정대를 조직해 황금양털을 찾아나서는데 아르고호의 모험담이 매우 유명하다.

이는 신체적으로 사물을 보지 못하는 상태에 이르러서야 자신의 내면을 들여다보는 능력이 생긴다는 것을 의미한다. 우리가 외계 사물에 현혹되지 않고, 눈에 보이는 것들에 대한 미련을 버리고, 그것이 부질없고 덧없다고 생각할 때에만 우리의 마음의 눈이 뜨이게 된다. 그리고 마음의 눈을 통해 보아야 사물은 더 정확하게 보이는 법이다.

실제로 우리 눈에 보이는 것은 거짓인 경우가 많다. 〈매트릭스〉라는 영화에서도 주인공인 네오가 보고 만지고 느꼈던 세계가 가짜이며 실제로는 가상공간에 불과하다는 것을 알게 되는 것은 내면의 눈을 뜨고 나서였다.

오이디푸스는 장님이 되었지만, 결과적으로 내면을 들여다보게 된다. 그리고 자신 안에 자리 잡은 욕망들과 직면하게 된다. 그는 비록 자식과 어머니이자 아내를 잃고 떠돌게 되었지만, 자신 안에 존재하는 욕망과 직면함으로써 오히려 자유로워질 수 있었다.

그래서 오이디푸스의 다른 결말에 보면, 신탁에 의해 오이디푸스의 무덤은 성스러운 장소로 신봉되었다는 이야기기 전해진다.

이는 자신 안의 욕망에 직면했을 때 한동안은 고통스럽고 모든 것을 잃어버릴 듯한 두려움에 사로잡히지만, 결국에는 인격의 성숙을 가져올 수 있다는 것을 의미한다.

이는 꼭 아버지를 죽이고 어머니를 사랑하고 싶다는 욕망만 해당하는 것은 아니다. 내가 알지 못하는 탐욕과 집착의 무의식적인 욕구는 우리가 알지 못하는 사이에 우리의 마음에 자리잡고 앉아 계속해서 불안을 일으키고, 나아가 실제로 행동으로 옮겨질 수 있다. 하지만 어떤 사람들은 이런 무의식적인 욕구가 자신에게는 전혀 없어 자신이 아주 순수하고 고결한 사람이라고 착각한다. 그러나 내면에 숨겨진 욕구나 욕망, 탐욕은 언젠가는 행동으로 나타나게 된다.

선의 이름으로 행하는 악행이 이에 해당된다고 볼 수 있다. 바로 중세에 일어났던 마녀사냥과 제2차 세계대전 때 일어났던 유태인 학살, 중국의 문화혁명, 그리고 우리 사회에 만연한 지역감정의 갈등이 모두 이에 해당한다.

자신 안에 존재하는 욕망들을 보지 못하고 누르면 누를수록 그것은 언젠가는 선함을 가장한 채 반드시 드러난다. 그것도 아주 비극적으로 말이다.

해묵은 갈등이 오이디푸스의 저주를 만들다

오이디푸스 신화에 대한 두 번째 가능한 해석은 오이디푸스가 그런 욕망을 품지 않았다는 전제하에 성립된다. 그는 희생자에 불과하다는 것이다. 왜 그런지 그의 변명이 정말 타당한지 살펴보자.

오이디푸스는 자신이 헤라* 여신의 저주로 인한 희생자라고 강변한다. 그렇다면 왜 제우스의 아내이자 가정의 수호신인 헤라는 테베의 왕가에 저주를 내린 것일까?

사실 테베 왕가의 문제는 오이디푸스의 아버지인 라이오스 왕에서 비롯되었다.

라이오스는 라브다코스Labdacos 의 아들로 태어났는데, 한 살 때

* **헤라** 그리스 신화에 나오는 올림포스 여신 중 최고의 여신. 제우스의 부인으로 가정생활의 수호신이다. 제우스와 헤라 사이에서 대장장이의 신 헤파이스토스, 군신 아레스, 출산의 여신 에일레이티아, 청춘의 여신 헤바가 태어났다.

아버지를 잃는다. 한 살짜리 아기가 한 나라를 통치하는 것은 불가능하기에 외가쪽 사람인 리코스Lycos가 섭정이 되어서 그를 돌보았다. 그러나 쌍둥이 형제인 암피온Amphion과 제토스Zethus가 테베의 왕권을 빼앗는다. 어쩔 수 없이 다른 나라로 망명해야 했던 라이오스는 피사의 펠롭스 왕궁을 은신처로 삼았다. 펠롭스Pelops는 극진하게 라이오스를 돌봐주었지만, 라이오스는 오히려 은혜를 배신으로 갚는다. 마침내 테베에서 암피온과 제토스가 죽고, 라이오스가 테베 왕국으로 돌아갈 때 그는 펠롭스의 아들인 크리시포스Chrysippus를 데려간다. 크리시포스는 펠롭스와 님프의 아들로 아름다운 청년이었는데, 미모에 반한 라이오스가 전차를 다루는 법을 가르쳐 준다는 핑계로 반강제로 테베에 데려갔던 것이다. 하지만 라이오스는 크리시포스를 욕보이고, 이런 사실에 부끄러웠던 크리시포스는 목매어 자살한다.

이런 모습을 모두 지켜보고 있던 헤라는 라이오스에게 벌을 내리기로 마음먹는다. 헤라는 가정을 깨고 아내 이외에 다른 사람에게 사랑을 느끼거나 불륜을 저지르는 자에게 벌을 내리는 가정의 수호신이기 때문이다. 헤라는 다른 남성을 유괴해서 그의 가정을 파괴하고 아내 이외에 다른 남성을 사랑하게 된 라이오스에게 저주를 내리는데, 그것은 바로 아들에게 죽임을 당하고, 아내는 아들과 결혼하게 될 것이라는 저주였다. 헤라의 저주는 여기서 멈추지 않고, 스핑크스라는 괴물을 테베에 내려보내 라이오스 왕을 곤경에 빠뜨린다.

결국 오이디푸스의 운명은 아버지인 라이오스의 잘못에서 비롯

되었던 것이다. 그는 집안 대대로 대물림 된 잘못된 운명의 한가운데서 모든 잘못을 걸머지고 가야 했던 희생자에 불과하다.

그렇다면 심리학적으로 라이오스의 과오와 헤라의 저주는 어떻게 설명될 수 있을까?

그리스 신화에서 라이오스가 저지른 잘못에 대해 헤라는 자자손손 그에 대한 벌을 내린다. 여기서 헤라의 저주는 실제로 신이 인간에게 내린 저주라기보다는 가족간의 문제, 특히 부부간의 문제가 해결되지 못한다면 그 문제는 자손에게도 문제를 일으킬 수 있다는 것을 보여 주고 있다고 할 수 있다.

오이디푸스의 비극에서 일차적으로 일어난 문제는 라이오스의 미소년에 대한 성추행에서부터 시작된다. 그리고 라이오스에게는 자식이 생기지 않는다. 그는 자신의 잘못은 까맣게 잊어버린 채 자식이 왜 생기지 않는지 신탁에 의탁한다.

하지만 라이오스가 신탁을 통해 자신이 자식에게 죽임을 당하고, 아들이 어머니를 취한다는 내용을 들었을 때 라이오스에게 퍼뜩 떠오른 생각은 무엇이었을까? 그는 모골이 송연해지면서 과거에 자신이 저질렀던 미소년의 유괴와 성추행을 떠올렸을 것이다.

그는 과거에 자신이 저질렀던 잘못을 고백할 수 없어 신탁의 내용도 아내인 이오카스테에게 말을 할 수 없었다. 그러면서 부부간에는 의사소통이 단절된다.

이 의사소통의 부재는 결국 이오카스테가 남편을 술에 취하게 해서 아들을 낳는 행동으로 이어진다. 그리고 라이오스는 자신의 아들을 산에 데려가 죽이라고 함으로써 자신의 목숨을 구하려다 도리어 신탁의 예언이 이루어지도록 하는 원인을 제공하게 된다.

사실 라이오스와 이오카스테처럼 부부간의 문제가 자식의 미래에 암울한 그림자를 드리우는 경우는 인간사에서 흔히 일어난다.

예를 들어 아내와 집안일에 전혀 관심이 없는 남편이 있다고 하자. 그는 친구들과 어울려 놀기만 좋아할 뿐 아내의 관심 따위는 안중에도 없다. 아내는 이런 무심한 남편 대신 자신의 아들을 남편에게 받지 못한 보살핌과 욕망의 대상으로 키우게 된다. 어머니는 아들에게 헌신을 다하고, 아들은 이런 어머니의 헌신을 배신할 수 없어 어머니의 그늘에서 벗어나지 못한다. 그래서 그 아들은 자신이 원하는 것은 제쳐 두고 어머니가 원하는 옷, 취미, 직업을 선택하고, 심지어 어머니가 좋아하는 타입의 여성과 결혼을 한다.

하지만 이는 어머니의 비위를 맞추기 위한 것일 뿐 자신이 진정 원하는 것이 아니기 때문에 점차 아들도 집안일에 관심이 없고 밖으로만 돌게 된다. 이번에는 며느리가 남편에게 받지 못한 애정을 자신의 아들에게 기대한다.

테베 가문에 일어난 저주는 바로 부부간에 흔히 있는 해결되지 못한 갈등이 자손 대대로 물리면서 가족들 사이에 문제를 일으킨 것이다. 위의 예를 든 부부의 경우도 처음 남편과 아내의 의사소통의 문제가 해결되지 않음으로써 그것은 아들에 이어 손자에게까지 악영향을 미쳐서 누구도 행복한 삶을 살 수 없게 만든 것이다.

이런 해결되지 않은 갈등은 가족 단위에서만 일어나는 것이 아니라 역사에서도 재연되는 것을 볼 수 있다.

과거 양반과 상놈으로 구분된 조선 시대의 신분체제는 결국 해결되지 못해 현재에도 여전히 영향을 미쳐 사람들에게 콤플렉스로 작용함으로써 직업의 귀천을 가리는 풍조를 낳았다. 그래서 사회구성원들이 원하는 직업과 직장은 한정되어 있기에 모두 위로의 신분상승만 추구하게 되었다. 이는 결국 대를 이어 대물림 되어 대한민국의 청소년들은 심한 경쟁에 내던져져 새벽부터 밤까지 죽어라 공부만 해야 하는 공부기계가 된 것이다.

또한 과거 정치인들이 이용했던 지역감정의 골은 현재에도 여전히 깊은 상태여서 우리 사회를 동서로 갈라놓는 원인이 되고 말았다. 이로 인해 작은 땅덩어리에 살면서도 남북으로 분단되고 동서로 갈라진 채 사람들은 상대방에 대한 비난만을 일삼는다. 그래서 국민적 에너지는 발전적으로 승화되지 못하고 상대방에 대한 폄하와 비난에 모든 에너지를 쏟는 결과로 이어졌다.

따라서 해결되지 못한 갈등은 결국 대대손손 악영향을 끼치며, 다음 세대에 짐을 지우고, 심지어 후손에게 파멸의 길을 재촉하기도 한다.

그러므로 가족이든 국가든 현재의 갈등을 풀지 못하면, 그 세대에서 끝나는 것이 아니라 다음 세대까지 이어지는 저주의 근원이 되고 만다. 지금 우리가 일제 시대의 위안부 문제를 해결하려는 것도 이것을 철저히 해결하지 않으면 역사는 되풀이되듯이 이후에 또다시 재발될지 모르기 때문이다.

헤라의 저주가 두려운가? 그러면 지금 당장 현재 갖고 있는 갈등을 묵인하거나 모른 척해서는 안 된다. 그러면 진짜 그녀의 저주가 실현될지도 모르니 말이다.

자, 이제 저의 변명을 마칠 때가 되었습니다.

하지만 이런 변명을 늘어놓는다고 해도 제 가슴속에 쌓인 회한과 슬픔은 어찌할 수가 없겠죠.

이제 테베 왕조의 몰락이 순전히 저로 인한 것이 아니라는 사실을 여러분은 아셨을 겁니다. 하지만 자식이 자신의 아버지와 어머니를 선택하지 못하듯이, 자신의 운명을 피하려 했던 제 자신의 어리석음까지 변명할 생각은 없습니다.

어쩌면 운명이란 것은 맞닥뜨리지 않고 피할수록 더 크게 영향력을 발휘하는 것인지도 모르겠습니다.

제3장

아름다운 여신
페르세포네의 가출

의존과 독립
Dependence and
Independence

저는 섬에 갇혀 있었습니다.

제가 살았던 섬은 아름다운 꽃과 푸른 들판이 사계절 내내 아름다운 풍경을 뽐내는 곳입니다. 하지만 저는 점점 섬에서의 생활이 답답해지기 시작했습니다. 그래서 저는 섬을 벗어나고 싶다고 했지만, 어머니는 들은 척도 하지 않고 남자를 조심하라는 이야기만 하셨습니다.

곡식의 신이자 풍요의 신이며 제 어머니인 데메테르Demeter는 제 아버지인 제우스 신의 바람기에 진저리가 났기 때문일 겁니다. 어머니는 틈만 나면 다음과 같은 이야기를 들려 주어 저는 이제 전부 외울 정도입니다.

"이 세상에서 가장 아름다운 나의 딸 페르세포네야, 항상 남자들을 조심해야 한다. 그들은 진정으로 마음을 주지 않는 자들이란다. 그들은 자기들의 욕심만 채우고는 서풍의 신인 제피로스Zephyros처럼 다음 날이면 사라져 버린단다. 그래서 여자에게 남는 것은 사랑으로 인한 상처와 절망뿐이란다.

네 아버지인 제우스를 봐라. 네 아버지는 여신뿐 아니라 하찮은 인간 여자들만 봐도 사족을 못 쓰지 않니? 네 아버지가 상대방이 여신이든 유한한 생명을 지닌 인간 여자든 상관없이 접근해서 욕심을 채우고는 떠나 버린 일이 부지기수란다.

내 자매이자 제우스의 아내인 헤라가 어떻게 지내고 있는지 한 번 봐라.

헤라 여신은 항상 제우스가 다른 여신이나 인간 여자들과 만나지 않을까 전전긍긍하면서 살고 있지 않니. 아무리 헤라 여신이 제우스를 감시한다고 해도 그는 제비로, 황금비로, 심지어 황소로 변해서 여자에게 접근을 하고는 아무 일도 없었다는 듯이 시치미를 떼곤 하지. 항상 뒤늦게 소식을 들은 헤라는 화가 나서 제우스가 만난 여신이나 인간 여자에게 잔인하게 화풀이나 할 수밖에 없단다.

술의 신인 디오니소스Dionysos의 어머니인 세멜레Semele의 운명을 봐라. 제우스와 사랑을 했다는 이유로 질투심에 불탄 헤라의 간교한 계책으로 세멜레는 번개에 타 죽지 않았니.

사실 디오니소스를 생각하면 이 어미의 가슴이 다 아프단다. 어미 한 번 보지 못하고 어린 시절을 보냈을 디오니소스의 마음이 얼마나 아팠겠니?

페르세포네야, 내가 다시 한 번 이야기하지만 너는 남자에게 이용당하고 버림받는 운명에 걸려들어서는 안 된다. 내가 너를 남자들의 잔인하고 더러운 욕망에서 지켜 주마.

그 누구도 네 아름다운 몸에 손끝 하나라도 댔다가는 나는 지옥에 흐

64

르는 스틱스 강에 맹세코 그를 용서하지 않을 것이다."

그래서 어머니는 시칠리아 섬에 저를 데려다 놓고 심심할까봐 대지를
감싸고 흐르는 오케아노스Okeanos의 딸들과 놀게 하셨죠. 하지만 꽃을 따
는 것도, 들판을 거니는 것도, 그리고 하릴없이 바다를 보는 것도 너무나
지루했답니다.

사실 어머니에게는 미안한 말이지만, 저는 바깥세상을 보고 싶었어
요. 어머니는 남자들이 그렇게 나쁘다고 하셨지만, 한번 만나보고 싶은
호기심을 억누르기가 힘들었어요.

그리고 누군가 나를 따분한 생활에서 빼내 주기를 바랐죠. 어머니에
게는 아무리 말해봤자 바깥세상은 너무나 험하고, 음흉한 남자들이 저
의 아름다움을 갖고 싶어 갖은 간교를 다 부린다는 말만 하셨어요. 하지
만 저는 섬에서의 생활이 너무나 지겨웠답니다.

저도 자랄 만큼 자랐다고 생각했는데, 어머니는 여전히 저를 어린애
취급하는 것도 속상했어요.

그래서 저는 섬을 빠져나갈 날만을 기다리고 있었죠.

절세 미녀 페르세포네 지하세계로 납치되다

데메테르˚는 곡식의 수호신으로 풍성한 수확을 관장하는데, 그녀
는 금발에 푸른 옷을 입은 아름다운 여신이었다. 데메테르는 로마
에서는 케레스ceres로 불리었는데, 곡물cereal이라는 말은 바로 여기서

유래했다.

그녀에게는 둘도 없이 소중한 보물이 있었는데, 바로 그녀의 외동딸인 페르세포네였다.

데메테르와 올림포스의 주신인 제우스와의 사이에서 태어난 페르세포네는 젊은 처녀를 의미하는 코레Kore라고 불리기도 했다. 그녀는 어머니를 닮아서인지 절세미인이었다.

데메테르는 딸의 미모가 출중해 남자 신들이 그녀를 호시탐탐 노리고 있다는 것을 잘 알고 있었기 때문에 시칠리아 섬에 딸을 숨겨 두었다. 페르세포네는 이 섬에서 오케아노스**의 딸들과 함께 꽃을 따고, 들판을 거닐고, 노래를 부르며 한적한 생활을 즐기고 있었다.

그러던 어느 날 페르세포네가 들판을 산책하고 있을 때 그녀의 눈에 아름다운 꽃이 눈에 띄었다. 페르세포네를 사로잡은 꽃은 제비꽃과 순백의 백합이었다. 전해지는 다른 이야기로는 하늘과 땅을 덮을 정도로 향기가 강한 수선화였다고 한다.

페르세포네가 막 이 꽃들을 따려고 할 때였다. 갑자기 그녀가 딛고 있던 땅이 갈라지면서 숯처럼 새까만 말이 모는 마차를 타고 지하세계의 신인 하데스Hades***가

* 데메테르 그리스 신화에 나오는 대지의 여신이자 농경과 곡물, 수확의 여신이다. 크로노스와 레아 사이에서 태어났으며, 올림포스 12신 중의 한 명. 제우스와의 사이에 페르세포네라는 아름다운 딸을 두었다.
** 오케아노스 그리스 신화에 나오는 대양의 신. 우라노스와 가이아의 자식으로, 바다의 여신 테티스와의 사이에 세계의 모든 바다와 하천의 신이 된 3,000명의 아들과 바다나 하천, 샘의 요정이 된 3,000명의 딸을 낳았다.
*** 하데스 그리스 신화에 나오는 죽음을 관장하고 지하 세계를 다스리는 신. 크로노스의 아들로 데메테르의 딸 페르세포네를 납치해 아내로 삼았다. 그리스인들은 땅속에 매장되어 있는 금은 등의 보물의 소유자라는 의미에서 하데스를 '플루톤(부자)'이라고도 불렀다.

나타나 그녀의 팔을 낚아채서는 지하로 사라져 버렸다.

페르세포네는 도대체 무슨 일이 일어났는지 판단이 되지 않아 순간적으로 당황했지만, 이내 자신이 죽은 자들만이 가는 지하세계로 납치되고 있다는 사실을 깨달았다. 그녀는 한 번도 어머니와 떨어져 본 적이 없어 너무 놀라서 울부짖으며 자신을 놓아달라고 사정을 했다.

"제발 저를 살려 주세요. 어머니가 알면 당신을 가만두지 않을 거예요. 아니, 우리 아버지는 제우스예요. 당신은 아버지의 번개에 맞으면 까맣게 타 죽고 말 거예요. 제발 저를 풀어 주세요."

그러나 지하세계의 왕인 하데스는 페르세포네의 애교에 가까운 협박에 꿈쩍도 하지 않았다. 그는 이윽고 과묵한 입을 열어 대꾸했다.

"나는 지하세계를 다스리는 하데스다. 너는 나에 대해 들어 본 적이 없느냐? 아무리 그렇게 말해도 소용없다. 이미 네 아버지는 너와 결혼하는 것을 허락한 상태이니까. 지금 네가 갑작스럽게 이런 일을 당해 놀랄 테지만, 지하세계도 살 만한 곳이란다. 그리고 이제부터는 네가 지하세계의 여왕이 되는 거야. 그 답답한 섬에 갇혀 평생을 보내는 것보다 낫지 않느냐? 그리고 계속 감시를 해대는 네 어머니의 잔소리가 이제 지겨워질 때도 된 것 같은데."

하지만 이런 하데스의 말이 그녀에게 들릴 리가 없었다. 그녀는 바들바들 떨면서 더 이상 하데스에게 대꾸할 기력도 없었다. 그녀는 이제부터 처음 보는 남자와 함께 살아야 한다고 생각하니 하늘이 무너지는 심정이었다.

〈페르세포네의 납치〉
페테르 파울 루벤스 | 1636 | 프라도 미술관 소장

사실 페르세포네의 납치는 이미 오래 전부터 계획된 일이었다.

처음 올림포스의 신들이 티탄족을 물리치고 세상을 분배하게 되었을 때 제우스는 일단 하늘과 땅을 선택했다. 그는 자신이 가장 혁혁한 공을 세웠다고 해서 가장 노른자위를 차지한 것이다. 그리고 포세이돈Poseidon*이 재빨리 자신은 바다를 차지하겠다고 공언하는 바람에 하데스는 어쩔 수 없이 지하세계를 자신의 영토로 삼게 되었다.

하데스는 아내가 없었는데 페르세포네를 눈여겨보고 있었다. 어느 날 하데스는 제우스에게 페르세포네를 아내로 맞이하게 해 달라고 간청을 했다. 그러지 않아도 지하세계를 하데스에게 떠넘긴 것이 미안했던 제우스는 하는 수 없이 승낙을 했다. 그런데 페르세포네를 지나치게 감싸고도는 데메테르가 문제였다. 제우스는 데메테르가 절대로 하데스를 사윗감으로 여기지 않을 거라는 사실을 잘 알고 있었다.

그래서 제우스는 "결혼이야 나중에 할 수도 있지만, 일단 신부는 강제로라도 데려간다면 데메테르도 어쩔 수 없이 결혼을 승낙할 수밖에 없지 않겠나"라는 말로 납치라도 해서 데려가라는 암시를 주었다. 장인이 딸을 데려가라는데 더 이상 지체할 하데스가 아니었다. 그래서 하데스는 페르세포네를 납치한 것이다.

딸이 없어진 것을 알게 된 데메테르는 딸을 찾아 헤매기 시작했다. 데메테르는 우선 남편인 제우

* **포세이돈** 그리스 신화에 나오는 바다의 신. 제우스, 하데스와 형제지간이며 제우스 다음가는 신이다. 올림포스 12신 중의 한 명. 지진, 해일, 화산폭발을 일으키는 능력이 있다.

스를 찾아가 따지기 시작했다.

"당신은 신중의 신이며, 신의 왕이요, 페르세포네의 아버지이기도 합니다. 도대체 딸이 없어졌는데 당신은 태평하게 올림포스에 앉아 신전에 바쳐진 제물이나 받고 있는 겁니까? 그러고도 아버지라고 할 수 있겠습니까? 당신은 누가 우리 딸을 데려갔는지 알고 있는 게 분명해요. 그러니 빨리 페르세포네를 찾아내세요."

하지만 제우스는 묵묵부답으로 일관할 뿐 대답을 회피한 채 딴청만 부렸다. 데메테르는 제우스에게서는 아무런 대답도 듣지 못할 것을 알고 혼자서 딸을 찾아나섰다. 그녀는 9일 낮 9일 밤을 아무것도 먹지 않고 딸을 찾는 데 열중한 나머지 기품 있던 여신의 자태는 없어지고 실성한 여자처럼 보였다.

이때 문득 그녀에게 한 가지 생각이 떠올랐다. 태양신인 헬리오스 Helios •에게 누가 자신의 딸을 데려갔는지 물어보는 것이었다. 헬리오스는 온 세상을 비추고 있기 때문에 세상의 일을 모두 내려다보고 들을 수 있는 능력이 있었다.

헬리오스는 딸을 찾느라 지친 데메테르를 측은히 여겨 페르세포네의 행방을 알려주었다.

> • **헬리오스** 그리스 신화에 나오는 태양의 신. 티탄 신 히페리온과 테리아 사이에서 태어났다. 매일 아침 네 마리의 말이 끄는 전차를 타고 동쪽 궁전을 나와 하늘을 가로질러 저녁이면 서쪽 궁전으로 들어가며 다시 황금의 배로 오케아노스 강을 건너 동쪽 궁전으로 돌아간다고 한다.

"만물을 풍요롭게 하고 모든 것을 주는 데메테르여! 당신의 사랑스러운 딸은 세계의 끝보다도 훨씬 서쪽에 있는 깊은 지하세계에 있습니다. 검은 말을 탄 하데스가 갑자기 땅속에서 나타나 그대의 아름다운 딸을 어둠의 영토로 데려갔소. 페르세포네의 비명을 듣고도 아무런 도움도 주지 못하는 제 자신이 너무나 한심하다는 생각이 들었답니다. 하지만 아시다시피 서슬 퍼런 하데스를 건드릴 수 없는 제 심정도 이해해 주기를 바랍니다."

데메테르는 이 말을 듣고 더욱 가슴이 미어지는 듯했다. 한 번도 자신의 품을 벗어난 적이 없는 딸이 죽은 자들이 살고 있는 암울한 지하세계에서 자신을 부르며 울고 있을 것을 생각하니 가슴이 갈가리 찢어지는 듯했다.

데메테르의 딸을 향한 집착

데메테르는 남편인 제우스뿐 아니라 다른 신들도 꼴 보기 싫은 데다 딸을 찾을 목적으로 아예 신들이 거주하는 올림포스를 떠나 지상으로 내려왔다. 그녀는 노파로 변장해 인간들과 섞여 지내며 자신의 딸을 찾기 위해 이리저리 헤매다가 엘레우시스라는 곳에 도착해서 올리브 나무 그늘 아래서 목을 축이고 있었다. 이때 엘레우시스를 다스리던 켈레오스Celeos 왕의 딸들이 이곳을 지나다가 남루한 옷차림에 매우 지쳐 보이고 비쩍 마른 노파를 발견했다.

켈레오스의 딸들은 모두 심성이 착해 노파를 측은히 여겨 왕궁으로 데려갔다. 노파로 변장한 데메테르는 자신을 노예로 팔려고 했던 해적들에게서 도망쳐 나왔다고 거짓말을 하면서 혹시 아이가 있다면 자신이 유모가 되어 정성을 다해 아이를 키워 주고, 집안의 허드렛일을 하겠다고 자청했다.

이 마음씨 착한 딸들의 어머니인 메타네이라Metaneira에게는 마침 갓난아이가 있어 그녀는 흔쾌히 데메테르를 아들의 유모로 삼았다. 메타네이라가 보기에 노파는 행색은 초라했지만, 뭔가 기품이 넘치고 그녀의 말투에서도 신들의 고귀한 혈통이 느껴졌기 때문이다.

데메테르가 아기를 돌본 이후 아기는 전에 비해 유난히 건강하고 무럭무럭 자라났다. 이를 옆에서 지켜보던 켈레오스 왕과 메타네이라는 매우 흡족해했다.

그러나 아기가 건강한 데는 모두 이유가 있었다. 데메테르가 매일 밤 신들이 먹는 음식인 암브로시아를 발라주고, 화염 속의 붉은 불길을 아기에게 쬐어 주었기 때문이다. 데메테르는 잃어버린 페르세포네에 대한 애정을 아기에게 쏟아부어 아기가 신처럼 영생을 갖도록 해 주려고 한 것이다.

그러던 어느 날 메타네이라는 데메테르가 아기를 불에 쬐고 있는 장면을 목격하게 되었다. 그녀는 데메테르가 자신의 아기를 해치는 걸로 착각하고 급히 방 안으로 뛰어들어가 소리를 질렀다.

"이게 무슨 일이냐? 내가 너를 불쌍히 여겨 이 왕궁에서 유모로 삼고 극진히 대접했거늘 너는 은혜를 원수로 갚으려는 것이냐? 이 귀한 아기를 죽이려 들다니, 이 요사스런 늙은이! 어서 아기를 내놓아라."

하지만 데메테르도 매우 노여워하며 말했다.

"역시 인간은 어쩔 수 없구나. 내가 네 아기에게 영생을 주려 했건만, 네 아기도 이제 죽음을 피할 수 없는 인간에 머물 수밖에 없게 되었다. 신을 알아보지 못한 인간의 경솔함이 어찌 너에게만 있겠냐만, 잘못은 되돌릴 수 없는 법. 다만 내가 네 경솔함은 더 이상 묻지 않겠다."

그러면서 데메테르는 자신의 원래 모습을 드러냈다. 조금 전까지 있었던 늙고 지친 노파는 온데간데없고 향기로운 향기가 방 안에 가득 퍼지고 아름다운 빛이 집 안 전체에 가득 차더니 여신이 나타났다. 한바탕의 소동에 잠이 깬 딸들과 메타네이라가 눈이 휘둥그레지면서 데메테르 앞에서 머리를 조아렸다.

데메테르가 사람들을 내려다보며 말했다.

"나는 모든 것을 주는 자이며, 모든 것을 베푸는 자이며, 또한 모든 것에게 생명을 주는 자이다. 여기에 나를 위한 신전을 세워라. 그러면 엘레우시스의 아이들은 명예롭게 될 것이고, 너희 백성은 항상 기쁨과 풍요 속에서 살 수 있을 것이다."

데메테르를 알아보지 못한 죄로 큰 벌을 받을 것이라고 생각했던 메타네이라는 이 말을 듣자 안도의 한숨을 쉬고는 곧 남편에게 달려가 데메테르의 명령을 전달했다.

즉시 엘레우시스에 데메테르의 신전이 지어지고, 데메테르는 올림포스에 돌아가지 않고 다른 신들을 멀리한 채 이 신전에서 계속 머물렀다. 데메테르가 엘레우시스에 지어진 신전에 칩거한 이유는 자신의 딸을 찾기 위해 다른 신들을 압박하기 위한 것이었다.

그녀가 신전에 들어앉아 있는 사이에 올림포스의 신들이 우려했던 일들이 벌어지기 시작했다.

데메테르는 풍요와 곡식의 신이기 때문에 모든 곡식의 씨앗에서 싹이 트지 않도록 할 수 있었던 것이다. 아무리 인간이 씨앗을 뿌리고 황소가 쟁기질을 해도 밭에서는 먼지만 날릴 뿐 새로운 생명은 찾아볼 수 없게 되었다. 인간은 먹을 것이 없어 굶어 죽는 사람이 속출했고, 신에게 바칠 제물 또한 있을 리 만무했다.

이렇게 되자 제우스도 뒷짐만 지고 바라볼 수는 없는 상황이었다. 인간들이 더 이상 올림포스 신들에게 제물을 바칠 수 없었기 때문이다.

제우스는 데메테르에게 딸을 포기하게 하느니 차라리 하데스를 설득하는 편이 더 낫다고 판단했다. 그래서 그는 전령이자 외교술에 뛰어난 헤르메스에게 데메테르와 하데스의 중재를 맡겼다. 헤르메스는 죽음의 나라로 영혼을 인도하는 역할을 하기도 하지만, 재치 있는 언변과 행동으로 협상의 중재를 잘하기로 소문이 나 있었다.

사실 제우스는 예전에도 헤르메스에게 도움을 받은 적이 있었다. 헤라의 무녀였지만 제우스의 눈에 들은 이오Io*가 제우스와 밀회를 나누고 있을 때였다. 의심 많은 헤라는 제우스의 바람기를 항상 염려해서 눈이 백 개가 달린 아르고스Argos**라는 괴물을 보내 이오와 제우스의 밀회를 감시하도록 했지만, 헤르메스가 재치 있게 아르고스를 따돌려 이오를 구해 준 적이 있었다.

* **이오** 그리스 신화에 나오는 미모의 여인. 제우스가 관계를 맺고 나서 헤라의 눈을 속이기 위해 암소로 만들었다. 헤라의 저주를 피해 이곳저곳을 떠돌다 이집트로 가서 제우스를 만나 인간의 모습을 되찾고 아들을 낳았다.
** **아르고스** 그리스 신화에 나오는 온몸에 눈이 달린 괴물. 제우스의 명령을 받은 헤르메스의 계략으로 인해 살해되었다.

헤르메스가 깃털이 달린 넓은 차양 모자를 쓰고, 날개 달린 신발을 신은 모습으로 제우스 앞에 나타났다.

"자네가 이번에 중요한 역할을 해야겠네. 데메테르를 설득하는 것은 이미 틀린 일이고, 하데스에게 가서 페르세포네를 어머니인 데메테르에게 돌려주라고 이야기를 해 보게. 물론 하데스도 고집불통이어서 말을 듣지는 않을 테지만, 하데스를 설득하지 못한다면 올림포스의 주신으로서 내 체면이 깎이는 것은 물론이고, 인간세상뿐 아니라 올림포스의 신들의 세계까지 모두 황폐해질 것은 불을 보듯 뻔하네. 그러니 무슨 수를 써서라도 하데스를 설득하게. 만약 안 되면 내가 굉장히 진노했다는 것을 알리게. 그 말을 전하면 하데스도 어쩔 수 없이 페르세포네를 돌려줄 걸세."

헤르메스는 한시라도 빨리 이 사태를 해결하기 위해 한걸음에 지하세계에 도착했다. 지하세계에 내려온 이후 시름에 젖어 물 한 모금 마시지 못하고 있던 페르세포네는 지친 표정으로 하데스의 곁에 앉아 있었다. 헤르메스가 제우스의 뜻을 전하자 하데스는 어쩐 일인지 선뜻 페르세포네를 지상으로 돌려보내겠다고 약속했다.

이 말을 옆에서 듣고 있던 페르세포네는 어린아이처럼 좋아하면서 어머니를 만날 생각에 오랜만에 얼굴에 화색이 돌기 시작했다.

"나는 형제이자 신의 왕인 제우스의 말을 거역한 적이 없네. 당연히 페르세포네는 어머니 곁으로 돌아가야겠지. 헤르메스, 마지막으로 페르세포네와 할 말이 있는데 잠시 자리를 비켜주겠나?"

헤르메스는 자신이 어려운 사건을 해결했다는 사실에 너무나 기쁜 나머지 얼른 자리를 피해 주었다. 하데스와 페르세포네만이 방

안에 남게 되었다.

"비록 내가 당신을 납치했지만, 그동안 당신을 사모하고 있었던 것은 사실이오. 이렇게 내가 당신을 떠나보내지만, 그래도 당신은 한때나마 지하세계의 신인 하데스의 아내였다는 것을 기억하기 바라오. 당신이 지하세계로 끌려온 후 그렇게 당신의 어머니를 그리워할 줄은 몰랐소. 아참, 조금 있으면 어머니를 만나게 될 텐데 그동안 물 한 모금 안 마셨으니 안색이 말이 아니오. 여기 석류씨가 있으니 이거라도 조금 먹구려. 요기가 될 거요."

페르세포네는 지상으로 돌아간다는 사실에 너무나 기쁜 나머지 석류알을 냉큼 삼켰다. 하데스는 페르세포네가 석류알을 삼키는 것을 확인하자마자 입가에 의미심장한 미소를 띠었다.

하데스는 떠나는 페르세포네를 위해 황금마차를 준비해 주고 헤르메스로 하여금 지상으로 그녀를 안내하게 했다. 페르세포네를 실은 마차는 바람보다 더 빨리 지상으로 내달렸고, 어느새 데메테르가 칩거하고 있는 신전에 도착했다.

데메테르는 자신의 딸을 보기 위해 미친 듯이 뛰어나갔고, 딸과 어머니는 서로 얼싸안고 눈물을 흘리며 좋아했다. 둘은 서로 부둥켜안은 채 말을 잇지 못하고 감격에 겨워할 뿐이었다. 이때 데메테르는 갑자기 불길한 생각이 들었다.

"아름다운 나의 딸 페르세포네야, 지하세계에 머무는 동안 아무것도 먹지 않았겠지?"

페르세포네는 자신이 석류알을 먹었다는 사실을 말할 수밖에 없었고, 데메테르는 다시 망연자실할 수밖에 없었다. 지하세계에서 어

〈수확의 여신 케레스에게의 봉헌〉
야코프 요르단스 | 1619 | 프라도 미술관 소장

떤 음식을 먹게 되면, 페르세포네는 일 년의 삼분의 일은 지하세계에 머물러야 하고 삼분의 이만 지상으로 나올 수 있기 때문이다.

처음 데메테르는 하데스의 간교함에 치를 떨었다. 애지중지 키운 딸을 일 년의 삼분의 일을 어둠침침한 죽은 자들의 세계로 보낸다는 것에 분노가 치밀었지만, 그래도 일 년 중 삼분의 이는 딸을 볼 수 있다는 사실에 만족할 수밖에 없었다.

페르세포네가 지상으로 돌아오자, 데메테르는 ㄱ 득유의 넉넉한 인심을 발휘해 땅 위에 씨앗의 싹을 틔우고, 풍성한 열매를 맺게 해서 인간을 다시 풍요롭게 해 주었다.

하지만 페르세포네가 지하세계로 내려가는 일 년의 삼분의 일은 데메테르가 딸을 잃은 슬픔 때문에 은혜를 베풀지 않아 곡식이나 열매가 다 말라 죽어 버렸다.

▮ 페르세포네 신화에 담긴 의존과 독립의 메타포 ▮

페르세포네와 데메테르의 이야기를 보면 고대 그리스인들은 계절이 오고 가는 것을 어머니와 딸의 상봉과 이별로 생각하는 낭만적인 면이 있다는 것을 알 수 있다. 겨울 동안 모든 식물이 죽어 버리는 현상을 지하세계로 내려가는 딸과의 이별을 슬퍼하는 데메테르가 모든 생물에게 은혜를 베풀지 않아서 생기는 일이라고 여겼다. 또한 겨우내 죽었다고 생각했던 모든 생물이 봄이 되면 싹이 트고 잎이 자라는 것에 대해서는 데메테르가 페르세포네와 만나자 너무 기뻐서 그녀의 축복이 온 지상에 가득하기 때문이라고 생각한 것이다.

고대인들은 우리가 생각하는 것보다 더 많이 봄을 기다렸을 것이다. 혹독한 겨울 동안 그들은 집 안에서 넉넉지 못한 음식으로 연명해야 했기 때문이다. 그러다 점점 해가 길어지고 따뜻한 햇살이 내리쬐고 얼었던 시냇물이 녹아내리게 되면, 다시 먹을거리가 풍성해지고 겨울의 감옥에서 벗어날 수 있었을 것이다.

어떻게 보면 그 당시의 사람들은 자신들을 페르세포네로 생각했을지도 모른다. 겨울 동안 모든 것이 죽어 버린 세상에서 궁핍과 추위를 이겨내고 마침내 모든 것을 주는 봄이 찾아오면, 그들은 지하 세계에 갇혀 있던 페르세포네가 어머니를 만난 듯 행복감에 젖어 봄을 맞이하는 축제를 열었던 것이다.

하지만 이 신화는 어머니와 딸과의 관계에서 딸이 어떻게 성숙할 수 있는지를 보여주는 이야기이기도 하다.

데메테르는 풍요와 곡식의 여신답게 딸에게 모든 것을 베푸는 성격을 갖고 있다. 그런 그녀의 오지랖은 메타네이라의 아들을 자신이 키우면서 영생을 주려고 밤마다 애쓰는 장면에서도 엿볼 수 있다. 하지만 여기에서 눈여겨볼 것은 데메테르는 기껏 메타네이라의 아들을 잘 돌보다가 메타네이라가 자신의 아들을 불에 쬐는 모습을 보고 기겁해서 만류하자 더 이상 메타네이라의 아들에게 영생을 주려고 하지 않는 모습이다.

데메테르는 사랑을 주고 베풀 줄은 알지만, 누군가 끼어들거나 방해하는 것을 참지 못한다는 것을 알 수 있다. 그리고 독점적으로 자신이 사랑을 나눠 줄 수 있을 때 행복감을 느끼고 있다. 그런 그녀의 성격 때문에 데메테르는 페르세포네를 몰래 섬에 숨겨 놓게 된다. 어떻게 보면 독선적이고 배타적인 면을 갖고 있다고 볼 수 있다.

하지만 그녀의 이런 심리는 자신의 할머니와 어머니 모두 남자들 때문에 고통을 받은 데 기인한다고 볼 수 있다. 최초의 신은 대지의 신이자 여신인 가이아와 남자 신이며 하늘의 신인 우라노스Ouranos* 였다. 둘 사이에는 많은 자식이 있었는데, 우라노스는 그중에서 외모가 흉물스런 외눈 거인과 백 개의 팔을 가진 형제들을 타르타로스라고 하는 지옥의 깊은 곳에 모두 가둬 놓는다. 이런 자식학대를 참을 수 없었던 가이아는 자신과 동조하는 자식들과 함께 남편인 우라노스를 몰아냈다. 데메테르의 어머니가 되는 레아Rhea**는 가이아의 자식이었는데, 레아는 크로노스와 결혼을 했으나 이번에는 크로노스가 자식들이 자신의 자리를 차지할까 봐 두려워 레아가 아이를 낳을 때마다 모두 삼켜 버렸다.

데메테르는 이런 환경에서 자랐기 때문에 남자, 남편을 신뢰하지 않았다. 그래서 자신이 페르세포네의 유일한 보호자라고 자처한다. 게다가 페르세포네가 성년이 되어 가는데도 결혼을 시킬 생각은 하지 않고 섬에 숨겨 놓는다. 그 이유는 아마도 남편인 제우스의 바람기가 한몫했을 것이다. 데메테르는 남자들은 모두 믿을 수 없다고 확신했다.

• **우라노스** 그리스 신화에 나오는 하늘의 신. 최초의 신 가이아의 아들이자 남편. 세계 최초의 지배자.
•• **레아** 그리스 신화에 나오는 대지의 여신. 우라노스와 가이아 사이에서 태어났으며 크로노스의 아내. 레아에 대한 숭배는 크레타 섬에서 시작된 것으로 보이며, 후에 그리스인들이 대지의 여신으로 숭배했다.

이러한 데메테르의 모성은 자식들에게 모든 것을 주기 때문에 아무런 어려움 없이 자식들이 자랄 수 있는 환경을 만들어 주기는 하지만, 반대로 그만큼의 부작용도 따를 수밖에 없다. 이런 무조건적인 모성은 자식이 어머니에게 맹목적으로 의존하게 되고 독립하는 것을 막게 되는 결과를 가져온다. 그리고 아무런 어려움 없이 성장하기 때문에 작은 어려움만 닥쳐도 어머니가 모든 것을 해결해 주어야 하며, 어머니가 없으면 생존할 수 없게 된다.

따라서 페르세포네의 유괴는 현실에서 일어난다면 비극적인 일이겠지만, 상징적으로 본다면 천진난만한 소녀가 어른으로 성숙하기 위해서는 어머니의 품을 떠나야 한다는 점을 암시하고 있다. 물론 데메테르 같은 어머니는 딸을 절대로 자신의 품에서 떼어 놓지 않는다.

이런 성향을 가진 자식의 독립은 대개 딸로부터 시작되는 경우가 많다. 어떤 반항도 없이 말을 고분고분 잘 듣던 딸이 어느 때부터인가 어머니의 말을 듣지 않기 시작하고, 자신이 하고 싶은 일을 하겠다고 우기는 경우라고 할 수 있다.

물론 무조건 순종을 했던 착한 딸이 어머니의 뜻을 거스르는 것은 쉽지 않은 법이다. "내가 너를 어떻게 키웠는데"라는 죄책감을 자극하는 어머니의 말 한마디로 인해 자신의 뜻을 접고 다시 어머니의 품 안으로 돌아가기도 한다. 만약 좀 더 독립에 대한 욕구가 강한 딸이라면, 어머니와의 관계에서 커다란 다툼이 일어나게 되고 둘 사이에 커다란 냉전이 흐른 뒤에 어머니가 딸이 하고 싶은 것을 인정하는 경우도 있다.

페르세포네의 이야기에서 그녀가 들어갔던 하데스가 다스리는 지하세계는 소녀들이 성장하기 위해 하강해야 하는 공간을 의미한다.

하데스는 페르세포네를 납치해서 자신의 세계로 초대한다. 즉, 지하세계는 남성적이며 거칠고 잔인한 공간이다. 왜 소녀들은 이런 공간에 들어가야 할까?

소녀들에게 필요한 것은 바로 지금껏 어머니와 지내느라 발달하지 못했던 남성적인 측면의 계발이다. 단지 바비인형처럼 착하고 예쁘기만 하다면, 아마 남성의 사랑을 받을 수는 있을 것이다. 하지만 의존하는 상대만 어머니에서 남편이나 남자친구로 바뀌었을 뿐 소녀는 인생을 독립적으로 살 수 없다.

페르세포네는 처음 지하세계에서 식음을 전폐하고 아무것도 먹지 않는 것으로 어머니와 떨어지게 된 슬픔을 표현했다. 이것은 모든 것을 완벽하게 준비해 주고 해결해 주던 어머니와 떨어져 이제 혼자서 어둡고, 음침하고, 삭막한 공간, 즉 현실에 처음 부닥칠 때 느끼는 소녀들의 감정이다. 이런 감정은 대개 고등학교를 졸업하거나 대학교를 졸업한 여성들이 처음 사회에 첫발을 내딛고 나서 느끼는 감정과 비슷하다.

이들은 그동안 어머니의 보살핌을 받고 모성의 세계에서 안주하며 지냈지만, 갑자기 남성들과의 경쟁에 내던져지게 된다. 그리고 이제 공주가 아니라 시녀의 역할을 해야 할 수도 있다. 사회에서 살아남기 위해 그들은 그동안 하지 않던 잡일을 해야 하기도 하고, 마음이 내키지 않는 상사의 명령을 기꺼이 받아들여야 하기도 한다.

또한 작은 잘못에도 호되게 야단을 맞기도 한다. 이들은 삭막한 현실의 세계, 남성중심의 세계에서 한동안 혼란과 괴로움을 겪을 수 있다.

그래서 이들은 원하는 대로 다 해 주는 모성의 세계로 다시 돌아가고 싶은 욕구가 생기게 된다. 푸른 들판이 펼쳐져 있는 곳에서 친구들과 노래를 부르고 춤을 추면서 아름다운 꽃이나 따는 평온한 세계 말이다.

여기서 소녀들은 완전히 지상으로 나갈 것인가, 아니면 지하의 세계로 내려가 지평을 넓힐 것인가라는 선택을 해야 한다. 페르세포네는 하데스가 건네준 석류를 삼킨 상태로 지상으로 다시 돌아간다. 그녀는 이제 지상과 지하의 세계를 넘나들겠다고 결심을 한 것이다.

소녀들은 퇴행을 해서 어머니의 품으로 돌아가 갑갑한 어머니의 품으로 상징되는 섬에서 답답하게 평생을 보내야 할지, 아니면 음침하고 어둡지만 자신에게 열려 있는 또 다른 세계도 자신의 영역으로 확장할지 선택을 해야 한다.

지하세계는 죽은 자들의 세계이기는 하지만, 그곳은 어머니의 부담스런 사랑과 감시는 없는 곳이다. 지상에서 페르세포네는 한낱 처녀 신에 불과했다. 하지만 지하에 머물게 되면서 그녀는 지하세계의 여왕으로 자리잡게 된다.

이는 이제 막 성인이 된 여성들에게 필요한 것은 여성적인 면뿐 아니라 남성적인 면도 인격 안에 활성화되어야 한다는 것을 의미한다. 즉, 진취적이고 적극적이고 자기주장을 내세우는 측면을 말한다.

지하세계는 일견 어둡고 음침하고 죽은 자들이 사는 곳처럼 보이지만, 페르세포네는 지하로 하강함으로써 남성적인 측면을 내면에 동화하고, 어머니와의 단절을 통해 지하세계를 통치하는 여왕으로 거듭나게 되었다.

그래서 지하세계의 신 하데스는 로마에서는 플루톤Pluton으로 불리웠다. 플루톤은 '부유한 자' '부유함을 주는 자'라는 의미다. 이는 땅속에서 다이아몬드나 금 같은 귀금속을 우리가 얻기 때문에 붙여진 이름이기도 하지만, 심리적으로는 우리가 외면하고 있던 성격의 한 부분을 돌아보고 인정하면 우리의 마음이 부유해지고 강해진다는 것을 의미하고 있다.

하데스의 아내이자 데메테르와 제우스의 딸인 저 페르세포네는 사실 지하의 여왕으로 지내는 것이 너무 행복합니다. 저와 관련된 이야기를 읽어 보시면 알 수 있을 거예요. 저는 삼분의 일은 지상에서 살 수 있었지만, 이후 제가 지상에서 지낸 것은 어머니와 만난 얼마 동안에 불과하죠. 저는 계속 지하에서 살면서 많은 영혼의 안내자 역할을 했답니다.

이제 비밀을 하나 털어놓을게요. 저의 남편이자 지하의 신인 하데스가 석류알을 강제로 먹였다고 어머니에게 이야기했지만, 사실 그것은 거짓말이었어요.

석류알을 먹으면 지하세계에서 살아야 한다는 것을 몰랐을 제가 아니죠.

저에게 지나치게 집착하는 어머니가 제가 그런 사실을 알고도 먹었다는 것을 알게 되면, 아마 평생 저를 저주할 거라고 생각했기 때문이에요.

어머니는 제가 항상 착한 딸이고 영원히 자신을 배신하지 않고 평생을 처녀로 지내면서 어머니와 함께 있을 거라 믿었거든요. 하지만 저는 시칠리아 섬에서 평생 꽃이나 따면서 따분하게 평생을 보내고 싶지는 않았답니다.

제4장

완벽한 신
아폴론의 비가(悲歌)

보상심리와 공명심
Compensation mentality
and Ambition

여느 날과 마찬가지로 새벽의 여신이 물러가고, 나는 태양의 마차를 끌고 하늘을 향해 날아오르려고 준비를 하던 참이었습니다. 그때 태양의 궁전으로 한 청년이 불쑥 들어서는 것이었습니다. 나는 그 청년을 보는 순간 내 아들이라는 것을 금방 알아볼 수 있었습니다. 금발머리를 어깨에 늘어뜨리고, 기품이 느껴지는 모습을 통해 나의 젊은 시절이 금방 떠올랐기 때문입니다.

요정 클뤼메네Clymene와의 짧은 사랑으로 얻은 아들이 드디어 나를 찾아온 것입니다. 클뤼메네에게 아들이 자라면 아버지가 제우스 신이 가장 아끼고 사랑하는 아들인 태양의 신 아폴론이라는 사실을 알려 주라고 일렀었죠.

사실 매일 태양의 마차를 몰고 동쪽에서 서쪽으로 돌면서 지상에 적당한 햇빛을 비추어야 하는 바쁜 몸이어서 아들을 찾는 것도 잊고 살았습니다.

아들은 자신의 이름을 파에톤Phaethon이라고 하면서 내 손을 잡고 감격의 눈물을 흘리기까지 했습니다.

나는 장성한 아들이 동쪽 태양의 궁전까지 그 험난한 길을 마다하지 않고 달려와 준 것만 해도 감격스러운데, 눈물까지 흘리는 모습을 보니 아들에 대한 정이 더욱 용솟음쳤습니다. 이성을 대변하고 냉정하다는 이야기를 듣는 나 아폴론이지만 자식 앞에서만은 냉정할 수가 없더군요.

하지만 사건은 아들과의 만남에서 시작되고 말았습니다. 차라리 나를 영원히 찾지 말았으면 좋았을 것을. 하필 아들이 말한 소원이 태양마차를 끄는 것이었다니, 나는 왜 그런 무리한 부탁을 들어주었던가!

호기 있게 태양마차를 타고 하늘로 향하던 아들은 얼마 후 불에 탄 시체가 되어 지상으로 돌아왔습니다. 아들과 다시 만난 날이 곧 아들과 영원히 헤어져야 하는 슬픈 날이 될 줄은 꿈에도 몰랐습니다.

나는 이 사건으로 이성과 판단의 신으로서 완전히 체면을 잃어버린 것은 물론 올림포스의 다른 신들 앞에서 고개를 들 수가 없었습니다.

그러나 그것보다 사랑하는 아들을 잃은 아버지로서 평생 한을 품고 살아야 하는 운명에 놓이고 말았다는 사실이 나를 더욱 슬프게 합니다. 차라리 내가 인간이었다면 목숨이 다하는 날 이 고통과 슬픔도 함께 사라지련만, 나는 죽지도 못하는 태양신이라는 사실이 원망스럽기까지 합니다.

올림포스의 다른 신들과 심지어 인간들마저 파에톤의 죽음을 두고 나의 경솔함에 대해 비난을 합니다. 젊은 나이에 목숨을 잃은 자식을 둔 아버지들도 많겠지만, 나처럼 자식의 죽음에 원인을 제공한 사람의 심정을 그 누가 알겠습니까?

쌍둥이 누이이며 달의 신인 아르테미스가 나를 위로하려 했지만, 그런 위로도 나에게는 아무런 도움이 되지 않았습니다. 나는 아들이 죽던 날 너무 비통한 나머지 태양마차를 모는 것도 잊은 채 태양의 궁전에서 멍하니 허공을 바라보기만 했습니다.

사랑하는 아들 파에톤아, 이 못난 아버지를 용서하기 바란다. 네가 그토록 자랑스러워하던 아버지가 바로 너를 죽인 살인자가 되고 말았구나. 이제 나는 앞으로 죄인으로 살아갈 수밖에 없구나. 앞으로 태양마차를 끌고 하늘로 날아오를 때 다른 신들과 인간들이 나를 비웃는다고 해도 나는 그들을 탓할 생각이 없다. 나는 이 세상에서 제일 못난 아버지이기 때문이다. 아들아 부디 저승에서 편안한 삶을 살아다오. 이제 이 아비가 해 줄 수 있는 것은 지하세계의 신인 하데스에게 너의 저승에서의 편안한 삶을 부탁하는 것뿐이겠구나.

태양의 신 아폴론의 아들

햇빛에 반짝이는 금발머리를 한 젊은이가 해를 바라보며 길가에 서 있었다.

"파에톤, 지금 뭐 하고 있는 거니?" 파에톤의 친구인 에파포스
Epaphos*가 물었다.

파에톤은 자랑스러운 표정을 지으며 대답했다.

"나의 아버지인 아폴론 태양신을 바라보고 있는 거야."

에파포스는 어이가 없다는 표정을 지으며 파에톤의 말을 받아넘겼다.

"농담하지 마. 네가 무슨 태양신 아폴론의 아들이냐? 너 정신이 좀 이상해진 것 아니니?"

"정말이야. 우리 아버지가 태양신 아폴론이라구. 어머니가 얼마 전에 처음으로 말해 줬어. 그래서 나의 생부가 아폴론이라는 사실을 알게 되었다구. 나는 태양마차의 빛이 약한 아침에 실눈을 뜨고 아버지의 모습을 보려고 이렇게 나와 있는 거야."

"그래? 왜 하필 아폴론이니, 차라리 올림포스 신들의 왕인 제우스가 네 아버지라고 하지 않고?"

파에톤은 친구인 에파포스가 자신의 말을 믿지 않는 데 화가 나면서 심지어 모멸감을 느꼈다. 그는 굳은 표정으로 친구를 남겨 둔 채 집으로 돌아와서는 문을 박차고 들어가 어머니인 요정 클뤼메네에게 따지듯이 물었다.

"어머니, 제가 태양신인 아폴론의 아들이 맞는 건가요? 오늘 처음으로 그 사실을 친구에게 말했다가 망신만 당하고 말았단 말이에요. 제가 아폴론의 아들이라는 증거를 보여 주세요. 그 증거만 있다면 제 친구의 코를 납작하게 만들 수 있을 테니까요."

클뤼메네는 아들 파에톤의 투정을 모두 듣고 나서 타이르듯이 말했다.

"파에톤, 너는 분명 신의 아들, 그것도 모든 사람들 그리고 올림포스

* **에파포스** 그리스 신화에 나오는 제우스와 이오의 아들. 이오가 이집트에서 낳은 아들이다. 후에 이집트의 왕이 되었다. 에파포스로 인해 파에톤이 아버지를 찾아나서게 된다..

의 신들도 존경해 마지않는 아폴론의 아들이 분명하단다. 내가 왜 네게 거짓말을 하겠니? 내가 지금 말하는 것이 곧 증거란다."

하지만 화가 누그러지지 않은 파에톤은 다시 어머니에게 다그치 듯이 말했다.

"어머니 그런 말이 어디 있어요? 다른 인간들은 어머니나 저의 말을 믿지 않는단 말이에요. 저는 제가 신의 아들이라는 사실을 남들에게 알리고 싶어요. 그리고 그들에게 선망과 존경의 눈길을 받고 싶단 말이에요."

"하지만 내가 할 수 있는 말은 그것뿐이란다. 너도 이 어미를 믿지 않는 거니? 내가 지금까지 한 번도 네게 거짓말을 한 적이 없지 않니. 제발 내 말을 믿으려무나. 너와 내가 믿으면 그만이지 모든 사람이 이 사실을 믿어야 할 필요는 없단다."

"아니에요. 저는 분명 제가 태양신의 아들이라는 사실을 온 천하에 알리고 말 겁니다. 방법은 한 가지밖에 없어요. 제가 직접 아버지 아폴론을 찾아 나서는 수밖에요."

클뤼메네는 아들 파에톤의 생각을 바꿀 수 없다는 걸 알고는 마지못해 승낙했다.

"네 생각이 정 그렇다면 그렇게 해라. 태양의 궁전이 있는 동쪽은 이곳에서 그리 멀지 않은 곳에 있으니 오래 걸리지는 않을 거야. 네가 태양신 아폴론의 아들이라는 사실을 말하면, 아마 네 아버지도 너를 반갑게 맞아 주실 거야."

이렇게 해서 파에톤은 아버지 아폴론 신을 만나기 위해 해가 뜨는 동쪽을 향해 떠났다. 매일 험한 길을 걸어야 하는 고통보다 파에톤의 마음을 더욱 짓누른 것은 아버지 아폴론 신이 혹시라도 자신을 아들로 인정하지 않을까 하는 두려움이었다. 하지만 한편으로 자신이 신의 아들이라는 것을 인정받아 남들이 자신을 부러워할 거라는 생각을 하면 발걸음이 한결 가벼워졌다.

터벅터벅 길을 걷던 파에톤은 갑자기 눈이 부셔서 앞을 제대로 볼 수가 없었다. 그 빛은 그가 다가갈수록 더욱 환해졌다. 마침내 밝은 빛에 익숙해진 파에톤이 가늘게 눈을 떠서 보니 그 앞에는 그가 찾던 태양의 궁전이 있었다.

아버지의 선물이 부른 아들의 추락

태양의 궁전은 커다란 원주에 떠받혀 있었고, 궁전 전체가 황금과 보석으로 치장되어 밝은 빛을 온 세상에 비추고 있었다. 파에톤이 은으로 만든 문을 열고 들어서니 천장은 윤이 나는 상아로 만들어져 있었으며, 벽에는 대장장이의 신 헤파이스토스가 새겨 넣은 요정과 물고기들이 마치 살아 있는 것처럼 생생한 모습으로 장식되어 있었다.

파에톤은 이러한 모습에 눈이 휘둥그레지고 입을 다물 수가 없었지만, 천천히 발걸음을 떼며 조금씩 아폴론이 앉아 있는 옥좌로 다가갔다. 태양신 아폴론은 자줏빛 옷을 입고 금강석이 박힌 옥좌에 앉아 지긋이 청년을 바라보고 있었다.

파에톤은 처음 대하는 신 앞에서 말문이 막혔으나 용기를 내서 입을 열었다.

"제우스의 가장 사랑하는 아들이며 온 세상을 빛으로 채우시는 아폴론 신이시여, 감히 미천한 인간의 입으로 한 말씀 여쭙기 위해 먼 길을 걸어왔습니다. 부디 저를 경망하거나 실성한 청년으로 여기지 마시고 제 말씀을 들어 주십시오. 제 어머니 클뤼메네가 얼마 전 태양신인 아폴론이 저의 아버지라고 말씀해 주셨습니다. 그래서 그 사실을 확인코자 감히 이곳까지 오게 되었습니다."

아폴론은 파에톤의 말을 듣고 입가에 엷은 미소를 지으며 이렇게 대답했다.

"네가 이 궁전의 문을 열고 들어오는 순간 내 아들이라는 것을 알고 있었다. 네 어머니 클뤼메네가 너를 훌륭한 청년으로 정말 잘 키웠구나. 너는 내 아들임이 분명하다."

아폴론은 파에톤에게 가까이 다가오라고 했다. 파에톤은 이 말에 감동해 생전 처음 만나는 아버지의 손을 잡고 눈물을 흘렸다.

아폴론은 아들의 모습을 흐뭇하게 바라보다가 그동안 자신이 제대로 돌보지 못했다는 죄책감이 마음속에서 고개를 들었다.

"내 그동안 너를 보살펴 주지 못한 것이 정말 미안하구나. 네 소원을 하나 말해 보아라. 네가 바라는 것은 무엇이든 이루어지게 해 주마. 내 지옥에 흐르는 스틱스 강*에 맹세하건대 너의 소원을 들

* **스틱스 강** 그리스 신화에서 지상과 저승의 경계를 이루는 강이다. 그리스 신들은 맹세를 할 때 스틱스 강에 맹세를 하고 어느 누구도 이 맹세를 거역하면 안 된다. 만약 맹세를 지키지 않으면 1년 동안 목소리를 낼 수 없고, 9년 동안 신들의 회의에 참석할 수 없다.

어주겠다고 약속하마."

파에톤은 이제 아버지 아폴론이 감히 범접하기 어려운 신이 아니라 친근하고 자애로운 아버지로 생각되었다. 그래서 그는 아폴론에게 주저 없이 소원을 말했다.

"아버지 아폴론이시여, 제 소원은 아버지께서 모시는 태양마차를 하루만 모는 것입니다."

이 말을 듣자 아폴론의 안색이 갑자기 변하면서 그가 머리에 쓰고 있는 빛나는 관이 땅에 떨어질 정도로 고개를 몇 번씩이나 가로저었다.

"아들아, 하필 네가 바라는 소원이 태양마차를 모는 것이라니 내가 정말로 경솔했구나. 태양마차를 모는 것만은 네게 맡길 수 없다. 태양마차를 모는 일은 신들의 왕인 제우스도 할 수 없는 일이다. 게다가 너는 나이가 너무 어릴뿐더러 힘마저 고삐를 틀어쥐기에는 부족하다. 무엇보다 네 생명마저 위태로운 아주 위험한 일이다.

태양마차를 처음 동쪽에서 출발할 때 그 가파른 언덕을 오를 때는 네 필의 천마도 숨을 헐떡이며 간신히 날아오른다. 그렇게 천공에 다다를 수 있다고 하더라도, 천공은 너무 높이 있어서 나는 매일 태양마차를 모는데도 항상 아찔한 느낌 때문에 오금이 저릴 정도란다. 그리고 서쪽 바다로 떨어질 때의 경사는 동쪽에서 천공으로 오를 때보다 더 위험하단다. 잘못하면 태양마차와 함께 서쪽 바다로 고꾸라질 수도 있다. 그래서 바다의 여신인 테티스Thetis*는 매

• **테티스** 그리스 신화에 나오는 바다의 여신. 바다의 신 네레우스의 50명의 딸 중 하나로, 인간 영웅 펠레우스와 결혼해 트로이 전쟁의 영웅 아킬레우스를 낳았다.

일 저녁 혹시 내가 천마와 함께 거꾸로 처박힐까봐 노심초사한다는 이야기를 듣곤 한단다.

아들아, 네가 보기에 하늘은 너무나 아름답고 평화로워 보이겠지. 하지만 내가 천마를 타고 태양마차를 모는 길 주위에는 항상 커다란 위험이 도사리고 있단다. 무시무시한 황소(황소자리)는 숨을 씩씩거리고 침을 흘리며 그 무서운 뿔로 언제든 나를 공격하려 하고, 전갈(전갈자리)은 꼬리에 있는 독침에 독액을 듬뿍 발라서 자신의 주위에 오는 모든 적을 찌르려고 한단다. 또한 게(게자리)는 커다란 앞발 집게로 나를 공격하려고 호시탐탐 노리고 있단다. 그 집게에 걸리면 내가 신이라고 하더라도 살아남기 어렵단다.

이렇게 이야기를 해 주었으니 너의 그 소원을 거두도록 해라. 어찌 아버지 된 도리로 자식의 목숨이 위태로운 일을 맡길 수 있겠느냐? 게다가 오늘은 너를 처음 만난 날이다. 만나는 날 너와 영원히 헤어질 수는 없지 않겠니. 네가 갖고 싶은 것은 무엇이든 줄 수 있고, 네가 가고 싶은 곳은 어디든지 보내 줄 수 있다. 제발 다른 소원을 말해 보도록 해라."

비록 아폴론이 태양신이지만, 자식 앞에서는 마음 약한 아버지에 불과했다. 그는 있는 힘을 다해 아들을 설득하기에 바빴다.

하지만 파에톤은 이미 결심을 굳힌 다음이었다. 그는 아버지 아폴론이 자신을 아들이라고 인정하는 순간 아버지에게 떼를 쓰는 한 명의 어린아이가 되고 말았다.

"아버지 아폴론이시여, 저의 소원은 태양마차를 모는 것밖에 없습니다. 저는 금은보화도, 아름다운 옷도, 좋은 곳도 다 필요 없습니다. 아버지께서는 분명 조금 전 스틱스 강에 맹세를 하셨습니다. 제가 알기로는 스틱스 강에 맹세를 하면 신이라고 해도 약속을 번복할 수 없다고 합니다. 제발 저의 소원을 들어주십시오."

"네 말이 맞다. 그 서약을 어길 수는 없는 법. 그러나 네가 다른 소원을 말했다면 정말 좋으련만……."

아폴론은 자신의 젊은 시절을 떠올리고는 설득을 포기했다. 자신도 어린 시절 아버지 제우스가 아무리 설득해도 아버지의 말을 거역한 적이 있었기 때문이다. 게다가 벌써 새벽의 여신은 물러가고, 금성도 자취를 감추기 시작했다. 이제 태양의 마차가 곧 출발해야 하는 시각이었다. 아폴론은 마부장에게 지시를 했다.

"할 수 없구나. 얘들아 태양의 마차를 어서 준비해라."

이윽고 아폴론과 파에톤 앞에 네 필의 말이 끄는 마차가 준비되었다. 파에톤은 모든 것이 황금으로 만들어진 마차를 보고는 눈이 휘둥그레졌다. 그러나 그보다 자신이 이 멋진 마차를 몰고 간다고 생각하니 가슴이 두근거리고 흥분되기 시작했다.

검은 천마는 이제 숨을 씩씩거리고, 불을 토해 내며 오늘의 주인인 파에톤을 실어 나르기 위해 대기하고 있었다.

아폴론은 고삐를 파에톤의 손에 쥐여 주고, 자신이 쓰고 있던 빛의 관을 벗어 아들의 머리에 얹어 주었다. 그리고 얼굴이 타지 않는 신의 고약을 파에톤의 얼굴에 정성스럽게 발라 주면서 속으로 생각했다.

'어쩌면 이 얼굴을 다시 볼 수 없을지 모른다. 아들아, 이 아비를 용서해 다오. 이 경솔함을 제발 용서해 다오. 아들아 제발 무사히 돌

〈아폴론에게 태양의 지휘권을 간청하는 파에톤〉
벤자민 웨스트 | 1804 | 루브르 박물관 소장

아오거라.'

　그리고 그는 아들의 두 손을 한 번 굳게 쥐어 주었다.

　파에톤은 태양마차에 올라 한 손으로 고삐를 힘껏 쥐고 마차에 앉았다. 아폴론은 파에톤이 자리를 잡자 한 손으로 말의 엉덩이를 손바닥으로 치며 출발하라는 신호를 보냈다. 그러자 태양마차를 끄는 네 필의 말은 힘껏 하늘로 솟아오르기 시작했다. 파에톤은 마차가 갑자기 하늘로 치솟는 바람에 현기증이 났지만 곧 진정하고 말고삐를 힘껏 움켜잡았다.

　하지만 파에톤의 안전한 비행은 여기서 중단되고 말았다. 천마들이 예전과 달리 갑자기 가벼워진 마차에 적응을 하지 못했기 때문이다. 항상 근육에 기억되어 있던 마차의 무게를 생각하고 천마들이 하늘로 치솟는 바람에 태양마차의 속도는 점점 가속되었고, 그 속도를 이기지 못한 파에톤은 당황하기 시작했다. 그래서 말고삐를 잡아당기며 속도를 늦추려 했지만, 천마들은 파에톤의 조정 따위에 아랑곳하지 않고 앞으로 내달리기만 할 뿐이었다.

　파에톤이 당황하며 얼마나 땅에서 멀어졌는지 확인하려고 마차 밖을 보는 순간, 그는 천 길 같은 높이 때문에 공포심만 더할 뿐이었다. 그는 마차와 함께 하늘에서 떨어지는 것은 아닌지 하는 두려움 때문에 손발이 덜덜 떨리며 점점 당황하게 되었다. 그러다 그는 치명적인 실수를 저지르고 말았다. 그만 고삐를 놓쳐 버린 것이다.

　이제 천마들은 아폴론이 다니던 하늘길을 무시하고 마음대로 달리기 시작했다. 그때서야 파에톤은 "왜 제가 아버지의 말을 듣지 않았을까요? 제발 저를 살려주세요"라고 외쳤지만, 이미 돌이킬 수 없는 상황이었다.

하늘길에서 벗어난 마차들은 지상과 매우 가깝게 날기 시작했다. 그러자 마차가 지나가는 길에 위치한 모든 산에서 불이 나기 시작했고, 강이란 강은 모두 메말라 버리기 시작했다.

그 불길이 어찌나 거셌던지 파에톤마저도 지상의 열기와 연기 때문에 숨이 막힐 지경이었다. 더욱 큰일은 인간들이 봄부터 씨앗을 뿌려 이제 추수를 앞둔 곡식들이 불에 타고, 가축들도 불에 타서 재만 남게 된 것이다. 지상이 온통 연기로 가득 차자 인간들은 불길을 피하기 위해 이리저리 뛰어다녔고, 강물로 뛰어들려는 자들도 있었지만 강은 이미 메말라 버린 상황이었다.

심지어 나일 강은 그 불길을 피하기 위해 사막에 머리를 처박게 되었는데, 이후로 나일 강의 발원지를 알 수 없게 되었다고 한다.

가장 분노한 것은 대지의 여신이었다. 그동안 인간들이 자신의 몸을 쟁기로 갈아 대고, 할퀴는 것을 참으며 농작물을 재배할 수 있게 몸을 빌려주었는데 이제 태양마차의 열기로 인해 자신의 몸이 타들어 가고 숨도 쉴 수 없게 되었기 때문이다.

이에 대지의 여신은 이렇게 절규했다.

"위대한 신의 왕 제우스여, 도대체 제가 무슨 죄를 지었길래 불길로 저를 심판하려 하십니까? 차라리 저에게 죄가 있다면 벼락으로 단번에 숨을 끊어 주세요. 이 불길과 연기로 인해 저는 더 이상 참을 수가 없습니다. 게다가 제 몸에 붙어사는 불쌍한 인간들의 먹을 것마저도 이 불길로 모두 태우시니, 인간들은 어찌 살아갈 수 있단 말입니까? 또 인간들이 해마다 올림포스 신들에게 올리는 제사에는 앞으로 어떤 음식을 바칠 수 있겠습니까? 이 지상에 남은 거라고는 타다 남은 알곡과 그을은 열매 몇 조각밖에 없습니다. 제발 이 불길을 거두어 주소서."

이 말을 들은 제우스는 신들을 모두 소집했다. 여기에는 고개를 숙인 채 아무 말도 하지 못하고 있는 아폴론도 끼어 있었다.

신들은 아폴론을 못 본 체하며 제우스에게 태양마차를 당장 세워 줄 것을 간청했다. 잘못하다가는 지상은 물론 천상에 있는 신들의 거처까지 모두 불타 버릴까 두려웠기 때문이다.

사실 제우스도 사태의 심각성을 알고 있었다. 그러나 아폴론의 아들 파에톤은 자신의 손자뻘 되는 청년인 데다 가장 사랑하는 아들인 아폴론의 아들이라는 점에서 결정을 내리지 못하고 있었다. 하지만 신의 왕인 제우스는 이 사태가 더 악화되는 것을 막기 위해 결단을 내려야 했다. 그는 사랑하는 아들 아폴론의 눈을 쳐다보지 못하고 허공을 쳐다보면서 파에톤에게 벼락을 내리겠다고 선언했다. 제우스는 즉시 자신의 용포에 감춰져 있던 벼락을 꺼내 태양마차를 향해 던졌다. 정확하게 날아간 벼락은 태양마차에는 손상이 가지 않게 하고 파에톤만 맞춰서 그를 지상으로 떨어뜨렸다. 파에톤의 몸에는 불이 붙어 그가 지상에 떨어졌을 때는 이미 죽은 상태였다. 할아버지로서 제우스가 손자인 파에톤에게 베풀었던 마지막 배려는 그의 목숨을 단박에 끊어 고통 없이 죽도록 한 것이었다.

유성처럼 떨어진 파에톤의 시체는 강의 신인 에리다누스Eridanus가 받아 주어 재빨리 파에톤의 몸에 붙은 불을 꺼 주고, 몸을 식혀 주었다.

〈파에톤의 추락〉
페테르 파울 루벤스 | 1605 | 내셔널 갤러리 오브 아트 소장

상심한 아폴론은 그날만은 태양마차를 더 이상 몰지 않고 지상이 하루 동안 암흑천지로 바뀌는 것을 모른 체했다.

파에톤의 추락은 아버지의 권력을 탐낸 섣부른 욕망이 부른 몰락의 상징

파에톤의 추락은 한 무모한 젊은 이가 어떻게 몰락하는지를 보여 주고 있다. 청소년기 또는 청년기의 젊은이들은 커다란 꿈을 꾸게 된다. 그들은 세상에 나가 자신의 용기를 보여 주고 싶어 한다. 하지만 그들 중 많은 사람이 실패를 맛보게 되는 이유는 그들의 원대한 꿈을 이루기 위한 현실적인 준비나 대비가 되어 있지 않기 때문이다.

그들은 자신이 그리는 미래가 그대로 현실에서 이루어질 수 있다는 착각에 빠지고, 또한 남들에게 하루빨리 자신의 성공을 인정받으려 한다. 그래서 너무 빨리 너무 높이 앞서가려고 서두르다 결국은 추락하게 된다.

과거 잘 알려진 한 청년 실업가는 대박의 꿈을 안고 원대한 사업 구상을 해서 단숨에 잘나가는 기업을 이뤘지만, 결국 한순간에 부도가 나서 감옥에 가기도 했다. 그는 파에톤처럼 아무런 준비도 없이 거대한 태양마차를 몰고 다른 사람들의 부러움을 받기만 바랐을 뿐 구체적인 준비를 제대로

• **에리다누스** 그리스 신화에 나오는 강의 신이자 별자리 이름으로도 쓰인다. 동시에 갈리아 지방에 있다고 하는 같은 이름의 강을 말한다. 태양의 신 오케아노스와 바다의 여신 테티스의 아들이다.

하지 않았기 때문이다.

그래서 꿈꾸는 청년들이 조금만 늦추고, 좀 더 준비하면 성공할 수 있는 일을 망쳐 버리고 다시는 재기하지 못하고 나락으로 빠지는 경우가 많다.

그럼, 아폴론은 왜 파에톤의 무모한 소원을 들어주었을까?

아폴론은 포이보스(빛이 나는 자)라고 불릴 만큼 빛나는 존재였다. 그는 금발머리를 하고 잘생긴 청년의 모습으로 조각과 그림에 등장하며, 그의 명석한 두뇌와 지혜를 그리스인들은 흠모했다. 아폴론은 궁수의 신이기도 한데, 과녁에 꽂히는 화살처럼 정확한 그의 성격을 보여 주는 단면이기도 하다. 그리고 그는 태양의 신이기도 하지만, 예언의 신이자 법률의 후원자이기도 하다. 그는 앞날을 예측할 수 있는 능력을 갖고 있으며, 공평무사하게 법률을 제정하고 옹호하는 신이다.

하지만 그의 공명정대한 판단력과 예언자로서의 예지력에 오점을 남긴 것이 바로 파에톤의 죽음이었다. 그것은 아버지라는 위치가 그의 예지력과 판단력을 마비시켰기 때문이다.

파에톤의 비극은 사실 "무슨 소원이든 들어주겠다"는 아폴론의 경솔한 약속에서 비롯된다. 아폴론은 파에톤의 생부였지만, 한 번도 아들을 찾아 본 적이 없는 무심한 아버지였다. 그는 매일 바쁘게 태양마차를 몰면서 인간과 신들에게 존경과 숭배를 받았지만, 자식에게 자상하거나 자애로운 아버지는 아니었던 것이다.

아폴론은 현시대의 아버지와 아주 많이 닮아 있다. 매일 바쁘게 사회적인 성공을 위해 뛰어다니는 아버지의 모습 말이다. 아버지들은 그렇게 열심히 사회활동을 해서 돈과 지위는 얻을 수 있지만, 그로 인해 자식과는 멀어질 수밖에 없다.

이런 아버지들은 어느 날 문득 자식을 제대로 돌보지 못한 것에 대해 죄책감을 가진다. 그들은 자신의 죄책감을 자식이 원하는 것은 무엇이든 들어주는, 즉 물질적인 보상으로 메우려 한다. 그래서 종종 어떤 부유한 아버지는 운전도 제대로 못하는 어린 자식에게 고급승용차의 열쇠를 쥐여 주어 커다란 사고를 겪기도 한다. 또 어떤 아버지들은 경영 수업도 제대로 되어 있지 않은 젊은 자식에게 회사의 경영권을 빨리 넘겼다가 회사가 도산하기도 한다.

또한 파에톤처럼 아무런 준비도 하지 않고 하루빨리 다른 사람들로부터 성공과 부를 거머쥐었다는 평가를 받고 싶은 젊은이들은 기꺼이 아버지의 후광을 빌리려 한다. 왜냐하면 자신이 아버지의 위치에 오르려면 너무나 많은 노력과 시간을 투자해야 한다는 것을 잘 알기 때문이다. 그래서 그들은 아버지의 후광을 등에 업고 아버지의 태양마차에 무임승차하려 한다. 물론 그들은 태양마차를 몰 수 있을 정도로 숙련되고 준비가 되어 있지 않다. 단지 아버지가 타던 마차만 탈 수 있다면 많은 사람이 자신에게 굽신거릴 거라는 점을 잘 알고 있다.

이러한 예는 현실에서도 쉽게 찾아볼 수 있다. 재력가나 권력자의 자식들이 그러하다. 그들은 자신의 힘이 아니라 아버지의 후광을 등에 업고 권력과 부를 손에 거머쥐었다. 하지만 그들에게 검은돈을 주고, 굽신거렸던 이들은 그들 때문이 아니라 그들이 타고 있는 태양마차라는 존재 때문에 그렇게 한 것뿐이다.

하지만 재력가나 권력자의 자식들은 마차를 끌고 다닐 수 있는 준비가 되어 있지 않기 때문에 결국 추락하고 만다.

이성의 신이며 판단의 신인 아폴론이 자식 앞에서 이성과 판단이 마비되었듯이, 재력가나 권력자들도 자식에 대해서는 이성을 잃어버리고 만다. 이유는 돈과 권력을 쫓아다니느라 자식에게 사랑을 쏟지 못한 죄책감 때문이다. 그들은 사랑을 쏟지 못한 것에 대한 큰 보상을 해 주고 싶어 한다. 하지만 자식들이 태양마차를 끌 수 있는 능력이나 담력이 있는지는 전혀 살피지 않는다.

그래서 고삐 풀린 태양마차가 온 세상을 불길과 연기로 뒤덮었듯이, 그들의 자식들은 돈과 권력을 휘두르며 세상을 어지럽히고 사람들에게 피해를 주게 되는 것이다.

제5장

에로스를 둘러싼 프시케와 아프로디테의 대결

사랑과 정신의 성숙
Maturity of Love and Spirit

저는 인간의 몸인데도 미와 사랑의 여신인 아프로디테보다 더 아름답다고 칭송을 받는 프시케Psyche입니다. 또한 신과 인간에게 사랑을 나눠주는 잘생긴 사랑의 신 에로스Eros의 아내이기도 합니다.

많은 분이 알고 계시다시피 저와 남편은 처음 만났을 때 저의 불찰로 인해 헤어지게 되었죠. 결국 다시 감격적인 해후를 해서 지금은 잘 살고 있지만 말이죠. 하지만 남편을 다시 만나 사랑을 이루기까지 고생한 것을 생각하면, 지금도 어떻게 그런 험한 일들을 해낼 수 있었는지 믿어지지가 않아요.

아무튼 나중에 행복하게 되었지만, 저의 불행과 행복은 제 아름다움에서 비롯되었습니다.

한때 제 미모에 대한 소문이 온 왕국에 퍼지면서 남자들은 저를 먼발치에서 한 번만 봐도 죽어도 여한이 없다고 할 정도였습니다. 심지어 저를 한 번 보고는 상사병으로 시름시름 앓다가 죽은 남자들도 있었습니다.

하지만 인생이란 무엇이든 넘치거나 지나치면 화가 되는 법이지요. 그러나 제 아름다움이 화근이 될 줄은 정말 몰랐어요.

제 불행은 미의 여신이자 사랑의 여신인 아프로디테의 질투로부터 시작되었습니다. 저는 그녀로 인해 온갖 고생과 고통을 치러야 했습니다. 제 남편 에로스를 다시 만나고 그의 사랑을 되돌리기 위해서 말이죠.

혹자는 저를 사랑에 대한 믿음이 없어 남편의 말을 믿지 않고 남편과의 약속을 지키지 못해 에로스를 떠나보낸 경박한 여자라고 평하더군요. 물론 남편의 말을 믿지 않은 것은 제 불찰이었습니다. 하지만 왜 여자만 이런 고통을 겪으며 결혼을 해야 하는지 생각해 본 적은 있으신가요? 아니, 왜 제가 남편의 말을 믿지 못했는지에 대해 생각을 해 본 적은요?

프시케와 에로스의 이야기는 표면적으로는 제가 남편의 말을 믿지 않아 남편과 헤어지고, 온갖 고생을 다하고 난 후 다시 에로스와 만난다는 내용입니다.

하지만 여기에는 제가 그동안 남편의 체면 때문에 말하지 못한 사실이 숨어 있습니다. 사실 남편의 비겁함 때문에 저는 사악한 언니들의 이야기를 듣고 남편을 배신하게 된 겁니다. 하지만 많은 분이 저를 귀가 얇고 우유부단한 여자로 알고 있을 겁니다. 사랑에 대한 확고한 믿음만 있었다면 에로스와 헤어지지도 않고 그런 힘든 고생을 안 해도 되지 않았냐고 말이죠.

하지만 제가 지금부터 하는 이야기를 잘 들어 보세요. 제가 겪은 고생과 고통의 반은, 아니 많은 부분은 제가 자처한 것이 아니라 남편인 에로스 때문이란 사실을 알게 되실 겁니다.

물론 남편과 저 사이에 무슨 문제가 있어 지나간 일을 끄집어내어 남편을 흠잡으려는 것은 아닙니다.

'프시케와 에로스'의 이야기로 인해 여자들은 사랑에 대한 믿음이 남성만 못하고, 참을성도 없으며, 하지 말라는 짓은 골라서 한다는 오해 불러일으켰기 때문에 드리는 말씀입니다. 또한 제 이야기의 대부분이 여자인 제가 고통을 당하고 고생만 했던 내용뿐입니다. 그래서 어떤 사람들은 사랑의 완성은 남자는 아무것도 하지 않은 채 여성들만의 고역과 노력만으로 이루어진다는 착각을 할 수 도 있어 제 이야기를 다시 들려 드리려는 겁니다.

그렇지만 제 이야기를 다 들으신 후에 에로스를 너무 비난하지는 말아 주세요. 그의 약점에도 불구하고 에로스는 제가 가장 사랑하는 남편이자, 현재도 여러분에게 사랑을 나눠 주는 사랑의 신이니까요.

프시케와 에로스의 설익은 사랑

옛날 어느 왕국에 딸만 셋인 왕이 있었다. 딸들 모두 아름다웠지만, 그중 셋째 딸의 미모는 말로 표현할 수 없을 정도였다. 그녀의 이름은 프시케였는데, 사람들은 입을 모아 그녀의 아름다움을 칭송했으며, 프시케를 미의 여신인 아프로디테의 현신이라고 말했다. 심지어 아프로디테보다 더 아름답다고 여기는 사람들마저 생겨나면서 사람들은 아프로디테를 경배하고 제사를 올리는 것도 신경 쓰지 않게 되었다. 그 결과 아프로디테 여신의 신전은 사람들의 발길이

끊기고 먼지만 쌓여 갈 뿐이었다.

이에 아프로디테 여신은 인간들의 모든 관심이 프시케에게 쏠리는 것에 분노를 넘어 증오의 감정을 드러냈다.

"도대체 프시케란 계집이 어떻게 사람들을 미혹했길래 나에 대한 인간들의 관심이 끊겼단 말인가? 그 계집이 조금 인물이 있다고는 하지만 그것이 나에 비할 수 있겠어? 아마 프시케란 계집이 뭔가 사술을 부려 인간의 눈을 멀게 한 것이 분명하다. 내 프시케를 기만두지는 않을 것이다. 하찮은 미모로 인간들의 관심을 받았으나 그 잘난 미모를 평생 후회하며 살게 해 주리라."

아프로디테는 자신의 사랑하는 아들인 사랑의 신 에로스**를 불렀다. 에로스는 원래 장난이 심하고, 예측하기 어려울 때가 많으며, 낙천적인 사랑의 신이다.

사랑이란 것이 에로스처럼 우리의 예측을 빗나가기도 하고, 또 장난스럽고 유치하게 찾아오는 것처럼 말이다.

에로스는 항상 그렇듯이 어머니의 비위를 맞추며 물었다.

"어머니, 무슨 일 때문에 그렇게 안색이 안 좋으십니까? 제가 도와 드릴 일이라도 있나요?"

"그래, 네 도움이 꼭 필요하단다. 인간 여자 중에 프시케란 계집이 있다. 네 힘을 다해 프시케가 이 세상에서 가장 천박하고 비열한 남자와 사랑에 빠지도록 하거라."

• **프시케** 그리스 신화에 나오는 미모의 공주. 사랑의 신 에로스의 아내다. 프시케는 그리스어로 '영혼' 또는 '나비'를 뜻한다.
•• **에로스** 그리스 신화에 나오는 사랑의 신으로 아프로디테의 아들이다. 그리스어로 '욕망'이라는 뜻을 갖고 있다. 그가 쏜 금화살에 맞으면 상대를 사랑하게 되고, 납 화살에 맞으면 상대를 증오하게 된다고 한다.

어머니의 말에 항상 순종하며 살았던 에로스는 곧바로 프시케에게 날아갔다.

하지만 아프로디테가 생각지 못한 것이 한 가지 있었다. 자신의 아들도 남자이며, 아름다운 여인에게 빠져들 수도 있다는 점이었다.

모든 어머니는 자신의 아들만은 자기가 원하는 여자와 사랑에 빠지기를 바라고, 아들이 장성해도 아직은 사랑에 빠질 정도로 나이가 많지 않다고 생각한다. 아프로디테도 예외가 아니었다.

프시케가 잠들어 있는 틈을 타서 몰래 그녀의 방에 숨어 들어간 에로스는 그만 그녀의 아름다움에 반해 넋을 잃고 말았다.

'사랑의 신인 나조차 프시케를 보고 있으니 숨이 막히고 가슴이 떨리는구나. 왜 어머니는 이렇게 아름다운 여인을 미워하는 걸까?'

이때 프시케가 잠결에 뒤척이는 바람에 에로스는 자신이 프시케의 눈에 띄지 않는다는 것을 깜박 잊고 당황해서 자신이 쥐고 있던 사랑의 화살에 찔리고 말았다.

이 사랑의 화살에 맞으면 누구나 제일 먼저 눈에 띄는 대상을 사랑하고 만다. 그래서 이성과 지성의 신인 아폴론마저도 에로스를 놀려주었다가 사랑의 화살을 맞고 다프네Daphne***라는 여성을 사랑하게 되었다. 그 후 아폴론은 스토커처럼 다프네를 쫓아다녔지만, 그녀에게 퇴짜를 맞고 체면을 구기고 만다.

이 사랑의 화살은 에로스라고 해서 예외가 될 수는 없었다. 그는 그만 프시케를 사랑하게 되었다. 그래서 에로스는 어머니의 명령을 차

*** **다프네** 그리스 신화에 나오는 요정. 강의 신 페네이오스의 딸. 에로스의 화살을 맞고 사랑에 빠진 아폴론에게서 도망치다 월계수로 변했다.

마 수행하지 못하고 자신이 프시케를 사랑하게 되어 풀이 죽어 돌아왔다. 하지만 아프로디테는 아들의 안색을 살피지도 않고 기쁨에 들떠 프시케가 세상에서 제일 형편없는 신랑감과 결혼할 날만을 손꼽아 기다렸다.

그런데 그 후로 이상한 일이 일어났다. 사람들이 프시케를 바라보면서 그녀의 미모만 경탄하고 숭배할 뿐 아무도 그녀에게 접근하려 하지 않았다. 이런 세월이 길어지자, 프시케의 아버지는 점차 걱정이 되기 시작했다.

"참으로 이상하군. 딸 셋 중 가장 아름답고 성품이 고운 막내딸에게 왜 결혼하자고 하는 사람이 없는 것일까? 혹시 우리 딸에게 신의 저주라도 내린 건 아닐까?"

프시케의 아버지와 어머니는 의문을 풀기 위해 신탁을 받으러 아폴론 신전을 찾아갔다. 그런데 프시케의 부모는 신탁을 듣고 충격을 받지 않을 수 없었다. 아폴론 신전의 무녀는 이렇게 말했다.

"왕이시여, 당신의 딸과 결혼할 사람은 이 세상 사람이 아닙니다. 그는 신들보다도 더 힘이 센 날개 달린 뱀으로, 그가 당신의 딸을 기다리고 있습니다. 당신의 딸을 바위산 위에 홀로 올려놓으세요. 그러면 그 신랑이 당신의 딸을 데려갈 것입니다."

신전에서 돌아온 왕과 왕비는 너무 상심한 나머지 식음을 전폐했다. 그러나 성품이 착한 프시케는 자신마저 우울한 기색을 내보일 수 없어 겉으로는 아주 당당하게 자신의 운명을 받아들이는 듯이 말했다.

"아버님 그리고 어머님 너무 상심하지 마세요. 제가 얼마 살지는 않았지만 인생이란 나쁜 일만 있는 것은 아니라고 알고 있습니다. 제 운명이 그렇다면 그대로 받아들일 생각입니다. 준비가 되는 대로 내일이라도 산 정상에 신랑을 맞으러 올라가겠습니다."

날개 달린 뱀을 신랑으로 맞아들여야 한다는 예언을 듣고 프시케 또한 두렵지 않은 것은 아니었지만, 그녀는 자신의 운명을 빨리 받아들이는 것이 오히려 편할 거라 생각해서 일을 서둘렀다.

다음 날 프시케와 왕과 왕비의 일행이 무거운 마음으로 바위산 정상에 올랐다. 혼인은 예로부터 경사스럽고 기쁜 날임에도 어느 누구도 입을 열지 않아 분위기는 마치 장례식과 같았다. 산 정상에 다다르자 프시케는 가까스로 눈물을 참으며 왕과 왕비에게 작별 인사를 고했다.

"아버님 그리고 어머님, 이 소녀 짧은 삶이었지만 좋은 부모님을 만나게 해 주신 신께 감사드립니다. 부디 몸 건강하시고, 저는 그냥 잊어버리시고 언니들과 함께 행복하게 지내세요."

일행이 모두 떠나고 산 정상에 홀로 남겨진 프시케는 점차 어둠이 다가오자 두려움에 떨면서 흐느끼고 있었다. 비록 부모 앞에서는 당당한 척했지만, 그녀는 아직 성인도 되지 않은 연약한 소녀에 불과했기 때문이다.

이때 갑자기 부드러운 서풍이 불기 시작했다. 서풍의 신 제피로스˙가 나타난 것이다. 제피로스는 그녀를 가볍게 안고는 어느 골짜기에 내려놓고 홀연히 사라졌다.

> • **제피로스** 그리스 신화에 나오는 서풍의 신. 별들의 신인 아스트라이오스와 새벽의 여신 에오스 사이에서 태어났다. 북풍의 신 보레아스, 남풍의 신 노토스, 동풍의 신 에우로스와 형제지간이다.

그녀가 정신을 차리고 둘러보니 그 골짜기는 온갖 꽃들과 향기로운 풀들이 가득한 곳이었다. 하루 종일 두려움과 긴장에 싸여 있던 프시케는 온화한 분위기에 갑자기 긴장이 풀리면서 잠이 들어 버렸다.

다음 날 아폴론의 태양마차에서 비추는 밝은 햇살이 비출 때에야 프시케는 눈을 떴다. 그리고 자신 앞에 자리 잡은 아름다운 궁전을 발견했다. 그녀는 머뭇거리며 궁전의 커다란 문을 살며시 열고 안으로 들어섰다. 이때 어디선가 목소리가 들려왔다.

"프시케 공주님, 저희는 공주님을 모시는 시종들입니다. 이곳이 이제 공주님의 거처이며, 이곳에 있는 모든 귀중한 것은 전부 공주님의 것입니다. 먼 곳을 오시느라 고생하셨으니 먼저 목욕하시고 쉬도록 하세요. 밤이 되면 이 궁전의 주인이며 공주님의 남편 되시는 분께서 오실 겁니다."

프시케는 너무 피곤한 상태였기 때문에 목욕을 하고 침대에 눕자 곧바로 잠이 들었다. 얼마 시간이 흐른 뒤 어둠 속에서 자신의 남편이라고 하는 자의 인기척이 들려왔다. 프시케는 괴물이 자신에게 다가온다고 생각하니 머리털이 곤두서고, 온몸에 소름이 돋았다. 그때 어둠속에서 목소리가 들려왔다.

"내가 바로 이 궁전의 주인이며 당신의 남편이오. 나는 괴물도 아니며 당신을 해칠 생각도 없소. 나는 당신을 사랑해서 이 궁전으로 데려온 것이오."

프시케는 들려오는 목소리가 너무 달콤하고 부드러워서 안심이 되었다. 그들은 그렇게 하룻밤을 함께 보내게 되었다.

그러나 그 후로 신랑이라는 자는 항상 밤에만 나타나서는 불도

켜지 못하게 하고, 먼동이 트기 전에 사라져 버렸기 때문에 프시케는 남편의 생김새를 전혀 볼 수가 없었다. 그럼에도 불구하고 궁전에서의 생활이 편안하고, 남편도 잘 대해 주는 까닭에 프시케는 행복한 나날을 보낼 수 있었다. 그러나 그녀에게 한 가지 큰 문제가 있었다. 바로 향수병이었다.

프시케는 집에 두고 온 가족들이 너무나 그리워 견디기가 힘들었다. 그래서 어느 날 프시케는 남편에게 부모님이 아니더라도 언니들만이라도 만날 수 있게 해 달라고 간청했다.

"그 부탁만은 들어줄 수가 없소. 당신과 나에게 위험이 점점 다가오고 있는데, 그 위험은 당신 언니들의 세 치 혀 때문이오. 당신은 분명 언니들의 꼬임에 빠져들게 될 것이고, 그렇게 되면 당신은 파멸의 길로 들어서게 될 거요."

에로스의 말을 듣고 프시케는 애써 참아 보려 했지만 가족들을 향한 마음은 어찌해도 누를 수가 없었다. 결국 프시케는 미래의 위험 따위는 두렵지 않다고 생각했다. '나는 죽기를 각오하고 바위산 정상에 올랐지만, 결국은 이렇게 좋은 신랑을 만나게 되지 않았어?'

프시케는 며칠 밤낮을 울면서 에로스에게 다시 간청했다. 에로스는 프시케의 고집을 꺾을 수 없다고 생각해 마지못해 승낙을 했다.

"언니들을 만나는 것은 허락하겠소. 하지만 그들의 말을 들어서는 안 되오. 언니들의 말은 우리의 관계를 죽일 수 있는 독을 품고 있으니 말이오."

프시케는 기쁨에 들떠 에로스의 경고는 듣는 둥 마는 둥 하면서 언니들을 만날 생각만 했다.

다음 날 아침 프시케의 언니들은 서풍 제피로스에게 실려 프시케가 살고 있는 궁전에 도착했다.

오랜만에 만난 세 자매는 시간 가는 줄도 모르고 지난 일을 이야기하며 회포를 풀었다. 하지만 반가움도 잠시일 뿐, 프시케의 언니들은 죽은 줄로만 알았던 동생이 호화롭고 아름다운 궁전에서 살고 있는 것에 질투를 느끼기 시작했다.

"프시케야, 네 신랑은 도대체 뭐하는 사람이라니? 처형들이 왔는데 그래도 얼굴은 보여 줘야 하는 것 아니니?"

"그 사람은 정말 바빠. 낮에는 언제나 사냥을 다니느라고 나도 밤에만 볼 수 있어."

프시케는 언니의 질문에 얼버무리며 대답했다.

"그래? 근데 네 신랑은 어떻게 생겼니?"

여기에서 프시케는 약점이 잡히고 말았다. 거짓말에 익숙하지 않은 프시케는 할 말이 없어 대답을 하지 못했다. 언니들은 그제야 프시케가 신랑의 얼굴을 제대로 보지 못했다는 사실을 눈치채고는 어떻게 된 상황인지 다그쳐 물었다. 프시케는 어쩔 수 없어 그간의 상황을 전부 이야기해 주었다.

"그렇다면 진작 우리에게 말을 했어야지. 네 신랑은 분명 아폴론의 신탁대로 날개 달린 뱀이 분명해. 그러니까 네게 얼굴 한 번 보여 주지 않는 거라구. 그리고 지금은 너를 안심시켜 놓고는 결국에는 너를 잡아먹을 게 분명해."

언니들은 마치 기회라도 잡은 듯이 계속해서 프시케를 두렵게 하는 말들을 늘어놓고 나서 저녁 무렵 집으로 돌아갔다. 그들은 프시케의 얼굴에 서린 근심의 그늘을 발견하자 내심 동생에 대한 시기심을 조금은 보상받을 수 있었다.

언니들의 말을 듣고 처음에는 반신반의하던 프시케는 어둠이 다가올수록 그들의 말에 조금씩 믿음이 가기 시작했다. 프시케는 평소처럼 남편이 자신의 침대에 조용히 들어와 깊은 잠에 빠졌을 때 살며시 일어났다. 그리고 낮에 언니가 말한 대로 한 손에는 등잔을 들고, 또 다른 한 손에는 칼을 들고서 남편을 보기 위해 살그머니 다가갔다.

"혹시 모르니 칼을 준비하도록 해라. 만약 우리의 말대로 네 남편이 괴물이면 단숨에 칼로 그 놈의 목을 찔러야 돼. 알았지? 이 모질지 못한 것아, 이건 네가 죽느냐 사느냐 하는 문제이니 인정사정 볼 것 없어."

언니들은 수심에 가득 찬 프시케에게 이렇게 신신당부를 하고 떠났던 것이다.

프시케가 등잔불로 남편의 얼굴을 비추었을 때 그녀는 하마터면 등잔을 떨어트릴 뻔했다. 침대에는 너무나 잘생긴 청년이 누워 잠을 자고 있었기 때문이다. 눈을 감고 자는 모습이 매우 기품 있고, 황홀할 정도로 아름다웠다.

그러나 이때 그녀가 들고 있던 등잔에서 뜨거운 기름이 떨어져 에로스의 등에 떨어지고 말았다. 잠이 깬 에로스는 자신과의 약속을 지키지 않은 프시케를 노려보더니 한 마디 말도 남기지 않은 채 곧장 날아가 버렸다.

〈잠든 에로스를 놀라게 하는 프시케〉
루이 장 프랑수아 라그레네 1세 | 1768 | 루브르 박물관 소장

시련 뒤에 맺어진 성숙한 사랑의 결실

혼자 남겨진 프시케는 자책감에 몸 둘 바를 몰랐다.

"왜 내가 남편의 말을 듣지 않았단 말인가. 사랑의 신 에로스가 나의 남편인데, 내 불찰로 인해 남편은 마음의 상처를 받고 말았어. 이제 나는 앞으로 남편 없이 어떻게 살아간단 말인가."

이후 프시케는 에로스를 찾기 위해 실성한 사람처럼 온 나라를 헤매고 다녔다. 그녀는 커다란 슬픔으로 몸도 마음도 피폐해져 갔다. 그러나 프시케는 에로스를 찾는 것을 결코 포기하지 않았다.

어느 날 프시케는 남편을 찾아 헤매다 죽느니 차라리 아프로디테를 찾아가 사정을 해 보기로 결심했다. 아프로디테를 찾아간 프시케는 머리를 조아리며 남편이 어디에 있는지 가르쳐 달라고 사정을 했다. 그러나 아프로디테는 매몰차게 말했다.

"너는 네 남편 말을 믿지도 않으면서 무슨 염치로 여기까지 찾아왔단 말이냐? 믿음 없는 사랑도 있다더냐? 예전부터 네가 하찮은 미모로 사람들을 현혹시켰으면 그만이지, 내 아들마저 꾀어내서는 마음의 상처를 주다니 용서할 수 없다. 꼴도 보기 싫으니 어서 나가거라."

하지만 더 이상 물러설 곳이 없는 프시케는 며칠 밤낮을 아프로디테 신전 앞에 앉아 슬피 울며 떠나려 하지 않았다. 이에 아프로디테는 다른 신이나 인간들에게 냉정하다는 비판을 들을까 두려운 마음에 어쩔 수 없이 프시케를 자신의 거처에 머물게 했다. 그러나 아프로디테는 프시케에게 인간으로서는 해결할 수 없는 숙제를 안겨 주었다.

"나는 네가 에로스와 만나는 것을 허락하는 것은 아니다. 그전에 내가 너에게 인내가 무엇인지, 믿음이 무엇인지 가르쳐 주마. 이제 부터 내가 하는 말을 잘 듣고 따라하도록 해라. 단, 내가 너에게 지시 한 것을 제대로 해내지 못하면 너는 즉시 내 신전에서 떠나야 한다.

저기 밀과 기장, 양귀비의 씨앗이 산더미처럼 쌓여 있는 것이 보이지? 내가 외출한 사이에 저것을 모두 종류별로 구분해 놓거라."

홀로 남겨진 프시케는 곡식의 낱알 더미를 멍하니 바라보면서 어디서부터 손을 대야 할지 몰라 망연자실하고 있었다. 이때 갑자기 개미떼가 나타나 산더미처럼 쌓인 곡식 더미에 까맣게 달라붙더니 종류별로 분류하기 시작했다. 개미들은 부지런히 곡식을 종류별로 구분해 놓아 아프로디테의 숙제를 대신해서 완전히 해결해 주었다.

프시케를 내보낼 생각에 기쁜 마음으로 귀가한 아프로디테는 낱알 더미를 보고는 너무나 놀랐다. 그러나 한편으로 화가 치밀었다.

"이건 분명 네 솜씨가 아니다. 네가 어떻게 한나절 만에 이 일을 다 해치울 수가 있지? 그래, 좋다. 네가 했다고 치고 오늘은 그만 자도록 해라. 내일 더 중요한 일을 네게 줄 테니."

아프로디테는 말라빠진 검은빵 한 조각을 프시케에게 던져 주고 나서 자신은 편안한 침실로 잠을 청하러 들어갔다.

"어제 네게 맡긴 일은 시작에 불과하다. 오늘은 저 밑에 있는 강둑에 내려가면 덤불이 우거져 있고, 거기에 가면 황금양털을 가진 양들이 있을 거다. 그 빛나는 양털을 가져 오도록 해라. 이 일은 네게 하루의 시간을 주겠다."

프시케는 이번 일도 쉽지 않다는 걸 잘 알고 있었지만, 에로스를 만나기 위해 주저 없이 강둑으로 걸어갔다. 하지만 사납고 재빠른 양에게서 어떻게 황금양털을 취할 수 있을지 난감하기만 했다. 이때 강둑의 갈대숲에서 소리가 들려왔다.

"프시케 공주님, 절대로 포기하시면 안 됩니다. 저 양들은 매우 사납기 이를 데 없습니다. 웬만한 장정들도 저 양의 뿔에 받히면 죽고 맙니다. 저 양들은 태양마차가 하늘의 중간에 떠 있을 때 가장 난폭하고 힘이 셉니다. 그러니 저녁 때 양들이 잠을 자러 간 사이에 덤불 속으로 들어가 찔레나무에 걸려 있는 황금양털을 모아 오도록 하세요."

그 말을 듣고 프시케는 그대로 따라했다. 그 결과 무사히 황금양털을 가득 안고 돌아올 수 있었다.

이번에도 임무를 수행한 프시케를 보고 아프로디테는 속이 상했지만 어찌할 수 없는 일이었다. 그리고 또 다음 날이 되자 아프로디테는 다른 과제를 내 주었다.

"네가 얼마나 담력과 용기가 있는지 보고 싶구나. 저기 언덕으로 가면 검은물이 흐르는 폭포가 있을 것이다. 그곳이 바로 저승에 흐르는 강인 스틱스가 시작되는 곳이다. 물병을 가지고 가서 그 물을 길어오도록 해라."

이번 임무는 정말 쉽다고 생각한 프시케는 한달음에 폭포 근처로 달려갔다. 그러나 가까이 가서 보니 폭포 근처는 미끄럽고 날카로운 바위가 삐죽삐죽 솟아 있어 만약 발을 헛디디면 살아남기 어려운 곳이었다.

프시케가 절망하고 있을 때 갑자기 독수리가 나타났다. 독수리는 프시케가 들고 있던 물병을 물고 날아가서 한 병 가득 검은물을 담아서 가져다주었다.

프시케가 이번 일도 성공하자 아프로디테는 화가 머리끝까지 치밀었지만 물러서지 않았다.

"그래 너는 정말 운이 좋은 애로구나. 이번에는 제일 쉬운 일을 너에게 맡기마. 그냥 간단한 심부름만 하면 된다. 여기 작은 단지를 줄 테니 저승으로 내려가거라. 그곳에서 저승의 여왕인 페르세포네에게 단지 안에 그녀의 아름다움을 돋보이게 하는 화장품을 담아달라고 부탁하거라."

프시케는 아프로디테의 말을 듣고 온몸에 힘이 빠져 버렸다. 저승에 다녀오라는 말은 곧 죽으라는 말과 같았기 때문이다. 프시케는 자포자기하는 심정으로 길가에 높이 솟은 탑으로 올라가 뛰어내리려고 했다. 결국 죽을 목숨이라면 그냥 탑에서 뛰어내려 저승길에 빨리 가 보자는 생각이었다.

프시케가 탑 꼭대기에 올라가 막 뛰어내리려 하는 순간 갑자기 탑 속에서 소리가 들려왔다.

"프시케 공주님, 절대로 뛰어내리면 안 됩니다. 제가 저승세계로 가는 길을 알려 드리죠. 일단 저 산을 넘으면 커다란 구멍이 눈에 띌 겁니다. 그곳이 바로 저승으로 내려가는 입구입니다. 그 구멍을 통과하면 커다란 강이 흐르는데, 그곳은 죽음의 강이라고 합니다. 하지만 죽음의 강을 건너려면 카론Charon*이라는 뱃사공에게 꼭 뱃삯을 주셔야 합니다. 그곳을 지나면 저승 궁전의 입구에 다다를 것입니다. 그런데 그 궁전을 지키는 문지기가 바로 머리가 셋 달린 케르베로스Kerberos**입니다. 그 개는 매우 난폭하지만 빵을 던져 주면 곧 유순해져서 공주님을 지나가게 해 줄 것입니다. 아참, 잊을 뻔한 것이 있습니다. 저승에 내려가면 분명 불쌍한 영혼들이 공주님께 도움을 청할 것입니다. 하지만 절대로 그 부탁을 들어주어서는 안 됩니다. 아시겠죠?"

이번에도 우연히 도움을 얻은 프시케는 탑이 가르쳐 준 대로 저승세계에 내려가 페르세포네 앞에 이르렀다.

"저승의 여왕이시며 하데스의 왕비인 페르세포네여. 소녀 프시케는 아프로디테 여신의 심부름으로 여기까지 오게 되었습니다. 아프로디테 여신께서 이 단지에 당신의 화장품을 담아오라고 하셨습니다."

페르세포네는 두말없이 프시케가 들고 온 단지에 뭔가를 넣어 그녀에게 돌려주었다. 프시케는 매우 기뻐하며 저승까지 와서 아프로디테의 심부름까지 완수했으니 이제는 에로스를 만날 수 있을 거라 생각했다. 그녀는 서둘러 지상으로 올라갔다. 프시케는 저승을 빠져나오려고 하는 도중 불쌍한 영혼들이 자신에게 달려들어 하소연하며 부탁하는 것을

• **카론** 그리스 신화에 나오는 저승으로 가는 강을 건네주는 뱃사공. 카론은 배에 죽은 자들을 태워 아케론 강에서 스틱스 강까지 건네주었는데, 장례를 치르고 통행료를 내는 사람들만 저승으로 건네주었다고 한다. 그래서 고대 그리스에서는 죽은 자들을 매장할 때 입에 1오보로스짜리 동전을 물리는 풍습이 있었다.

•• **케르베로스** 그리스 신화에 나오는 지옥의 문을 지키는 개. 세 개의 머리에, 꼬리는 뱀, 목둘레에 살아 움직이는 여러 마리의 뱀 머리가 달려 있는 모습을 하고 있다. 명부의 입구에 있는 하데스의 강 건너편에 살면서 하데스를 위해 산 사람이 들어오지 못하게 하고 죽은 자는 나가지 못하게 한다고 전해진다.

탑이 이야기한 대로 모두 거절했다.

하지만 프시케는 지상으로 오는 도중 계속해서 작은 단지에 들어 있는 페르세포네의 화장품이 몹시 궁금했다.

'이제 그렇게 보고 싶었던 서방님을 만날 수 있게 되었어. 그런데 서방님을 찾느라 내 얼굴이 너무 상해 버렸지 뭐야. 혹시 서방님이 나를 싫어할지도 모르니 작은 단지 속의 화장품을 조금만 얼굴에 바르면 좋겠지?'

결국 프시케는 작은 단지를 열어 보았지만 단지 안에는 아무것도 없었다. 그러나 그 안에는 죽음 같은 잠이 들어 있어 프시케는 영원히 잠들고 말았다.

이때 아프로디테에게 반감금 상태에 놓여 있던 에로스가 프시케의 곁에 나타났다. 아프로디테는 에로스가 프시케를 만나는 것을 막기 위해 그를 방에 가두어 놓았던 것이다. 하지만 프시케로 인해 생긴 어깨의 상처가 다 나은 에로스는 창문을 열고 날아올라 프시케에게 날아온 것이다. 그는 쓰러져 있는 프시케의 눈에서 죽음 같은 잠을 빼내고서 그녀를 깨웠다.

"당신은 여전히 하지 말아야 할 것을 하고 말았군요. 어찌 됐든 당신이 그동안 나를 찾아 헤매느라 고생했던 것은 바람결에 다 듣고 있었소. 이제 당신을 용서하기로 했소. 그리고 우리의 사랑을 올림포스신의 왕인 제우스에게 고하고, 어머니에게도 떳떳하게 밝히리다."

올림포스 산으로 올라간 에로스는 그간의 상황을 제우스에게 말하며 불쌍한 프시케와 자신의 결합을 허락해 달라고 간곡히 부탁했다. 이야기를 다 듣고 난 제우스는 둘의 사랑을 축복해 주었고 아프로디테를 설득해 에로스는 마침내 결혼 승낙을 받아냈다.

제우스는 바람의 신이며 전령의 신인 헤르메스를 불러 지상에서 프시케를 데려오라고 지시한 뒤 영원히 죽지 않도록 신들이 먹는 음식인 암브로시아를 프시케에게 먹게 했다.

이제 신들처럼 영원히 살게 된 프시케와 그녀의 남편 에로스는 그간의 고통을 잊고 영원히 행복하게 살 수 있게 되었다.

> **프시케의 이야기는 수동적인 행복에 만족하는 소녀에서 자신의 사랑과 행복을 찾아나서는 성장 스토리**

프시케와 에로스의 이야기는 많이 들어본 듯한 내용을 담고 있다. 아름다운 처녀가 있는데 그녀는 딸 중에서 셋째 딸이다. 그리고 어떤 사연으로 괴물 같은 신랑과 결혼을 하는데 알고 보니 신랑은 괴물이 아니라 잘생긴 왕자였다는 것이다.

일단 《미녀와 야수》 이야기가 떠오른다. 이 이야기에서도 셋째 딸이 아버지의 실언으로 인해 야수와 결혼을 하지만, 그녀의 사랑으로 괴물이 잘생긴 왕자로 변한다.

이런 유형의 이야기는 과거의 결혼풍습에서 비롯되었다고 볼 수 있다. 인류 역사를 살펴보면, 근대에 들어서기 전까지 처녀들은 아버지가 정해 준 신랑과 계약에 의해 결혼을 했다. 신랑은 대개 같은 부족이나 같은 마을이 아니라 다른 부족이나 다른 마을 사람이었다. 그래서 과거 처녀들은 결혼을 행복한 결합이라고 생각하지 않고, 두렵고 무서운 만남이라고 여겼다. 과거에는 여성의 권리라는 것이 아예 없었으니 결혼을 잘못하면 결혼생활은 폭력과 불행으로 얼룩지고, 심지어 목숨을 잃을 수도 있는 두려운 결합이었기 때문이다.

그래서 괴물이나 야수가 아름다운 왕자로 변했다는 이야기들의 밑바탕에는 처녀들이 결혼에 대해 갖고 있는 두려움을 덜어 주고, 또한 결혼을 하게 되면 낯설고 친근하지 않은(괴물 같은) 신랑이 잘생기고 친근한 왕자로 변해 주었으면 하는 바람이 담겨 있었다.

프시케와 에로스 이야기의 서두를 보면, 프시케의 미모가 아프로디테의 아름다움을 침범하고 능가하면서 갈등이 시작된다. 과거 여성이 전혀 권력을 갖지 못했던 시절에는 남성에게 주목받고 사랑받는 것만이 여성이 권력을 가질 수 있는 유일한 길이었다.

따라서 아프로디테는 그 아름다움으로 인해 권력을 갖고 있었지만, 새로운 젊은 세대인 프시케의 등장으로 권력을 잃을 위기에 처한 것이다. 기득권을 갖고 있던 아프로디테는 자신의 권력을 유지하기 위해 프시케를 견제하려 한다.

이 설정은 《백설공주》와 《콩쥐팥쥐》에서도 반복되고 있다. 두 이야기 모두 계모는 전처소생의 딸이 남편의 사랑을 빼앗아가지 않을까 하는 두려움 때문에 박해를 가하고, 심지어 쫓아내고 죽이려고 한다.

이는 계모가 나쁘기 때문이 아니라, 남성 중심의 권력 사회 안에서 여성 간에 불가피하게 일어날 수밖에 없는 구도인 것이다.

사실 《프시케와 에로스》의 이야기는 소년과 소녀의 성장이야기라고 볼 수 있다. 그들이 결혼이라는 성인으로 가는 통과의례를 어떻게 거쳐야 성인으로 진입할 수 있는지를 보여 주는 이야기인 것이다. 몸이 커졌다고 해서 성인이 되는 것이 아니라, 정신 또는 영혼(프시케psyche는 영혼이나 정신을 의미한다. 여기서 유래된 말로 정신과psychiatry, 심리학psychology 등이 있다)이 어떠한 성숙의 과정을 거쳐야 진정한 의미의 성인이 될 수 있는지를 특히 젊은 여성의 관점으로 기술하고 있는 것이다.

프시케가 성숙하기 위해서는 먼저 집을 떠나야 한다. 프시케는 온실에서 자란 화초에 불과하다. 그녀가 성숙할 수 있는 길은 두렵더라도 과감하게 자신이 가지 않았던 길로 떠나는 것이다. 그 길에는 자신을 잡아먹을지도 모르는 괴물이 도사리고 있으며, 그녀는 가족들과 헤어져야 하는 슬픔도 감수해야 한다. 그런 그녀의 영웅적인 출발을 가능하게 한 것은 바로 산 정상에서 기다리고 있다는 괴물이다.

프시케는 괴물과 만날 것이라 예상했지만, 뜻밖에도 아름다운 궁전에 살고 있는 왕자의 아내가 된다. 마치 《심청전》에서 심청이 죽기를 각오하고 뛰어내렸던 인당수에서 용궁을 발견하고 왕비가 된 것과 비슷한 이야기다.

이는 심리학적으로 보면 우리를 잡아먹을 것처럼 두렵고 무서운 두려움이 반대로 우리를 만족시키고 행복하게 해 줄 수 있다는 걸 의미한다. 단, 그러한 성공과 행복은 고통과 두려움을 맞닥뜨리는 자만의 몫인 것이다.

그런데 여기까지의 이야기는 뭔가 싱거울 뿐이다. 이 정도의 고통으로는 프시케가 완전히 성숙하기 어렵기 때문이다. 사실 프시케는 두려움에 맞섰을 뿐 그녀가 살게 된 왕궁이나 시중드는 하인들 그리고 그녀를 극진히 대해 주는 왕자는 모두 그녀의 힘으로 이룬 것은 아니다. 아직도 그녀는 수동적으로 남의 행복에 편승하고 있을 뿐이다. 이때 그녀를 더 성숙하게 하기 위해서는 악인들이 필요하다. 그것이 바로 프시케의 언니들이다. 언니들은 프시케로 하여금 남편을 불신하게 만들고, 그녀를 아름다운 궁전에서 쫓겨나게 한다.

사실 프시케는 남편의 얼굴도 모른 채 밤마다 찾아오는 남편만을 기다리며 지루한 낙원에서 살고 있는 신세다. 그리고 에로스에게 복종하고 순종하며 그의 뜻에 따르는 다소곳하고 수동적인 아내의 역할에 만족하며 살고 있는 것이다. 이때 프시케의 언니들은 프시케에게 "남편에게 더 당당하고 적극적이며, 나아가 저항하라"는 메시지를 전달한다. 남편이 정해 놓은 금기를 깨뜨리라는 것이다.

처음 반신반의하던 프시케는 언니들의 말을 듣고 "남편을 보아서는 안 된다"는 금기를 깬다. 남편의 얼굴과 대면한다는 것은 이제 그녀가 조금은 남편과 동등한 위치에 이르려는 시도인 것이다. 물론 이런 시도는 권위적이고 남성적인 남편인 에로스에 의해 무참히 짓밟힐 수밖에 없다. 그래서 그녀는 궁전 밖으로 쫓겨나게 된다.

그러나 금기를 깬 프시케가 언니의 말을 들었다고 해서 비난할 수는 없을 것이다. 처음부터 에로스가 자신의 얼굴을 드러내고 어둠이 내려야 찾아오지 않았다면, 이런 금기는 아예 생기지도 않았을 것이다.

그렇다면 에로스는 왜 자신의 얼굴을 드러내지 않았던 것일까?

그는 한마디로 마마보이이기 때문이다. 에로스는 아프로디테에게

〈에로스와 아프로디테〉

에두아르 투두즈 | 1872 | 렌 미술관 소장

있어서 아들이자 연인이기도 하다. 그리스 신화를 보면, 아프로디테에게는 에로스 이외에 다른 자식들도 있었다. 그러나 아프로디테는 유독 에로스를 아끼고 사랑했다. 그래서 그리스 신화를 표현한 회화 중에는 아프로디테와 에로스가 같이 등장하는 그림이 많다. 마치 현대에도 남편에게 실망한 어머니가 자식을 남편 삼아, 아들 삼아 키우면서 연인처럼 데리고 다니려 하는 것과 같다. 이런 어머니를 둔 자식은 어머니가 자신에게 실망할까 봐, 또 자신이 어머니를 배신하는 것 같아 다른 여자를 쉽게 사랑하지 못한다. 사랑한다고 해도 어머니 앞에 떳떳하게 내세우지 못하고 뒤에서 사랑을 나눈다.

에로스도 아프로디테의 충실한 아들로서, 또한 프시케의 연인으로서 두 가지 역할을 모두 만족하면서 살고 싶어 한다. 그래서 그는 어머니의 뜻을 거스르는 것이 두려워 몰래 프시케를 데려다 놓고 만나고 있었던 것이다. 사실 에로스는 아프로디테와 프시케 모두를 속이고 있었던 것이다. 이는 에로스가 아직 청소년기에서 벗어나지 못했다는 증거이기도 하다.

프시케가 이런 에로스의 어정쩡한 태도에 대해 반기를 들게 된 것이 바로 등잔불로 그의 얼굴을 비추는 행위였다. 이는 남편을 믿지 못해서가 아니라, 남편의 우유부단한 태도에 대해 등잔이 아니라 횃불을 치켜든 것이다.

이때 등에 떨어진 뜨거운 기름으로 인해 입은 에로스의 상처는 바로 프시케가 남편에게 갖고 있던 공격성의 표현이며, 자신의 말을 듣지 않은 프시케로 인해 에로스가 자존심의 손상을 입었음을 의미한다.

이제 에로스의 궁전을 나온 프시케는 이전보다는 더 자율성을 갖게 되었다. 전에는 이름도 모르는 괴물에게 시집가기 위해 바위산 정상에 자의반 타의반으로 올라갔지만, 이제 프시케는 자신의 의지로 신랑인 에로스를 찾아 헤매기 시작한다. 그래서 그녀는 기꺼이 죽을 각오를 하고 아프로디테의 신전에 가서 힘들고 고달픈 생활을 시작한 것이다.

사실 아프로디테를 설득해야 하는 것은 에로스의 몫임에도 에로스는 아직 어머니에게 맞설 용기가 없고, 심지어 감금까지 당한다. 그래서 프시케는 남편의 미성숙한 부분까지 짊어진 채 아프로디테와 맞설 수밖에 없다.

담금질을 많이 당한 쇠가 더 단단해지듯이 프시케는 아프로디테로부터 도저히 완수할 수 없는 과제를 받는다. 불가능한 숙제를 받는 것은《콩쥐팥쥐》에서 콩쥐도 마찬가지다.

계모는 콩쥐에게 밑 빠진 독에 물 붓기, 엄청난 분량의 곡식 찧기와 베 짜는 일을 시킨다. 그런데 두꺼비가 나타나 밑 빠진 독을 막아 주고, 새떼가 나타나 곡식을 까 주고, 선녀가 나타나 베를 대신 짜 준다.

프시케가 아프로디테로부터 받은 첫 번째 과제는 곡식의 낱알을 분류하는 것이다.

곡식의 낱알을 종류대로 분류하는 것은, 소녀들이 배워야 할 이성적인 질서와 원칙을 배우는 것을 의미한다. 소녀는 부모의 울타리 안에서 비현실적인 상상과 공상, 감정의 세계에서 성장한다. 하지만 이제 어른이 되기 위해서는 어떤 것이 밀이고, 어떤 것이 기장인지 구분해야 한다. 이렇게 씨앗을 구분해야 다음 해 농사를 짓게 되면 파종을 해서 가을에 풍성한 수확을 거둘 수 있다.

따라서 그동안 살아왔던 세계에서는 감성과 어림짐작이 통했다면, 이제는 현실을 정확히 구분해 무엇이 낟알이고 무엇이 쭉정이인지, 무엇이 밀이고 무엇이 기장인지 구분하는 이성을 지녀야 한다. 그래야 소녀는 험한 세상을 살아갈 수 있는 준비를 갖추게 되는 것이다.

두 번째 과제는 황금양털을 모으는 것이었다.

황금색은 태양을 상징한다. 태양은 남성성의 상징이기도 한다. 강하고 강렬하며, 천지를 비추는 것이 태양이다. 그녀는 이제 소녀의 수줍음을 벗고 강하고 적극적인 남성성을 자신 안에서 키워야 한다는 뜻이다. 그냥 다소곳한 소녀가 아니라, 천계에 빛나는 태양처럼 세상에 우뚝 서는 존재가 되어야 하는 것이다.

프시케가 황금양털을 모을 때 조언을 해 준 것은 갈대였다. 갈대는 바람이 불어올 때 소리를 내며, 갈대를 잘라 피리를 만들 수 있다. 갈대는 상징적으로 비밀을 품고 있거나(임금님 귀는 당나귀 귀라는 동화에서는 대나무가 그런 역할을 한다) 진실을 알고 있다. 즉, 여성 안에 존재하는 직관을 상징한다.

프시케가 황금양털을 모을 때 갈대의 조언을 듣는데, 이는 자신 안에 존재하는 남성성을 키우기 위해서는 한편으로 여성적인 속성인 직관의 도움을 받아야 한다는 의미다. 남성적인 양과 여성적인 음의 조화 안에서 성장해야 한다는 것이다.

세 번째 임무는 저승에 흐르는 스틱스 강물을 물병에 담아오는 것이었다.

여기에서 하늘을 나는 독수리와 지하세계를 흐르는 스틱스 강물은 가장 높은 곳과 낮은 곳, 상승과 하강, 살아 있는 것과 죽어 있는 것의 대조를 나타낸다. 살아 있는 독수리가 죽음을 상징하는 스틱스의 강물을 퍼올린다는 의미는 삶과 죽음의 순환을 상징한다. 프시케는 이를 통해 삶과 죽음은 서로 물고 물리며 돌고 있다는 인생의 진리를 깨달아야 한다는 것이다.

네 번째 과제는 지하세계에서 페르세포네의 화장품을 가져오는 것이었다.

여기서 재미있는 점은 프시케가 탑의 조언을 듣는다는 것이다. 탑은 우뚝 솟은 건축물이며, 남성적이고 문명적인 세계의 상징이다. 탑은 높이 솟아 멀리 바라보며, 인공적으로 만들어진 건축물이다. 프시케가 받은 탑의 조언은 이제 무생물인 탑이 상징하는 냉정하고, 문명적이며, 멀리 볼 수 있는 안목을 가져야 한다는 의미다.

특히 그녀는 지하세계에서 불쌍한 영혼들이 도움을 청했을 때 절대 그 청을 들어주지 말아야 한다는 조언을 듣는다. 아직 정신적으로 성숙하지 못한 여성들이 빠지기 쉬운 함정은 인간적인 감정으로 인해 발전하지 못하고 퇴행한다는 점이다.

이성적으로는 결혼하면 안 되는 상대를 만나고도 '내가 아니면 그 사람이 혼자 살아갈 수 없을 것 같아서' '나를 좋아한다고 매달리는 바람에' 등의 이유로 덜컥 결혼을 하고는 불행한 결혼생활을 하는 경우가 그렇다. 그들은 감정이나 동정심에 이끌려 잘못된 판단을 내려 결국은 힘든 인생을 살아가야 하는 것이다.

프시케는 탑의 조언대로 아무리 불쌍한 영혼이 매달리고 간청해도 뿌리치고 앞으로 나아가 자신의 목적을 이룬다. 바로 이것이 여자의 성숙에 필요한 냉정함이다.

그런데 프시케는 마지막 과정에서 함정에 빠지고 만다. 그녀는 깊은 잠이 담겨 있는 화장품 단지를 열고 만 것이다.

이는 마지막으로 여성들이 쉽게 빠지는 자기애(나르시시즘)에 대한 경계의 의미를 담고 있다. 자신의 아름다움에 도취되어 현실을 바라보지 못하면 깊은 잠과 같은 퇴행상태로 돌아간다는 경고다. 그녀는 자기 자신만을 사랑해서는 안 되고, 외부세계에 눈을 돌리고 다른 사람을 사랑하고 보살피고 존중해야 하는 것이다. 하지만 자기애에 깊이 빠지면, 외부 세계에는 관심이 없고 오로지 자기 자신만이 옳고 아름답다는 마치 죽은 듯한 잠과 같은 상태에 빠질 수 있다. 이런 깊은 잠은 외부세계를 상징하는 에로스가 나타나 깨워 줄 수밖에 없다.

마지막으로 에로스의 성숙을 위해 필요한 것이 에로스로 상징되는 남자의 성숙이다. 그는 프시케가 갖은 고생을 다하는 동안 아무것도 하지 않은 채 방관한다. 그러다 프시케의 사랑을 확인하고 나서야 엄한 어머니와의 관계를 단절할 것을 마음먹는다. 그래서 그는 제우스와 아프로디테 앞에서 프시케를 자신의 아내로 선언하는 것이다.

이제 에로스는 더 이상 아프로디테의 착한 아들로 머물지 않을 것이라고 선포함으로써 독립적인 인간으로 성숙하게 된다.

프시케는 영혼을 상징하지만, 나비라는 의미도 갖고 있다. 아름다운 모습을 얻기 위해서 나비는 알로 태어나 보기 흉한 애벌레의 시기를 거쳐야 한다. 그래야 멋진 날개를 뽐내는 나비로 태어날 수 있다. 영혼도 이와 마찬가지로 여러 차례 탈피를 반복하고, 애벌레처럼 힘든 시기를 겪어야 진정 아름다운 정신과 영혼이 된다는 의미에서 프시케의 또 다른 의미는 나비인 것이다.

그리고 사랑(에로스)과 정신(프시케)은 이처럼 험난한 과정을 거쳐야 비로소 진정한 결합이 이루어질 수 있다는 것을 프시케와 에로스의 이야기가 우리에게 알려 주고 있다.

이 아름다운 이야기는 2세기 로마의 플라톤 철학자이자 작가인 아풀레이우스Apuleius의 작품인 《황금 당나귀The Golden Ass》에 실려 있다. 그래서 여기에 등장하는 인물들은 원래 로마식으로 표기되어 있으나, 이 책의 전체적인 조화를 위해 그리스식으로 바꾸었다. (베누스 → 아프로디테, 큐피드 → 에로스, 유피테르 → 제우스 등)

제6장

음악의 신
오르페우스의 죽음

집착과 상실감
Obsession and
The Sense of Loss

비겁한 오르페우스Orpheus, 그는 죽어 마땅한 자입니다.

우리가 그렇게 삶의 진리를 가르쳐 주려 했건만 그는 들은 척도 하지 않고 스스로 무덤을 팠죠.

우리는 트라케의 여인들입니다. 술의 신이자 야성과 광기의 신인 디오니소스를 숭배하고 따르는 마이나데스Mainades이기도 하죠. 우리는 담쟁이덩굴과 포도덩굴로 된 화관을 쓰고 디오니소스의 뒤를 따라다니며 술을 마시고 한바탕 축제를 벌이기도 합니다. 이런 축제는 우리 여성들에게 해방감과 환희를 느끼게 해 줍니다. 우리는 이곳저곳을 떠돌며 행복한 나날을 보냈습니다.

하지만 리라를 잘 켜고 노래를 잘 부른다는 오르페우스란 자가 문제였습니다. 물론 여러분은 우리가 오르페우스를 죽였다는 사실을 잘 알고 있을 겁니다. 그것도 무지막지하게 사지를 찢어 죽이게 되었죠.

그는 자신의 아내인 에우리디케Eurydice를 구하기 위해 지하세계, 즉 저승까지 다녀온 자입니다. 그러나 그자의 호기심 때문에 에우리디케는 저승 문턱을 넘지 못하고 저승의 신 하데스의 손아귀로 다시 돌아가고 말았죠. 사람들은 사랑하는 아내를 위해 죽음의 세계까지 다녀온 그를 칭송합니다. 그의 순수한 사랑을 말이죠.

그런데 한번 생각해 보세요. 과연 그의 사랑이 순수하기만 한 걸까요?

아무튼 그렇게 평판이 좋은 오르페우스를 죽였으니 우리 마이나데스는 오명을 뒤집어 써야 했습니다. 광기에 사로잡힌 미친 집단이 되고 만 것입니다.

하지만 저희가 드리고 싶은 말씀은 그는 영원한 사랑을 가장하고 있는 비겁자에 불과하다는 것입니다. 물론 오르페우스를 죽인 사실마저 부인할 생각은 없습니다. 하지만 그 누구도 우리가 왜 오르페우스를 죽였는지 그 이유를 염두에 두지 않더군요.

알고 보면 그는 살해를 가장한 자살을 한 비겁자입니다. 사실 우리는 그의 소원을 들어준 것이나 마찬가지입니다. 우리가 처음 오르페우스를 만났을 때부터 그는 이미 저승의 냄새, 하데스의 그림자가 드리워져 있었으니까요.

그 당시에 그는 이미 아름다운 목소리를 잃었고, 세이렌Seiren이라는 마녀를 물리쳤다는 이전의 리라 솜씨도 없었습니다. 그는 오로지 죽을 생각만 하고 있었던 거죠. 그러니 죽고 싶은 사람을 죽인 것이 그렇게 큰 죄가 되나요?

물론 우리 행동의 전부를 면죄받고 싶은 마음은 없습니다. 다만 왜 우리가 그를 죽여야 했는지 진실을 알리고 싶을 뿐입니다. 그러고 나서 우리 트라케의 여인들, 마이나데스를 평가해 주세요.

우리는 그에게 왜 인생을 즐겁게 살아야 하는지 가르쳐 주려 했지만, 그는 그것을 거부한 자입니다.

그에게는 여러분이 알지 못하는 큰 문제가 있었습니다. 그것이 바로 그를 죽음에 이르게 한 진정한 이유입니다.

오르페우스의 상실감

현대의 영웅은 과연 어떤 사람인가?

대중이 선망하고 흠모하는 대상이 영웅이라고 할 수 있을 것이다. 그래서 현대의 영웅은 주로 연예인들과 스포츠 스타들이며, 이들은 대중에게 커다란 영향을 주고 역할 모델을 제시한다.

그리스 신화의 영웅이라고 한다면 우리는 흔히 헤라클레스 같은 힘세고 남자다운 대상을 떠올린다. 하지만 그리스 신화 속의 영웅이 남성중심적인 시각의 영웅만 있었던 것은 아니다. 헤라클레스를 현대의 스포츠 영웅으로 본다면, 현대의 연예인에 해당하는 영웅도 있었다.

그가 바로 오르페우스°다. 요즘 연예인들 중에 가수와 연기자를 겸하는 사람이 많듯이, 오르페우스도 리라 연주에 능하고 노래까지 잘

> • **오르페우스** 그리스 신화에 나오는 최고의 시인이자 음악가. 아폴론에게서 리라를 배워 명수가 되었는데, 그가 연주하면 맹수도 얌전해졌다고 한다. 아름다운 노랫소리로 뱃사람들을 흘려 죽게 했던 마녀 세이렌들의 노래를 리라 연주로 물리쳐 아르고호의 안전을 도모했다.

부르는 팔방미인형 연예인이었다.

그러나 그가 음악활동만으로 유명했다면 아마 그는 영웅에 속하지 못했을 것이다. 그는 음악적 재능이 뛰어난 것 이외에도 이아손이 이끄는 원정대에 참가해 많은 영웅과 어울려 험난한 모험을 한 전쟁 영웅이기도 하다.

이아손은 자신의 왕권을 빼앗아간 숙부에게서 다시 왕권을 차지하기 위해 황금양털을 찾기 위한 원정대를 조직했다. 권력이란 누구나 한번 잡으면 놓치기 싫은 법이다. 이아손의 숙부도 그러했다. 이아손의 숙부인 펠리아스Pelias는 조카인 이아손에게 왕권을 물려주기 싫어 불가능한 과제를 이아손에게 주었다. 바로 황금양털 가죽을 가져오는 것이었다.

그래서 이아손을 돕기 위해 원정대가 구성되는데, 여기에는 음악의 달인인 오르페우스, 천하장사 헤라클레스Heracles, 천리안을 가진 린케우스Lynceus, 키잡이의 명인 티피스Tiphys 등이 참여했다.

오르페우스가 이 원정대에서 실력을 발휘한 것은 세이렌*과의 대결에서였다. 세이렌들은 새의 모습을 하고 있는 여자들로, 두 명이라는 말도 있으나 대개 세 명이라고 알려져 있다. 그 이름은 레우코시아(희다), 리기아(금속성 소리), 파르테노페(처녀의 목소리)다. 아마 이 세 가지 목소리가 합쳐지면 아름다운 화음을 만들었던 모양이다. 세이렌들은 안테모에사 섬의 바

* **세이렌** 그리스 신화에 나오는 치명적인 마력을 가진 바다의 요정. 세이렌들이 무리를 이루고 있을 때는 세이레네스Seirenes라고 부른다. 세이레네스의 주거지는 지중해에 있는 시칠리아 섬 근처의 작은 섬이라고 한다. 세이렌은 아름다운 목소리로 노래를 불러 근처를 지나가는 뱃사람들을 유혹해 배를 난파시켜 사람들로 하여금 목숨을 잃게 했다.

위에 앉아 아름다운 노래를 불러 뱃사람들을 유혹해 암초에 부딪혀 죽게 했다. 그래서 그 섬 근처에는 선원들의 백골이 수북이 쌓여 있었다고 한다.

이아손의 원정대도 이 안테모에사 섬을 지나게 되었는데, 이때 세이렌들의 노랫소리가 들려오자 선원들은 동요하기 시작했다. 이때 오르페우스는 세이렌들의 노래에 선원들이 동요하지 않도록 리라를 연주하고 노래를 불러 원정대를 위험에서 구해냈다.

오르페우스가 이처럼 음악에 뛰어난 자질을 가진 것은 어머니에게서 그러한 기질을 물려받았기 때문이다. 오르페우스의 어머니는 여러 신들을 찬양하고 노래를 부르는 아홉 명의 무사이(뮤즈) 중 맏이인 칼리오페Calliope(아름다운 목소리)였다. 무사이는 제우스와 므네모시네Mnemosyne**라는 기억의 여신 사이에서 낳은 아홉 명의 딸들을 총칭해서 일컫는 말이다. 예술, 음악, 문학 등 모든 예술을 총망라해서 능통한 이들이 무사이들이었다. 무사이의 어머니가 므네모시네인 이유는 아마도 옛날 시인과 음악가는 모두 당시에 문자가 없어서 기억에 의존해야 했기 때문일 것이다.

오르페우스의 아버지는 오이아그로스Oeagrus라는 트라케의 왕이다. 그리고 오르페우스가 트라케 지방 출신이라는 것도 그의 음악적 천재성에 좋은 토양을 제공했다. 트라케 지방은 그리스 전체를

> ** 므네모시네 그리스 신화에 나오는 기억의 여신. 올림포스 산 동쪽의 피에리아에서 제우스와 아홉 밤을 함께 지낸 뒤 9명의 뮤즈를 낳았다. 므네모시네는 또한 지하세계인 하데스에서 기억의 연못을 관장하는 여신으로 묘사되기도 한다. 죽은 사람의 혼이 레테 강의 물을 마시면 전생의 기억을 모두 잊어버리고, 므네모시네의 물을 마시면 전생의 기억이 되살아난다고 한다.

통틀어 음악적 소양이 뛰어난 사람들이 가장 많았기 때문이다.

사람들은 오르페우스의 리라와 노래 솜씨가 신들을 제외하고는 경쟁자가 없다는 데 동의했다. 그의 음악적인 재능은 그가 연주를 하면 나무도 그가 있는 쪽으로 가지를 휘었고, 바위도 그의 음악에 감동해 부드러워질 정도로 뛰어났다고 전해진다.

하지만 오르페우스의 불행은 그의 결혼에서 비롯되었다.

오르페우스가 사랑한 여인은 에우리디케였다. 어떻게 오르페우스가 그녀를 만나게 되었는지는 알려져 있지 않다. 둘의 결혼식은 성대하게 치러졌다. 결혼식에는 히메나이오스Hymenaeus라는 결혼의 신도 초대되었다. 이 신은 결혼행렬에서 앞장서는 신이다. 히메나이오스에서 유래한 것이 처녀막Hymen이다. 과거 결혼식 직후 첫날밤에 여성의 처녀막 손상 여부가 매우 중요했기 때문에 결혼의 신에서 처녀막이 유래된 것으로 보인다.

히메나이오스는 결혼행렬을 선도하면서 활활 타오르는 횃불을 치켜드는데, 오르페우스의 결혼식에서는 불이 꺼진 채 연기만 나고 말았다. 결혼식에 모인 하객들은 모두 안 좋은 징조라고 여겼고, 신랑 신부 모두 불길한 예감을 떨칠 수 없었다.

이렇게 결혼식이 치러지고 나서 며칠 뒤 에우리디케는 친구들인 요정들과 들로 나들이를 갔다. 이때 양치기 아리스타이오스Aristaeus• 가 그녀를 보고 첫눈에 반해 그녀를 쫓아가게 되었다. 갑작스레 나타난 낯선 남자 때문에 놀란 에우리디케는 그를 피해 도망치다 그만

• **아리스타이오스** 그리스 신화에 나오는 양봉의 신. 아폴론과 물의 요정 키레네 사이에서 태어났다.

풀 속에 있던 뱀을 밟는 바람에 발이 물려 죽고 말았다.

이 소식을 접한 오르페우스는 비탄에 빠졌다.

"지하세계를 다스리며 저승을 지배하는 하데스 신이여. 어찌 그리도 매정하게 제 아내를 데려갔단 말입니까? 나이 어린 제 아내가 급작스럽게 저승으로 가는 바람에 어쩌면 뱃삯도 없어 아직도 저승의 강을 건너지 못하고 외로움에 떨고 있을지 모릅니다. 운 좋게 강을 건넜다 해도 저승의 문 앞에서 지키고 있는 케르베로스를 보고는 너무나 무서워 실신했을지도 모릅니다. 왜 저에게 이런 일이 일어났단 말입니까?

저는 그동안 올림포스 신들에게 제 노래와 리라로 경배하고 찬양했습니다. 하지만 그 결과가 무엇입니까? 저는 지상에 홀로 남겨진 채 제 가슴을 쥐어뜯고 피눈물을 흘리며 이렇게 아내를 생각하고 있습니다. 리라를 잘 켜고 노래를 잘 부르는 것이 도대체 무슨 의미가 있습니까? 이제 제게는 아무런 소용이 없습니다. 제발 제 아내를 돌려주십시오. 그렇지 않으면 저는 아마 조금씩 죽어 갈 것입니다. 그렇게 된다면 아내를 저승에서 만날 수 있겠지요."

아무리 원망을 하고 한탄을 해도 에우리디케가 돌아올 리는 없었다. 그렇다고 오르페우스가 죽은 아내를 포기할 리 없었다. 큰 슬픔에 빠져 있는 그에게 친구들은 그녀를 그만 잊으라고 충고했지만, 오르페우스에게는 그 말이 들리지 않았다.

"나는 내 아내를 포기할 수 없어. 하데스가 다스리는 지하세계에 내려가서라도 아내를 찾아올 거야."

모든 이가 반대했지만, 오르페우스는 저승에 가서 하데스와 담판을 하기로 결심했다. 오르페우스는 사방팔방으로 물어 펠로폰네소스 근처에 있는 저승과 연결되는 통로인 동굴에 도착했다.

동굴로 들어가자 오르페우스가 맞닥뜨린 것은 저승에 흐르는 강이었다. 이 강에는 카론이라는 뱃사공이 있는데, 그는 영혼에게 돈을 받고 강을 건네주는 것이 임무였다. 대부분의 문화에서 망자가 저승에서 쓸 노잣돈을 시신의 입에 물려 주거나 눈 위에 올려주는 풍습이 이러한 이유에서다.

돈 한 푼 없는 오르페우스가 이 강을 건널 수 있는 방법은 그의 리라 연주 솜씨와 노래뿐이었다. 한 번도 돈을 받지 않고 강을 건너게 해 준 적이 없던 카론도 오르페우스의 연주 솜씨에는 넘어가고 말았다. 저승문 앞에 도달한 오르페우스는 케르베로스의 잔인하고 난폭한 성질마저 노래로 잠재우고 마침내 저승의 왕인 하데스와 그의 아내 페르세포네 앞에 도착했다.

오르페우스의 집착이 에우리디케를 다시 저승세계로 밀어넣다

그동안 오르페우스에 대한 소문을 익히 듣고 있던 하데스와 페르세포네는 그의 연주와 노래에 귀를 기울였다.

오르페우스의 노래는 이러했다.

오, 암흑과 침묵의 세계를 다스리는 저승의 신이시여

여인에게서 태어난 모든 인간은 모두 당신께 와야만 하죠.

아름다운 모든 것 역시 결국엔 당신에게 내려와야만 하구요.

우리는 모두 당신께 생명을 저당 잡힌 몸이죠.

아주 잠시 동안 지상에서 머물고 나면

그 후로는 영원히 영원히 당신의 것이 되고 말죠.

하지만 저는 방금 당신께 온 한 여인을 찾아왔습니다.

그 여인은 꽃을 피우기도 전에 봉오리가 꺾였습니다.

저는 그 상실을 견디려 노력했으나 그럴 수 없었습니다.

사랑 역시 매우 강력한 신이기 때문이죠.

오 저승의 왕이여, 당신도 늙은 이야기꾼이 해 주는 이야기가

사실이라는 것을 알고 계시겠죠,

예전에 당신이 페르세포네를 납치한 것을 꽃들이 지켜보았다는

것을.

그러니 어여쁜 에우리디케를 위해 운명의 베틀에서 너무도

빨리 끊어져 버린 생명의 천을 다시 짜 주세요.

보세요, 제가 청하는 것은 아주 미미한 것이랍니다.

에우리디케를 달라는 것이 아니라 제게 잠시 빌려달라는 것입니다.

그녀의 수명이 다하는 날 그녀는 다시 당신의 것이 될 테니 말입

니다.

이 노래를 듣고 나서 페르세포네는 슬픔과 감동의 눈물을 흘렸다.

"여보, 저 오르페우스의 노래를 듣고 있자니 제가 영문도 모르고

당신에게 납치되었던 일이 생각나는군요. 그때 너무나 두렵고 슬펐

답니다. 그리고 나를 기다리고 있을 어머니 생각에 가슴이 미어지는 것 같았어요. 물론 지금은 당신을 사랑하고 이곳 생활에 만족하지만 말이에요. 오르페우스가 너무나 불쌍해요. 그리고 신부인 에우리디케도 너무나 가여워요. 여보, 이번 한 번만 지하세계의 서약을 어기더라도 에우리디케를 지상으로 내보내 주죠. 제발 부탁이에요."

냉정한 하데스도 오르페우스의 노래를 듣고는 마음이 흔들리고 있던 차에 아내마저 간곡히 부탁하자 그는 못이기는 척하면서 오르페우스의 청을 들어주었다. 음악의 힘이 신마저도 움직인 것이다.

"그래 너의 아내에 대한 사랑이 갸륵하구나. 게다가 네가 목숨도 버릴 각오를 한 걸 보고 처음으로 불쌍한 한 영혼을 지상으로 내보내 주마. 단, 조건이 있다. 네가 앞장서서 지상으로 걸어나가라. 하지만 이곳을 빠져나가기 전까지 에우리디케를 아무리 보고 싶어도 절대로 뒤돌아봐서는 안 된다."

지푸라기라도 잡는 심정으로 지하세계에 내려온 오르페우스는 아내를 다시 살릴 수 있다는 생각에 뛸 듯이 기뻤다. 그는 황급히 에우리디케를 데리고 지하세계를 빠져나가기 시작했다.

오르페우스가 먼저 걸어가고 창백한 얼굴을 한 에우리디케가 몇 걸음 뒤에서 뱀에 물린 다리를 절면서 따라갔다.

마침내 동굴의 입구에 거의 다다르자 암흑 같은 지하세계에도 지상의 빛이 조금씩 스며들고 있었다. 이때 오르페우스는 갑자기 그녀를 보고 싶다는 충동을 억제하지 못하고 말았다. 그래서 뒤를 돌아보았다. 그 순간 에우리디케는 지하세계로 빨려들어가고 말았고, 그가 손을 내밀어 보았지만 이미 소용이 없었다.

〈오르페우스와 에우리디케〉
에드워드 존 포인터 | 1862

오르페우스가 황급히 지하세계로 쫓아 내려갔지만, 그의 리라와 노래 솜씨도 이젠 소용이 없었다. 간신히 지하세계로 흐르는 강에 도착했지만, 뱃사공 카론은 그를 밀쳐내기만 할 뿐이었다. 오르페우스는 하는 수 없이 다시 지상으로 올라와야 했다.

두 번이나 아내의 죽음을 지켜봐야 했던 오르페우스는 더 이상 사람들을 만나려 하지 않았고, 마치 실성한 사람처럼 자신의 리라를 꼭 쥔 채 황야를 떠돌아다녔다. 친구들이 슬픔을 거두고 다른 사람을 만나라고 권하기도 하고, 트라케 지방의 축제에 나와 리라를 연주해 달라고 부탁을 해도 오르페우스는 전혀 말을 듣지 않았다.

오르페우스가 트라케 지방을 떠돌아다니던 어느 날 그는 디오니소스* 신을 모시는 마이나데스**와 마주치게 되었다. 마이나데스는 오르페우스를 보자 반가워하며 그의 주위로 몰려들었다.

"오르페우스님 아니신가요? 우리도 당신의 슬픈 소식을 들었답니다. 어떻게 위로의 말씀을 드려야 할지 모르겠어요."

그러나 오르페우스는 마이나데스를 쳐다보지도 않고 노한 음성으로 말했다.

"너희는 술이나 먹고 춤이나 추러 다니는 마이나데스 아니냐? 너희가 무슨 인생의 슬픔과 고뇌를 알겠느냐? 괜히 위로하는 척하지 말고 썩 물러가거라."

"아니 저희는 그냥 당신의 슬픔을 나누고 싶었을 뿐이에요. 하지

* **디오니소스** 그리스 신화에 나오는 술의 신으로, 제우스와 세멜레 사이에서 태어났다. 대지의 풍요를 주재하는 신이면서 포도재배를 주관한다고 하여 술의 신이 되었다.

** **마이나데스** 그리스 신화에서 디오니소스를 수행하는 여자들. 노래와 춤으로 디오니소스의 위력을 구가하면서 일상의 습관이나 금기에서 벗어나 자연과 일체화하는 경험을 했다.

만 이미 지나가 버린 일인데 그렇게 슬픔에 잠겨 있는다고 해서 에우리디케가 돌아오는 것도 아니잖아요. 그렇게 죽은 자에 대한 생각을 간직하면, 이곳이 저승이지 어디가 저승이겠어요? 제발 인생의 즐거운 부분도 돌아보세요. 그러다 보면 당신의 슬픔도 조금씩 사라질 거에요."

하지만 이런 마이나데스의 위로는 도리어 오르페우스의 화만 돋울 뿐이었다.

"이런 요망한 것들 같으니라구. 너희가 뭔데 감히 에우리디케의 이름을 입에 올리느냐. 듣고 있으니 너희의 오만 방자함에 참을 수가 없구나. 썩 물러가라. 난 너희 같은 것들과 다시는 상종하고 싶지 않다."

오르페우스가 몹시 광분하자 마이나데스는 더 이상 말을 붙일 여지가 없어 물러났다. 그리고 며칠 후 마이나데스와 오르페우스는 다시 마주치게 되었다.

마이나데스는 축제를 치르고 난 뒤여서 취기가 오른 데다 축제의 흥분도 가시지 않은 상태여서 전보다 더 적극적으로 오르페우스에게 접근했다.

"오르페우스님, 우리와 함께 놀아요. 인생은 즐거운 일로 넘쳐 난답니다. 제발 이제 죽은 자를 잊어버리시고, 오르페우스님의 리라 솜씨와 노래를 들려주세요."

하지만 오르페우스는 마이나데스의 이 말이 자신을 빈정대고 있다고 생각했다.

"이것들아, 방금 동물을 찢어 죽이고 그 피와 살을 먹은 더러운 입

〈오르페우스〉
귀스타브 모로 | 1865 | 오르세 미술관 소장

으로 어찌 내게 말을 거느냐? 디오니소스가 미쳤다고 하더니, 너희는 더하는구나."

자신들이 모시고 있는 디오니소스 신에 대한 모독에 그동안 모욕을 당한 것에 대한 분노가 더해져 마이나데스 중 하나가 오르페우스를 향해 창을 던졌다.

오르페우스의 몸이 피로 물들었지만 그들의 화는 풀리지 않았다. 그들은 짐승처럼 달려들어 오르페우스의 사지를 찢어 버리고, 그의 머리를 강에 던져 버렸다. 오르페우스의 머리는 레스보스 섬까지 떠내려갔고, 무사이들이 그것을 발견했다. 무사이들은 그에 대한 예의와 경배의 표시로 레스보스 섬에 묻어주고, 그의 나머지 시신도 수습해 주었다.

떠난 자를 마음에서 떠나보내는 순간부터 상실감은 극복된다

오르페우스 신화가 우리의 심금을 울리는 이유는 인간이라면 누구나 갖고 있는 이루어질 수 없는 바람을 담고 있기 때문이다. 우리는 누구나 사랑하는 사람과의 이별을 원치 않는다. 특히 그것이 죽음이라면 더 말할 나위도 없다.

오르페우스는 음악에 관해서는 특별한 재능을 가진 천재였으며, 세이렌의 노랫소리까지 잠재운 비범한 재주를 갖고 있었다. 이런 특별한 재능을 갖게 되면, 인간은 누구나 자신감에 넘치고 무엇이든 할 수 있다는 착각에 빠지게 된다.

그래서 오르페우스는 사랑하는 아내가 죽었을 때 저승에서 그녀를 구출해 내겠다는 결심을 한다. 우리 평범한 사람들은 그와 같은 생각까지는 못한다 해도 사랑하는 사람의 죽음, 그리고 피할 수 없는 자신의 죽음과 노화는 나에게만은 예외일 것만 같다는 생각을 하게 된다. 물론 머릿속으로는 누구도 피할 수 없다는 것을 알면서도 나에게는 일어나지 않을 것만 같은 것이다.

실제로 죽음을 피하려는 시도를 하는 사람들도 있다. 미국에서 수만 달러의 비용을 지불하고 사랑하는 가족의 시신을 냉동 보관하는 사례가 있다. 이들은 100년 후가 될지 또는 200년 후가 될지 모르지만 과학이 발달한다면 냉동된 시신을 분명 되살릴 수 있을 거라는 희망을 품는다. 현대판 오르페우스의 시도라고 볼 수 있다.

그러나 오르페우스의 이야기에서 우리가 알 수 있는 것은, 사랑하는 사람의 죽음은 그 누구도 예외가 없다는 사실이다. 이 신화를 읽으면서 우리는 오르페우스가 지하세계로 내려가는 대목에서 혹시 그가 에우리디케를 이승으로 데려오는 데 성공하지 않을까 하는 기대를 해 본다. 하지만 그가 참지 못해 뒤돌아보는 바람에 에우리디케를 지하세계로 돌려보내야 하는 장면에서 실망하게 된다.

오르페우스와 에우리디케의 이야기 속에는 중요한 메시지가 담겨 있다.

사랑하는 사람을 잃으면 누구나 애도의 기간을 갖게 된다. 그 사람이 없어지고 난 뒤 아무것도 할 수가 없고, 우울하고, 초인종을 누르고 금방이라도 문에 들어설 것 같으며, 심지어 그 사람의 목소리가 들리는 것 같기도 하다. 그동안 자신의 인생의 어느 한 부분을 지탱하고 있던 축이 무너졌으니 당연한 결과다.

하지만 이런 기간이 길어지게 되면 반드시 문제가 된다. 이런 애도의 기간이 2~3개월, 많게는 4~5개월까지 지속되는 정도라면 정상적인 반응으로 볼 수 있다. 그러나 만약 그 기간이 6개월을 넘게 되면, 이런 애도반응은 병적인 것으로 볼 수 있다.

죽은 아내 또는 남편을, 혹은 자식을 가슴속에 묻은 채 집에만 틀어박혀 사람들과 만나지 않고, 아무것도 하지 않으며, 얼굴에는 어떤 표정도 남아 있지 않은 사람들을 종종 보게 된다.

이런 심한 애도반응을 겪는 사람들은 숨을 쉬고 심장은 뛰지만 죽은 사람과 같다고 할 수 있다. 그들은 오르페우스가 저승에 뛰어들어 죽은 자의 세계로 들어간 것처럼 이미 죽은 자와 같은 세계에 살고 있는 것이다. 그들에게 삶은 아무런 의미가 없으며, 희망도 없고, 인간관계나 직장도 그저 무의미할 뿐이다. 단지 죽은 사람이 살아서 돌아와야 멈춘 시계가 다시 돌아가고, 몸에도 다시 피가 돌고 활력이 생길 것 같은 심정이다.

이를 사자死者에 잡혀 있는 상태라고 한다. 그로 인해 죽은 사람의 영혼도 하늘로 올라가지 못하고 구천에 떠도는 신세가 된다. 남아 있는 사람이 불쌍해서 죽은 자의 영혼도 편히 쉴 수가 없는 것이다.

그러므로 우리는 사랑하는 사람을 잃게 되면 절대로 뒤돌아봐서는 안 된다. 사자死者에게 붙잡히게 되면 살아남은 사람의 생활은 죽은 자를 중심으로 움직인다. 화려한 옷을 입더라도 죽은 자에게 죄스럽고, 텔레비전의 웃긴 장면을 보고 웃음이 나와도 죄책감이 느껴진다. 맛있는 음식을 먹으면서 그 맛을 느끼는 것도 죄를 짓는 것처럼 느껴진다. 사랑하는 사람은 차가운 땅속에 답답하게 누워 있는데, 자신은 맛있는 음식으로 배를 채우고, 편안히 잠을 자는 것이 어쩐지 미안한 것이다. 한편으로 이러한 생각을 떨치고 일상생활에 정상적으로 복귀하려 하지만 그리움과 죄책감은 계속해서 자신을 괴롭힌다.

이는 살아 있는 사람이 자꾸 뒤를 돌아보기 때문이다. 그래서 절대로 뒤를 돌아봐서는 안 된다. 이제 죽은 사와 인연을 끊고 재미있는 일을 즐기고, 맛있는 음식을 먹고 건강을 되찾고, 다음 날을 위해 달콤한 잠을 자야 한다. 이미 죽은 자는 상대가 자신을 기리며 조악한 음식과 불편한 잠자리, 괴로움에 젖어 살기를 바라지 않을 것이다. 오히려 상대가 자신을 잊고 인생을 즐겁고 행복하게 보내기를 바랄 것이다. 그러나 살아 있는 사람이 자꾸 뒤돌아보면 슬픔과 상실감은 반복되어 괴롭고 우울증에 시달릴 뿐이다.

하데스는 오르페우스가 인간이기 때문에 뒤돌아볼 것이라는 사실을 이미 알고 있었다. 그래서 그는 지하세계를 빠져나가기 전까지는 절대 뒤돌아봐서는 안 된다고 말한 것이다. 또한 그 규칙을 지키지 못하고 난 후에도 오르페우스가 잊어서는 안 되는 것은 뒤돌아봐서는 안 된다는 하데스의 말이다.

오르페우스가 지하세계, 즉 저승으로 내려간 것은 사랑하는 사람을 잃고 누구나 빠지게 되는 우울한 감정을 의미한다. 이때 우리는 죽은 자를 놔주지 않고 계속 품고 있으려 한다. 하지만 사랑하는 사람을 잃고 생기는 우울한 느낌은 사실상 인간이 계발한 자기 방어 기전*이기도 하다.

이런 안 좋은 일을 당하게 되면 누구나 우울증에 빠지게 되고, 이런 우울감은 인간을 계속 괴롭힌다. 입맛이 없어지고, 잠이 오지 않고, 불안하기도 하며, 온몸에 힘이 빠진다. 이런 우울증세는 살아남은 사람으로 하여금 빨리 사랑하는 사람을 포기하도록 종용한다. 당장 이런 우울감으로 불편하기 때문에 인간은 빨리 이런 우울감에서 빠져나오려 하고, 그것은 죽은 자를 빨리 잊어야 가능하다는 사실을 알고 있다. 그래서 빨리 일상으로 돌아오게 만드는 것이 사랑하는 사람이 죽은 후에 생기는 우울감인 것이다.

여기서 오르페우스가 지하세계로 내려가 에우리디케를 데리고 나오는 것은 상징적인 사건이다. 에우리디케를 지상으로 데려오기 위해서 왜 돌아보면 안 되는지 그 이유가 있다.

죽은 사람은 다시 살아날 수는 없는 법이다. 우리는 죽은 자의 세계로 내려가 무엇을 챙겨 나와야 할까? 그것은 바로 죽은 자에 대한 좋은 추억과 기억, 그리고 죽은 자가 저승에서 편히 지내고 있다는 확신이다. 그래야만 오르페우스는 에우리디케를 저승에서 꺼낼 수 있는 것이다.

정상적인 애도 반응은 사랑하는 사람이 다시는 돌아올 수 없다는 것을 기정사실로 받아들이는 것에서부터 시작된다. 대신 그 사람이 내 마음속에 영원히 남아 있을 거라는 사실로 그 슬픔을 대치한다. 이렇게 되면 우리는 애도 기간을 건강하게 잘 보낸 것이 된다.

하지만 오르페우스처럼 저승에

> **• 방어기전** 자아가 불안을 느끼게 되면 이 불안을 처리해 마음의 평정을 회복하려는 심리적 적응 활동. 이 방어기제는 무의식적으로 작동된다. 중요한 방어기전에는 부정, 억압, 투사, 합리화, 동일시, 승화 등이 있다.

내려가 깊은 우울을 경험하고 이제 그런 힘든 애도 기간을 겪고 난 후 지상으로 빠져나올 때 뒤를 돌아보면 다시 우울 상태로 빠져들고 만다. 이렇게 되면 애도 기간은 길어지고, 그의 우울상태는 더 심해질 수 있다. 사실 그 순간 에우리디케가 저승으로 다시 끌려갔지만, 이는 오르페우스 자신이 다시 지하세계로 끌려간 것이나 마찬가지다. 하데스의 중요한 한 마디를 듣지 않았기 때문이다.

"절대 뒤돌아봐서는 안 된다."

마이나데스가 오르페우스를 처단한 상징적 의미

그럼, 마이나데스는 왜 오르페우스를 죽여야만 했을까?

마이나데스는 디오니소스를 따르는 여인들의 무리를 일컫는다. 이들은 술을 먹고, 짐승을 찢어 죽여 그 살과 피를 먹기도 했다. 디오니소스가 광기의 신이듯이 그들은 질펀한 축제를 벌였다. 마이나데스Mainades, 단수형은 Mainas에서 유래한 말이 조증상태Manic state다. 기분이 들뜨고 무엇이든 할 수 있을 듯하고, 말이 많아지고, 자신만만하며, 더 심하면 과대망상에 빠져드는 상태다. 그래서 조증과 우울증이 같이 있는 경우를 조울증Manic Depressive illness이라고 하며, 어느 분야에 열광하는 사람들을 마니아Mania라고 한다.

마이나데스와 오르페우스는 양 극단에 위치하고 있는 대조적인 특징을 가진다. 마이나데스는 하루하루를 즐겁게 보내고, 짧은 인생을 흥겹고 자극적으로 보내는 것이 인생의 목적이다. 반면, 오르페우스는 지상의 삶이 덧없으며, 인생이란 고뇌의 연속이라고 생각한다.

하지만 인간은 사회적인 동물이다. 인간의 생존은 혼자서 영위해 나갈 수 없다. 어느 정도 사회의 한 부분으로서 다른 인간과 협조해야 한다. 그래서 어느 사회든 집단의 결속력을 강조한다. 이런 결속력이 없으면 그 사회는 해체되고, 외부의 적에게 와해될 수도 있어 결국 개인의 생존까지 불가능하게 만들기 때문이다.

그런 면에서 마이나데스는 오르페우스에게 개인의 우울한 감정에 집착하지 말라고 권고한다. 그렇지 않으면 그 개인의 생존을 장담할 수 없기 때문이다.

하지만 오르페우스는 단호하게 이런 집단적인 요구에 응하지 않는다. 그는 이제 사회의 구성원으로서의 역할에 회의를 느끼고 오로지 죽은 자에 대한 생각만 하기 때문이다. 이는 그가 어느 집단에서의 생존을 포기한 상태를 의미한다. 죽음의 세계에 집착하고 있는 그는 더 이상 집단의 결속력이나 집단 성원으로서 개인이 해야 할 일에 관심이 없기 때문이다. 따라서 그는 이미 사회적인 죽음의 상태에 있다.

흥분한 마이나데스의 공격은 이런 집단의 결속력에 해가 되는 한 개인에 대한 보복이라고 볼 수 있다. 그 당시 그리스 사람들은 집단의 결속력을 매우 강조했으며, 여기에 반하는 사람에 대한 심리적, 물리적 추방은 엄격했다. 마이나데스의 공격은 한편으로는 사회에 기여하지 못하고 개인적인 일에 빠져 집단의 결속력을 해하는 자에 대한 폭력을 통해 그리스 사람들에게 다음과 같은 경고의 메시지를 보내고 있는지도 모른다.

"사회적 책임을 다하지 못하는 자는 죽음을 면치 못하리라."

또한 오르페우스의 죽음은 다른 의미로도 해석될 수 있다.

과연 죽은 자의 세계를 다녀오는 자가 존재할까? 분명 존재한다. 그런 일을 전문적으로 하는 사람들도 있다. 바로 무당, 즉 샤면shaman 이다.

진혼굿의 장면을 떠올려 보면, 무당은 죽은 자의 영혼을 불러온다. 그리고 죽은 자의 영혼이 무당에 붙어 죽은 자가 하고 싶은 이야기를 무당이 대신 전해 준다.

예전 '대구 지하철 참사 희생자를 위한 진혼굿'을 본 적이 있다. 무당은 죽은 자의 영혼을 불러오는 의식을 하고 있었는데, 갑자기 데굴데굴 구르며 "아이구 뜨거워, 아이구 뜨거워 못 살겠어. 어머니 나 살려줘요"라고 했다. 이 장면을 보고 있던 희생자 가족들과 관객들은 모두 눈시울을 적셨다. 그러고 나서 그 영혼을 좋은 곳으로 보내는 의식이 곧 시작되었다.

진혼굿은 죽은 자를 위한 것이 아니라 산자를 위한 것이다. 한이 맺혀 죽은 영혼을 달래고 좋은 곳으로 보낸다는 진혼굿을 통해 사랑하는 사람을 잃은 가족들은 이제 조금은 편한 마음으로 여생을 보낼 수 있는 것이다. 이는 죽은 자를 마음속에서 내보내고, 산 자는 하데스의 말대로 "절대 뒤를 돌아보지 말고" 앞만 보고 갈 수 있도록 하는 배려라 할 수 있다. 여기서 죽은 자의 영혼을 불러온 이유는 희생자 가족들을 자극하기 위한 것이 아니라, 남아 있는 가슴속의 슬픔을 모두 뽑아내려는 정화의식인 것이다.

진혼굿 다음에는 신명나는 굿판이 벌어졌다. 무당은 흥겨운 음악과 춤사위를 하고 희생자 가족과 관객들은 하나가 되어 춤판을 벌이고, 음식을 나눠 먹는다. 이런 슬픔 속에서도 현재 남아 있는 사람들은 행복을 찾고 남은 인생을 흥겹게 보내라는 메시지인 것이다.

아마도 오르페우스는 샤먼이었을지 모른다. 그는 무당이 꼭 갖추어야 하는 음악적인 재능이 있으며 죽은 자의 세계까지 다녀온 자다. 그러나 그는 샤먼으로서 반드시 지켜야 할 것을 지키지 못했다. 그것은 바로 영원히 죽은 자를 지하세계에서 데려와서는 안 된다는 규칙이다. 샤먼은 죽은 자를 잠시 데려와 살아남은 자를 위로하게 하고, 다시 원래 있던 저승으로 돌려보내야만 한다. 하지만 그는 샤먼으로서 지나친 욕심을 부렸다. 그의 뛰어난 음악적 재능이 그의 자기애를 너무 부풀려 놓았고, 그는 죽은 자를 다시 살릴 수 있다는 헛된 욕심에 사로잡혔던 것이다.

결국 그는 이런 샤먼으로서의 약속을 어겼기 때문에 다시는 샤먼의 역할을 할 수 없었던 것이다. 그래서 그는 자신의 모든 능력을 잃고 목숨까지도 잃어야 했던 것이다.

제7장

최고의 영웅
헤라클레스의 고뇌

오만과 겸허
Pride and Humility

여러분은 영웅이 되고 싶으십니까?

아마 많은 분이 영웅이 되기를 원할 것입니다. 사람들은 영웅을 보고 환호하고, 박수를 보냅니다. 인간의 마음속에는 누구나 영웅이 되고 싶은 욕망이 있습니다. 하지만 영웅이 되는 사람은 극히 드물죠. 그래서 사람들은 영웅을 통해 자신이 되고 싶은 영웅상을 발견하고 열광합니다.

하지만 영웅이라고 해서 다 좋은 것은 아니죠. 영웅은 사람들의 환호를 받을수록 또 선망하는 사람이 늘어날수록 그만큼 마음속에 고뇌와 외로움, 심리적인 부담감도 자라나게 됩니다.

저는 그리스에서 최고의 영웅으로 떠받들어졌던 헤라클레스입니다. 하지만 저는 아테네에서는 그리 환영받지 못했습니다. 아테네 사람들은 지성인으로 자처하는 자들이기 때문입니다. 그들은 테세우스Theseus를 더 좋아했죠. 아테네 사람들은 테세우스가 힘과 용기뿐 아니라 지성도 갖추었다고 생각했습니다. 그래서 고대 아테네의 3대 비극작가인 에우리피데스_{Euripides}는 저를 일컬어 이렇게 말했죠.

"거칠고 교양 없고 성질이 급했으며, 할 수 있는 유일한 일이라곤 몸을 쓰는 것뿐이었고, 학교 같은 곳은 제대로 다니지도 않았다."

그런데 그의 고향이 어디인지 아십니까? 바로 아테네입니다.

물론 저를 별로 좋아하지 않는다고 해서 아테네 사람들을 탓할 마음은 없습니다. 명성이나 사람들의 기대란 물거품 같은 것이니까요. 그리고 저는 이제 영웅이란 이름에 지쳤습니다. 그래서 저는 네메아의 사자를 때려잡았을 때나 아르테미스의 사슴을 포획했을 때보다 지상에서 눈을 감은 뒤가 더 편안합니다. 더 이상 영웅으로 살아가지 않아도 되니까요. 또 많은 사람의 시선과 기대에 맞출 필요도 없으니까요.

제 인생은 죽을 때까지 이곳저곳의 괴물들을 죽이고 잡아들이면서 용기와 힘을 시험하는 끝없는 순례였을 뿐입니다. 저는 한시도 마음 놓고 집에서 쉴 수가 없었죠. 그것도 가끔씩 제게 일어나는 광기로 인해 쉴 수 있는 가정마저 파괴하고 말았죠.

떠올리기도 싫지만, 저는 아내와 세 아들을 죽인 죄인이기도 합니다. 그러나 광기가 사라지고 피투성이가 된 가족의 시체를 보게 된 저의 심정은 그 누구도 이해할 수 없을 겁니다. 어쩌면 가슴에 맺힌 한을 풀기 위해 지상에 있는 괴물이란 괴물은 모두 없애려 했는지도 모릅니다. 어쩌면 그 괴물들은 제 안에 존재하는 광기의 그림자인지도 모르겠습니다.

여러분은 영웅적인 모험을 원하십니까?

낭만적이고 웅장해 보이는 영웅적인 모험 뒤에는 언제나 누구에게도 말할 수 없는 두려움과 공포가 자리잡고 있었습니다. 하지만 저는 헤라클레스이기 때문에 아무에게도 그런 모습을 보일 수 없었습니다. 저는 언제나 용기 있고 강인하고 호탕한 남자의 모습을 보여 주어야 했으니까요. 저는 오랜 세월 자기소외 속에서 철저히 외로워야 했습니다.

지금도 제일 속상한 일은 제 사촌이자 겁쟁이인 에우리스테우스 Eurysteus에게 노예처럼 복종해야 했던 것입니다. 하지만 그것이 지은 죄가 많은 제가 죄를 씻을 수 있는 유일한 방법이었습니다.

그러나 더욱 속상한 일이 있습니다. 천하의 영웅인 제가 리디아의 여왕인 옴팔레Omphale 밑에 들어가 뜨개질과 바느질까지 배우고, 여자 옷을 입어야 했던 것입니다.

허나 이런 치욕과 노예생활도 결국은 제 탓입니다. 제가 성질을 이기지 못해 죄를 짓는 바람에 생긴 업보지요. 그 업보를 갚기 위해 저는 평생 떠돌아다니는 처지에 놓이고 말았습니다.

하지만 그런 과정을 통해 저는 조금씩 성숙할 수 있었습니다. 그래서 지금부터 들려드리는 이야기는 낭만적인 모험담이 아니라, 한 남자가 성숙해 가는 과정이라고 보시면 좋을 것입니다.

영웅으로 태어난 행운과 불행

영웅의 탄생은 언제나 남다른 부분이 있듯이, 헤라클레스도 예외는 아니었다. 그의 아버지는 올림포스의 제왕인 제우스로, 헤라클레스의 몸에는 신의 피가 흐르고 있었다. 그래서 그는 인간을 넘어선

괴력과 초능력을 갖고 있었다.

헤라클레스가 태어난 곳은 테베였다. 그의 어머니는 알크메네Alcmene이고, 아버지는 제우스이지만 그를 키워 준 아버지는 따로 있었다. 알크메네의 남편인 암피트리온Amphitryon 장군이다.

희대의 바람둥이인 제우스는 암피트리온의 아내인 알크메네를 평소 마음에 들어 했다. 그는 아내인 헤라 여신의 눈을 피해 언젠가는 제 욕심을 차리려고 호시탐탐 기회를 노리고 있었다. 그런데 마침 좋은 기회가 찾아왔다.

암피트리온이 아내의 원수를 갚기 위해 전쟁터로 출정한 것이다. 그렇다고 무작정 알크메네에게 접근할 제우스가 아니었다. 제우스는 상대 여성에 따라 접근하는 방법이 달랐다. 자신의 원래 모습대로 나타날 때도 있었지만, 때로는 제비로, 또는 황금비로 변신해 자신이 점찍어 둔 여인에게 접근했다.

알크메네는 정절이 높은 여성이어서 아무리 신의 왕인 제우스라고 해도 몸을 허락할 리가 없었다. 그래서 제우스는 자신을 암피트리온의 모습으로 바꿔서 한밤중에 알크메네를 찾아갔다.

"여보, 내가 돌아왔소, 당신의 원수들을 모두 처단했소. 당신의 한을 풀어 주니 나 또한 기분이 좋구려. 그래서 이 좋은 소식을 전하기 위해 한달음에 달려왔소."

그동안 남편이 오기를 오매불망 기다리던 알크메네는 남편의 말을 듣고 뛸 듯이 기뻐했다.

"여보 고마워요. 당신이 오빠

* **에우리피데스** 그리스 3대 비극 작가 중 한 명. 아이러니를 내포한 합리적인 해석과 새로운 극적 수법, 등장인물의 심리 묘사로 기존의 그리스 비극에 큰 변화를 가져왔다. 그가 쓴 92편의 작품 중 현재 19편이 전해지고 있다.

를 죽인 도적떼를 소탕했다니 이처럼 기쁜 일이 또 어디 있겠어요. 저는 당신이 혹시 다치지 않을까 얼마나 걱정했는지 몰라요. 그런데 이렇게 무사히 돌아온 것을 신께 감사드려요."

이렇게 알크메네를 속인 제우스는 하룻밤을 지내고 다음 날 홀연히 사라졌다. 그런데 다음 날 진짜 암피트리온이 집에 도착했다. 두 사람은 대화를 나누던 중 서로 말이 맞지 않는 것에 뭔가가 잘못되었음을 느끼고 어젯밤 누군가 암피트리온을 가장해서 다녀갔다는 사실을 알게 되었다. 암피트리온은 너무 화가 나서 참을 수 없었지만, 인간의 짓은 아닌 듯한 예감에 예언자인 테이레시아스를 찾아가 물어보았다. 테이레시아스는 어젯밤 알크메네에게 찾아온 것은 제우스라는 사실을 알려주었다.

그 후 열 달 뒤 알크메네는 아기를 출산했는데 쌍둥이였다. 한 명은 제우스의 아들인 헤라클레스이고, 다른 한 명은 암피트리온의 아들인 이피클레스Iphicles였다.

제우스의 아내 헤라 여신은 자신의 눈을 속여 가며 알크메네를 만난 제우스에게 단단히 화가 나 있었지만, 제우스에게 불만을 노골적으로 드러낼 수도 없었다. 그녀의 잠재된 분노는 결국 헤라클레스를 향하게 된다.

헤라는 헤라클레스가 태어난 지 6개월이 되었을 때 두 마리의 뱀을 형제의 침실에 풀어놓았다. 그러나 헤라클레스와 이피클레스의 모습이 너무나 닮아서 겉으로는 누가 제우스의 아들이고, 누가 암피트리온의 아들인지 구분할 수가 없었다. 하지만 뱀이 아기들이 누워 있는 침대로 다가가자 본능적으로 공포감을 느낀 이피클레스는 세상이 떠나갈 듯 울어댔고, 헤라클레스는 두 마리의 뱀을 두 손에 움켜쥔 채 태연히 앉아 있었다.

이피클레스의 비명소리를 듣고 달려간 암피트리온과 알크메네는 이미 죽어서 축 늘어진 뱀을 두 손에 들고 있는 헤라클레스의 모습을 보고 아연실색하지 않을 수 없었다.

암피트리온은 용감한 장군이자 자상한 아버지이기도 했다. 그는 헤라클레스의 교육에 남다른 관심을 보였다. 그래서 활쏘기, 수영, 전투 방법, 레슬링, 음악 등 모든 과목마다 가장 훌륭한 선생님을 모셔 헤라클레스의 교육을 맡겼다.

헤라클레스는 신체 단련을 위한 과목은 좋아했지만, 음악에는 흥미를 보이지 않았다. 그래서 오르페우스의 동생이자 음악에 조예가 깊었던 리노스Linos 선생님의 시간이 되면 몸을 비비 틀고 악기를 갖고 장난만 칠 뿐이었다. 화가 난 리노스 선생님은 헤라클레스를 크게 꾸짖었다. 이에 흥분한 헤라클레스는 자신이 들고 있던 악기로 리노스의 머리를 내리쳐 리노스가 그 자리에서 죽고 말았다. 이는 헤라클레스가 저지른 첫 번째 살인이었다. 헤라클레스는 자신의 경솔함에 대해 자책하고 후회했지만, 아무런 소용이 없었다.

이처럼 헤라클레스는 다혈질에 결과를 생각지 않고 행동부터 앞서는 성격이었다.

암피트리온은 더 이상 이런 일이 일어나지 않게 하기 위해서 헤라클레스를 테베와 가까운 키타이론 산으로 보내 양을 치게 했다. 헤라클레스는 산중에서 지내며 젊은 혈기를 주체하기가 힘들었지만, 자신의 잘못을 인정하고 한동안 그곳에서 지냈다.

헤라클레스는 18세가 되면서 본격적으로 자신의 영웅적인 행위를 선보이기 시작했다. 이웃나라에서 가축을 해치는 키타이론 산의 사자를 맨손으로 때려잡은 것이다.

그 후 고향인 테베로 돌아가던 도중 헤라클레스는 테베인들로 하여금 해마다 공물을 바치게 하는 미니아스인들과 마주치게 되었다. 자신이 테베를 떠나 있는 동안 테베가 미니아스인들에게 굴욕적인 대우를 받고 있다는 사실을 알게 된 헤라클레스는 미니아스의 사신들을 모조리 죽여 버렸다. 그것도 성이 차지 않아 그는 직접 미니아스인들의 본거지로 쳐들어가 미니아스인들의 왕을 죽이고 그 나라를 정복했다. 상황은 역전되어 미니아스인들은 테베가 바치던 조공의 두 배를 테베왕에게 바쳐야 했다.

이에 헤라클레스의 공적을 치하하기 위해 테베의 왕 크레온은 자신의 딸인 메가라Megara를 헤라클레스에게 아내로 주었다. 둘 사이에는 세 명의 아들이 태어났다. 헤라클레스는 아내와 아이들에게 최선을 다하려 노력하며 살았다.

헤라는 오랜 세월이 지난 뒤에도 헤라클레스를 눈엣가시로 여겼다. 그래서 그의 행복한 가정을 깨기 위해 헤라클레스를 일시적으로 미치게 만들었다. 어느 날 헤라클레스의 눈에 아들이 맹수로 보이고 아내는 사자로 보여 그는 짐승들이 자신에게 달려든다고 착각해서 모두를 죽여 버렸다. 잠시 후 정신이 들었을 때 헤라클레스는 자신이 가족을 죽였다고는 전혀 생각지 못하고 슬픔에 날뛰면서 가족의 복수를 하겠다고 다짐했다. 하지만 헤라클레스가 진정되었을 때 주위 사람들이 가족을 죽인 것은 바로 헤라클레스라는 사실을 들려주었다.

그는 처음에는 믿으려 하지 않았지만, 전후 상황을 살펴보고 자신이 살인을 저질렀음을 깨달았다. 가족이 모두 죽은 것도 참을 수 없는 고통이었지만, 자신이 그 끔찍한 살인의 범인이라는 사실은 그를 더욱 절망스럽게 했다. 그는 더 이상 살아갈 희망이 없었다.

"아내를 죽이고 자식을 죽인 자가 더 이상 살아서 무엇을 하겠는가? 아무리 내가 광기에 휩쓸려 그런 일을 저질렀다고 하지만 자식과 아내의 피를 손에 묻히고 앞으로 어떻게 살아간단 말인가? 차라리 내 손으로 목숨을 끊는 것만이 이 고통과 절망에서 벗어나는 유일한 방법일 것이다. 빨리 저승으로 가서 아내와 자식을 만나겠다. 그리고 내 잘못을 그들에게 용서받으리라."

헤라클레스는 날카로운 칼끝으로 자신의 목을 찌르려 했다. 이때 갑자기 영웅 테세우스˙가 나타났다. 테세우스는 당대 최고의 영웅이 뜻도 펴지 못한 채 자신의 목숨을 끊는 것을 두고 볼 수 없었던 것이다. 그래서 진심에서 우러난 말로 그를 설득했다.

"헤라클레스, 자네도 알다시피 자네가 처자를 죽인 것은 자네의 뜻이 아니었네. 순간적인 광기로 인해 벌어진 일인데, 자네가 모든 책임을 져야 한다는 것은 말이 되지 않네. 그리고 먼저 이 세상을 떠난 자네의 아내와 자식들을 생각해 보게나. 그들은 저승에서 자네와 빨리 만나기를 바라기보다는 자네가 더 영웅적인 일로 많은 사람을 위험에서 구해주고, 도움을 주기를 바랄 걸세. 그런 일을 한 연후에 저승의 왕인 하데스를 만

* **테세우스** 그리스 신화에 나오는 아테네의 영웅. 크레타 섬의 미로에서 미노타우로스를 물리치고 부왕의 뒤를 이어 아테네의 왕이 되어 아마존을 정복하는 등 각지를 정복해 아테네를 융성하게 했다.

나도 늦지 않다네."

테세우스는 절망에 빠진 헤라클레스를 설득하기 위해 특유의 언변과 지혜로 그의 마음을 돌리려 노력했다. 당대의 두 영웅이 마주 앉아 이야기를 나눈 지 서너 시간이 흐른 뒤 헤라클레스는 조금씩 마음을 돌리게 되었다.

"그렇다고 내가 무슨 면목으로 이 세상을 살아간단 말인가? 테세우스, 나는 이 죄책감을 덜고 싶네. 그래서 델포이의 신탁에 가서 물어보겠네. 내 죄를 용서받을 수 있는 방법이 있다면 그것이 무엇인지 말이야."

테세우스는 헤라클레스가 마음을 돌리자 그제야 안도했다.

헤라클레스는 곧바로 델포이를 향해 출발했다. 성질 급한 헤라클레스는 델포이에서 신탁을 내려 주는 무녀를 보자마자 빨리 자신의 죄를 해결할 수 있는 방법을 알려달라고 다그쳤다. 무녀는 그의 성질을 익히 알고 있었기 때문에 최대한 빨리 신탁을 받아 그에게 들려주었다.

"헤라클레스, 당신은 정말 커다란 죄를 지었군요. 그 죄를 씻는 방법은 한 가지 밖에 없어요. 당신의 사촌이자 미케네의 왕인 에우리스테우스를 찾아가세요. 단, 조건이 있습니다. 이제부터 당신은 에우리스테우스의 노예가 되는 겁니다. 그리고 그가 시키는 일은 무엇이든 해야 합니다. 그런 모욕과 수모를 참아낼 수 있다면 당신의 손에 묻은 가족의 피를 씻어낼 수 있을 겁니다."

누구에게 아쉬운 소리를 하거나 굽신거린 적이 없던 헤라클레스였지만 그는 두말없이 신탁의 지시를 따르기로 했다.

미케네의 왕인 에우리스테우스는 겁이 많고, 우유부단하며, 인색한 자였다. 너무나 대조적인 두 사람의 만남은 이렇게 시작되었다.

12가지의 불가능한 과업을 완수한 무적의 영웅

처음 헤라클레스가 에우리스테우스를 만나러 갔을 때 에우리스테우스는 헤라클레스의 얼굴을 똑바로 보지도 못할 정도로 겁을 냈다. 속으로는 헤라클레스가 정말로 자신의 노예가 될 생각을 하고 있는지 반신반의했다. 괜히 비위를 잘못 건드렸다가는 헤라클레스의 억센 주먹이 언제 자신에게 날아올지 몰랐기 때문이다.

하지만 에우리스테우스는 눈치가 빠른 자였다. 그는 헤라클레스와 몇 마디 대화를 나눠 보고는 헤라클레스를 골려 줄 수도 있다는 생각을 하게 되었다. '언제 내가 천하의 영웅이라는 헤라클레스를 부려 볼 수 있단 말인가? 꼼짝없이 내 명령을 따라야 한다니, 정말 세상은 오래 살고 볼 일이군.'

에우리스테우스는 헤라클레스에게 첫 번째 과업을 지시했다.

이제 그 유명한 헤라클레스가 해결해야 할 열두 가지 과업의 첫 번째가 시작된 것이다.

에우리스테우스는 헤라클레스가 정말로 자신의 말에 복종하는지 일단 떠보았다.

"헤라클레스, 자네 정말로 내가 시키는 어떤 일도 할 수 있겠나?"

"물론입니다. 어떤 것이라도 시켜만 주십시오."

"그러면 말이야, 네메아의 사자를 좀 죽여줬으면 좋겠네."

에우리스테우스는 첫 번째 과업을 내리면서 헤라클레스가 도저히 하지 못할 일을 명령했다. 불가능한 일을 시켜서 헤라클레스를 세상의 웃음거리로 만들고 싶었던 것이다. 네메아의 사자는 칼이나 창으로 찔러도 뚫지 못할 만큼 질긴 가죽을 갖고 있었는데, 달의 여신인 셀레네selene*가 젖을 먹여 키워 불사신으로 만들었기 때문이다.

헤라클레스는 길을 떠나 네메아의 사자가 살고 있는 동굴을 발견하고 곧바로 뛰어들어가 곤봉으로 머리를 내리쳐 기절시킨 뒤 목을 졸라 숨을 끊었다. 그리고 사자의 발톱을 하나 빼서는 날카로운 발톱 끝으로 사자 가죽을 벗겨 냈다. 네메아의 사자가죽을 두른 헤라클레스는 당당한 모습으로 에우리스테우스 앞에 나타났다. 이후 사자가죽을 두른 모습이 그의 상징이 되었다. 그래서 고대 그리스의 도자기에는 사자가죽을 걸친 헤라클레스의 모습이 자주 등장한다.

에우리스테우스는 겁이 많아 헤라클레스와 죽은 네메아의 사자를 볼 용기가 없어 커다란 항아리 안에 들어가서 헤라클레스를 맞이했다.

"네가 네메아의 사자를 죽였다는 소식은 들었다. 내가 직접 네메아의 사자를 볼 필요는 없으니 그냥 항아리 주둥이에 대고 말을 하도록 해라."

헤라클레스는 항아리에 대고

> **• 셀레네** 그리스 신화에 나오는 달의 여신. 티탄족 히페리온과 테이아 사이에서 태어났으며, 태양신 헬리오스와 새벽의 여신 에오스와 남매지간이다. 고대에는 달이 동식물의 번식에 중요한 역할을 하는 것으로 여겨졌으므로 미신에 자주 등장한다.

〈네메아의 사자를 처치하는 헤라클레스〉
프란시스코 데 수르바란 | 1634 | 프라도 미술관 소장

다음에 할 일이 무엇이냐고 물었다. 에우리스테우스는 헤라클레스가 첫 번째 과업을 손쉽게 처리하고 돌아온 것에 단단히 약이 올랐지만 겉으로 태연한 척하며 다음 과제를 주었다.

"레르네 강에 가면 히드라가 있다는 것은 알고 있겠지. 그걸 죽이고 오너라."

겁은 많아도 잔꾀가 많은 에우리스테우스는 헤라클레스가 성공할 것에 대비해 다음 과제를 미리 생각해 놓은 것이다.

히드라라는 괴물은 머리가 아홉 달린 괴물로(머리가 100개라는 이야기도 있다), 머리를 잘라내면 그 자리에서 두 개가 자라나는 생명력을 갖고 있었다. 게다가 그중 하나의 머리는 불멸의 능력까지 갖고 있었다. 히드라의 특성을 이미 알고 있던 헤라클레스는 이번 모험에 조카인 이올라스를 동반했다.

헤라클레스는 이번에도 용감하게 히드라의 머리를 칼로 내리쳤고, 이올라스는 칼로 벤 자리를 불로 지져서 머리가 더 이상 자라지 못하게 했다. 여덟 개의 머리를 모두 자르고 난 헤라클레스는 죽지 않는 한 개의 머리는 커다란 바위 밑에 묻어 다시는 살아나지 못하게 했다.

헤라클레스가 세 번째로 완수해야 할 과업은 달의 여신인 아르테미스의 전차를 끄는 황금뿔을 가진 케리네이아의 암사슴을 산 채로 잡아오는 것이었다. 이 암사슴을 죽이는 것은 어렵지 않지만 산 채로 잡는 것은 정말 어려운 일이었다. 헤라클레스가 힘이 세기는 하지만 걸음은 사슴에 당할 바가 못 되었기 때문이다. 그러나 헤라클레스는 이 사슴을 잡기 위해 지구의 북쪽 끝까지 쫓아가 마침내 사로잡을 수 있었다.

에우리스테우스가 지시한 네 번째 과업은 에리만토스 산에 살고 있는 멧돼지를 잡는 것이었다. 이 멧돼지는 매우 난폭해서 작물을 파헤쳐서 못쓰게 만들뿐더러 사람에게도 덤벼들어 상처를 입히거나 죽이기도 했다.

헤라클레스는 멧돼지가 숨어 있는 구멍 앞에서 큰 소리를 질러 멧돼지를 놀라게 해 굴 밖으로 끌어내서는 그물을 던져 사로잡았다.

에우리스테우스가 지시한 다섯 번째 과업은 이제까지와는 전혀 다른 일이었다. 아우게이아스Augeas*의 축사를 청소하는 일을 맡긴 것이다. 이런 하찮은 일을 시켜 헤라클레스의 자존심을 건드리겠다는 심산이었다.

아우게이아스는 태양신 헬리오스의 아들로, 아버지와 마찬가지로 많은 가축을 소유하고 있었다. 아우게이아스의 축사에는 오랫동안 치우지 않은 분뇨가 산더미처럼 쌓여 있었다. 헤라클레스는 이 축사 근처에 흐르는 알페이오스 강물을 끌어와 하루 만에 축사의 분뇨를 깨끗이 치우고 강물을 원래의 자리로 돌려놓았다.

여섯 번째로 헤라클레스가 해결해야 할 과제는 스팀팔로스의 괴조怪鳥를 퇴치하는 일이었다.

이 새를 괴조라고 부르는 이유는 청동으로 된 커다란 날개를 달고 다니며 사람들을 습격하고, 사람들이 경작하는 밭에 배설물을 떨어뜨려 농작물을 망쳐 놓았기 때문이다.

* **아우게이아스** 그리스 신화에 나오는 엘리스의 왕. 이아손의 아르고호 모험 때 여러 영웅들과 함께 모험을 떠났다. 아우게이아스는 축사에 소를 3,000마리를 길렀는데, 30년 동안 한 번도 청소한 일이 없어 그 배설물이 산더미처럼 쌓여 있었다고 한다.

헤라클레스는 스팀팔로스 호수에 살고 있는 이 괴물들을 퇴치하기 위해 호수 근처에서 커다란 소리를 내서는 괴조들이 날아오를 때 히드라의 독을 묻힌 화살로 모두 쏘아 떨어트렸다.

이제 헤라클레스는 열두 가지 과업 중 반을 해결했다. 하지만 나머지 여섯 가지 과업도 해결하기 매우 어려운 것들뿐이었다.

일곱 번째 과업은 크레타 섬으로 가서 바다의 신 포세이돈이 미노스 왕에게 선물한 황소를 잡아오는 것이었다. 그런데 이 황소에게는 사연이 있었다. 포세이돈은 이 황소를 미노스 왕에게 주면서 나중에 제물로 바치라고 했다. 하지만 미노스 왕은 이 황소가 너무 탐나서 포세이돈에게 돌려주지 않았다. 화가 난 포세이돈은 미노스의 왕비인 파시파에Pasiphae가 이 황소를 사랑하게 만들어 버렸다. 왕비와 황소의 비극적인 사랑의 결실은 미노타우로스Minotauros라고 하는 황소의 머리를 하고 몸은 인간인 괴물이었다.

헤라클레스는 이 난폭한 황소를 사로잡아 어깨에 둘러메고 돌아옴으로써 일곱 번째 과업도 완수했다.

여덟 번째 과업은 인간의 고기를 먹고 미쳐 날뛰는 디오메데스Diomedes의 식인말을 붙잡는 것이었다. 헤라클레스는 야심한 틈을 타서 마구간에 들어가 말을 끌고 나오는 데는 성공했으나 그만 디오메데스에게 발각되고 말았다. 하지만 헤라클레스는 궁지에 몰리면 힘이 더욱 세지는지라 디오메데스 왕과 그 부하들을 모두 사로잡아 말의 먹이로 던져 주었다.

헤라클레스가 디오메데스의 식인말을 에우리스테우스 앞에 끌고 가자, 사람을 먹는다는 말에 기겁한 에우리스테우스는 여전히 커다란 항아리 안에 들어앉아 밖은 쳐다보지도 못한 채 마지못해 헤라클레스의 공적을 치하했다.

아홉 번째 과업은 에우리스테우스가 매우 고심해 생각해 낸 것이었다.

'영웅은 술과 여자를 좋아한다는데 여자에게 빠지면 제아무리 헤라클레스라 해도 자기가 할 일을 잊어버릴지도 모르지. 그렇다면 아마존의 여왕인 히폴리테Hippolyte의 허리띠를 가져오라고 해야겠군. 설사 미인계에 걸려들지 않더라도 여자라고 방심하다 헤라클레스가 당할지도 몰라.'

이렇게 생각한 에우리스테우스는 헤라클레스에게 당장 허리띠를 가져오라고 지시했다.

아마존족은 매우 호전적이고 특이한 종족이었다. 그들은 아들을 낳으면 곧바로 죽이거나 다리나 팔을 부러뜨려 악기를 다루게 하거나 집안일만 하게 했다. 그리고 딸이 태어나면 전사로 키웠는데, 활 쏘는 데 방해가 된다고 해서 가슴 한쪽을 어릴 때 잘라 버렸다.

헤라클레스는 곧 아마존족이 살고 있는 땅에 도착했고, 히폴리테에게 허리띠를 달라고 청했다. 그런데 헤라클레스의 용맹함에 반한 히폴리테는 순순히 허리띠를 풀어 헤라클레스에게 주었다. 이렇게 쉽게 일이 풀리는가 싶더니 아마존 여인들이 헤라클레스가 자신들의 여왕을 납치한다고 오해해서 헤라클레스를 공격했다. 헤라클레스는 어쩔 수 없이 아마존 여인들을 격퇴하고 히폴리테마저 죽일 수밖에 없었다.

열 번째 과업은 게리온Geryon이 키우고 있는 소들을 데려오는 것이었다. 게리온은 서쪽 끝에 있는 섬인 에리테이아에 살고 있는 머리가 셋 달린 괴물이었다.

이번에도 헤라클레스는 소들을 지키고 있는 양치기를 죽이고 소들을 훔치는 데 성공했다. 이때 자신의 소를 훔쳐간다는 소식을 접한 게리온이 헤라클레스를 붙잡기 위해 달려왔지만 헤라클레스의 독화살에 맞아 죽고 말았다.

사실 아폴론의 신탁이 내린 과업은 열 가지였다. 에우리스테우스 밑에서 열 가지 과업만 마치면 헤라클레스의 죄가 씻어진다고 했다. 그러나 간교한 에우리스테우스는 헤라클레스가 성공한 열 가지 중 두 가지가 무효라고 주장했다. 그래서 헤라클레스는 어쩔 수 없이 두 가지 과업을 더 완수해야 했다.

열한 번째 과업은 가장 어려운 일이었다. 하늘을 떠받치고 있는 아틀라스Atlas*의 딸들인 헤스페리데스Hesperides(헤스페리스의 복수)가 지키고 있는 황금사과를 가져오는 일이었다.

'헤스페리스Hesperis'는 '저녁의 딸'이라는 의미이며, 이들은 세상의 끝에서 황금사과를 지키는 임무를 띠고 있었다.

헤라클레스는 이번에는 자신이 직접 나서지 않고 헤스페리데스의 아버지인 아틀라스를 이용하기로 했다. 그는 아틀라스에게 자신이 대신 하늘을 떠받치고 있을 테니 그의 딸들이 지키고 있는 황금사과를 따다 달라고 부탁했다. 아틀라스는 힘겨운 노역에서 잠시 동안 벗어날 수 있다는 생

* **아틀라스** 그리스 신화에 나오는 거인 신으로 프로메테우스와 에피메테우스의 형제다. 일족이 제우스와 싸워 패한 뒤 천계를 어지럽혔다는 죄로 어깨로 하늘을 떠받치는 벌을 받게 되었다.

각에 헤라클레스의 부탁을 흔쾌히 들어주겠다고 했다.

하지만 황금사과를 막상 손에 넣자 아틀라스는 다시 하늘을 떠받치고 싶지 않다는 생각이 들었다. 그래서 헤라클레스에게 자신이 직접 에우리스테우스에게 황금사과를 갖다 주겠다고 했다. 헤라클레스는 속으로 이러다가 자신이 평생 하늘을 떠받들고 있을지 모른다는 걱정이 들기 시작했다. 그래서 꾀를 내었다.

"그래요. 황금사과를 에우리스테우스에게 직접 갖다 주도록 하세요. 그런데 제가 처음으로 하늘을 떠받치고 있어서 그런지 어깨가 너무 아픕니다. 잠깐 대신 들고 계시면, 어깨에 푹신한 솜을 좀 대겠습니다."

그의 말을 믿은 아틀라스는 다시 하늘을 어깨에 멨다. 그러나 헤라클레스는 황금사과를 아틀라스에게서 빼앗아 뒤도 돌아보지 않고 에우리스테우스에게 돌아가 버렸다. 그래서 지금도 하늘은 아틀라스가 떠받치고 있는 것이다. 머리를 떠받치고 있는 첫 번째 목뼈의 이름이 아틀라스인 것은 여기에서 유래했다.

에우리스테우스는 열두 번째 과업만은 아무도 할 수 없는 일을 시키기로 결심했다. 그래서 주변의 왕들에게 자문을 구해 헤라클레스에게 저승의 문을 지키는 머리가 셋 달린 개 케르베로스를 끌고 오라고 주문했다. 이는 사실 죽으라는 말과 다를 바 없었다.

헤라클레스는 하데스가 다스리는 지하세계로 내려가 하데스와 결투를 벌였다. 하데스가 자신을 이길 수 있다면 케르베로스의 개를 데려가도 좋다고 허락했기 때문이다. 헤라클레스는 마침내 저승의 왕인 하데스마저 제압해 버렸다.

사실 헤라클레스는 제우스의 아들이니 하데스에게는 조카가 되는 셈이다. 조카에게 졌으니 변명의 여지가 없어 하데스는 패배를 인정하고 케르베로스의 개를 지상으로 데려가도 좋다고 허락했다. 헤라클레스는 케르베로스를 어깨에 둘러메고 에우리스테우스에게 돌아갔다. 이번에도 에우리스테우스는 겁에 질려 항아리 안에서 케르베로스가 짖는 소리만 들었다.

　　열두 가지 과업을 완수한 헤라클레스는 오랜만에 쉴 수 있는 시간을 가질 수 있었다. 또한 비겁하고 간교한 에우리스테우스의 굴레에서도 벗어날 수 있었고, 그동안 그가 지은 죄를 씻을 수 있었다.

　　하지만 헤라클레스의 급한 성격은 열두 가지 과업만으로는 완전히 잠재워지지 않았는지 그는 또 한 번 실수를 저지르고 말았다.

　　한번은 헤라클레스가 연회에 참석했는데, 식탁에서 심부름을 하던 소년이 실수로 헤라클레스의 무릎에 술을 쏟고 말았다. 화가 난 헤라클레스는 그 소년을 때려죽였다. 제우스는 헤라클레스에게 죄를 씻는 의미에서 리디아의 여왕인 옴팔레 밑에 들어가 3년 동안 지내라는 명령을 내렸다.

　　헤라클레스는 결국 옴팔레 여왕의 시중드는 일을 해야 했는데, 그곳에서 해야 할 일이란 여자의 옷을 입고 실을 잣거나 뜨개질을 배우는 것이었다. 하지만 그는 자신의 죄를 씻기 위해 이런 굴욕을 참아가며 3년을 보냈다.

　　이후 헤라클레스는 다시 데이아네이라Deianeira라는 공주와 사랑에 빠져 결혼을 하게 되었다.

　　열두 가지 과업을 치르느라 지친 헤라클레스는 아내와 더불어 편안한 삶을 누리리라 마음먹었다. 그는 더 이상 영웅으로서의 모험을 원치 않았으며 안락한 가정을 꾸리기를 바랐다.

한번은 헤라클레스가 아내인 데이아네이라와 함께 강을 건너려고 하던 참이었다. 이때 반은 사람이고 반은 말인 켄타우로스족 네소스Nessus가 나타나 자기가 강을 건네주겠다면서 친절을 베풀었다. 네소스는 먼저 데이아네이라를 업고 강을 건너갔는데, 데이아네이라의 미모에 끌려 그녀를 겁탈하려고 했다. 강 건너에서 아내의 비명소리를 듣고 사태를 짐작한 헤라클레스는 히드라의 독이 묻은 화살을 쏘아 네소스를 한 번에 맞추었다. 이때 네소스는 죽기 전에 데이아네이라에게 이렇게 말했다.

"여기 내가 흘리고 있는 피를 잘 모아 두시오. 혹시 당신의 남편이 다른 여자에게 한눈을 팔면 이 피를 당신 남편의 옷에 묻혀서 입히도록 하시오. 그러면 당신 남편의 애정은 다시 당신에게로 돌아올 것이오."

순진한 데이아네이라는 그 말을 그대로 믿고 네소스가 흘린 피를 보관했다.

얼마 후 헤라클레스는 에우리토스Eurytos 왕과 활쏘기 내기를 벌이게 되었는데, 에우리토스 왕은 자신을 이기면 자신의 딸인 이올레Iole를 주겠다는 약속을 했다. 내기의 승자는 헤라클레스였다. 이 소식을 듣게 된 데이아네이라는 남편의 사랑이 이올레에게 향할지도 모른다는 두려움을 갖게 되었다. 이때 그녀의 머릿속에는 네소스가 흘린 피가 떠올랐다. 그래서 데이아네이라는 헤라클레스가 잠들었을 때 그의 옷에 네소스의 피를 잔뜩 발라 놓았다.

다음 날 아침 헤라클레스는 아무것도 모른 채 네소스의 피가 묻은 옷을 입었다. 처음에는 아무런 반응도 없었으나 점차 옷에 묻어 있던 네소스 핏속의 히드라의 독

> • **헤베** 그리스 신화에서 젊음의 여신으로, 제우스와 헤라의 딸이다. 신들이 연회를 할 때 넥타르를 따라 주는 시녀다. 헤라클레스가 신이 된 후 그와 결혼해 쌍둥이 알렉시아레스와 아니세투스를 낳았다.

이 헤라클레스에게 퍼지기 시작했다. 정신이 혼미해지고 온몸이 불에 타는 듯이 뜨거워지자 헤라클레스는 옷을 벗으려 했지만 벗을 수가 없었다. 그는 이때 자신의 최후를 예감했다.

헤라클레스는 하인들에게 장례를 치를 장작을 산처럼 쌓을 것을 지시했다. 그는 오랫동안 고통을 겪는 것보다 안락사를 선택한 것이다.

그는 결연한 표정으로 장작 위에 누웠고, 자신의 하인에게 불을 붙이라고 지시했다. 머뭇거리던 하인은 장작에 불을 댕겼고, 이렇게 해서 헤라클레스의 육신은 연기가 되어 하늘로 올라갔다. 헤라클레스는 하늘에서 헤라와 화해를 하고 헤라의 딸인 헤베Hebe와 결혼했다고 한다. 그는 예전에는 반만 신이었으나, 이제 완전한 신이 되어 하늘에서 편히 쉬게 된 것이다.

▌ 헤라클레스의 모험은 진정한 영웅이 되는 개성화의 완성을 위한 과정 ▌

영웅의 모험과 여정은 심리적으로 개성화를 향한 욕망을 인격화한 것이라고 볼 수 있다. '인격의

개성화'란 '나를 나답게 하는 과정'이라고 할 수 있다.

인간은 태어나면서 사회적인 가치나 기준에 자신을 맞추면서 살아가게 된다. 사회가 바라는 직업, 직장, 역할에 자신도 모르게 자신을 동일시한다. 물론 사회가 요구하는 가치나 기준을 습득하는 것도 사회생활을 위해서 필요하다. 하지만 다른 사람과 다른, 자신만이 갖고 있는 개성을 드러내고자 하는 욕구도 인간 내면에 동시에 존재한다. 이런 개성화 과정은 무의식에 잠재되어 있는 많은 무의식적인 요소를 의식화함으로써 가능하다. 따라서 영웅이 무찌르거나 붙잡아야 하는 괴물이나 동물은 남과 다른 내가 되기 위해 필요한 무의식적인 요소를 상징한다. 자신을 잡아먹으려고 달려들고 목숨을 노리는 괴물들은 의식의 세계로 들어가기 위해 기다리고 있는 나 자신의 '개성'의 상징들이다.

따라서 헤라클레스의 열두 가지 과업은 그를 그답게 만들기 위해 필요한 분화되지 않은 무의식의 요소들이다. 이 과업을 완수한 것은 곧 헤라클레스의 개성화 과정이 완수되었음을 의미한다. 그는 이제 더 이상 남들과 같지 않으며, 이 세상에 하나밖에 존재하지 않는 한 개인으로 성숙하고 탄생한 것이다. 물론 이런 개성화 과정은 헤라클레스의 열두 가지 과업이 상징하고 있듯이 결코 쉬운 일이 아니다.

이러한 예는 우리 삶 속에서도 찾아볼 수 있다.

매우 똑똑한 한 여성이 있다. 그녀는 서울대 법학과를 졸업하고, 언론고시라고 하는 신문사 입사시험에 합격했다. 그녀는 촉망받는 기자가 되어 몇 년을 바쁘게 보냈다. 하지만 그녀는 막상 기자가 되니 자신의 직업이 썩 마음에 들지 않았다. 사실 그녀는 고교 때부터 연극배우를 꿈꿔 왔다. 그래서 그녀는 신문기자를 그만두고 연극계에 뛰어들기로 마음먹었다. 하지만 그녀 자신부터 많은 고민과 갈등을 겪어야 했다. 일단 경제적인 문제가 가장 컸다. 연극배우로 살게 되면 성공하기 전에는 경제적으로 안정되지 못하고 심지어 배고픈 삶을 살아야 할 수도 있기 때문이다.

또한 누구나 선망하는 신문기자를 그만두어야 한다는 기득권의 포기도 쉽지 않은 일이었다. 부모님과 주변 동료들도 배부른 소리를 한다면서 극구 말렸다. 그녀는 몇 달 동안 하루에도 수십 번씩 생각이 바뀌는 혼란을 겪어야 했다. 그러나 그녀는 마침내 연극배우가 되기로 결심하고 신문사에 사표를 냈다. 그녀는 연극계에 뛰어든 초기에는 신문기자를 그만둔 것을 후회한 적도 있지만, 마침내 연극배우로서의 삶에 만족하며 지내고 있다.

위의 사례는 개성화 과정의 한 단면을 보여주고 있다. 사회가 요구하는 가치나 기준을 과감히 거부하고 그녀는 '그녀다운, 그리고 누구와도 같지 않은 삶'을 선택한 것이다.

그녀의 무의식에는 자신을 연극으로 표현하고 싶은 예술적인 욕구가 존재하고 있었다. 그런 욕구는 의식화될 때까지 계속 기다리면서 의식에게 신호를 보낸다. 그런 신호는 현재 자신이 하고 있는 직업이나 일에 싫증과 지루함을 느끼게 만든다. 그러면 의식은 이런 지루함을 극복하기 위해 뭔가 다른 대안을 찾으려 고심하게 된다. 이때 무의식은 자신이 잠깐 관심을 가졌지만 현실에서는 이루어질 수 없을 것 같은 직업이나 일을 떠올리게 한다.

물론 이때 의식은 사회가 정한 관습이나 규칙에 길들여져 있기 때문에 받아들이려 하지 않는다. 하지만 무의식적인 욕구는 점차 강해지면서 의식으로 나오려고 하고, 결국 현실의 어려움이나 고통을 이겨내고 의식화하게 된다. 위 사례의 여성처럼 주변의 반대나 새로운 직업을 선택하는 데 있어 겪게 되는 어려움 등을 이겨내고 새로운 직업을 선택하는 것처럼 말이다.

그럼, 이제 헤라클레스의 개성화 과정을 살펴보자.

다른 영웅들처럼 헤라클레스의 탄생도 신비로운 면을 갖고 있다. 특히 구약에 나오는 영웅인 모세와 비슷한 점이 있다. 모세는 이집트에서 노예생활을 하며 핍박받고 있던 이스라엘 민족을 이집트에서 탈출시켰다. 그리고 갖은 어려움을 극복하고 이스라엘 민족의 지도자로 거듭나게 된다.

영웅은 아버지가 둘인 경우가 많다. 헤라클레스의 생부는 제우스이지만, 그를 키워 준 아버지는 암피트리온 장군이다. 모세의 부모는 아므람과 요게벳이었다. 모세가 태어날 무렵 이집트 사람들은 히브리인들의 수가 늘어나는 것을 두려워해 갓 태어난 히브리 남자 아기들을 모두 죽이기 시작했다. 모세의 부모는 어쩔 수 없이 역청과 송진을 바른 갈대 바구니에 모세를 담아 나일 강에 띄워 보냈다. 모세는 목욕 중이던 파라오의 딸에게 발견되어 이집트 궁정에서 자라게 되었다. 또한 예수 그리스도도 두 명의 아버지를 가졌다. 예수의 아버지는 신이지만, 그를 키워준 것은 인간인 요셉이었다.

영웅의 두 번째 특징으로는 태어나자마자 버림을 받거나 위험한 상황에 놓이게 되는 것이다. 모세가 위험을 피하기 위해 나일 강에 버려졌듯이, 헤라클레스는 헤라가 보낸 독사 두 마리에게 위협을 받는다.

세 번째 특징은 어린 시절 인간이 가질 수 없는 능력을 보여 준다는 것이다. 헤라클레스는 태어난 지 6개월 만에 독사의 목을 눌러 죽였으며, 모세는 태어난 첫날 걷고 말을 했다고 한다.

그렇다면 여기에서 의문이 생긴다. 영웅은 왜 두 명의 아버지(부모)가 존재하는 것일까?

이는 개성화 과정의 근원은 두 개의 뿌리에서 생겨남을 암시하고 있다. 내가 내 자신이 되고자 하는 욕구는 개인적인 욕망(양부인 아버지)도 있지만, 개인적인 차원을 넘어선 신비로운 영역(생부인 신)도 함께 존재함을 의미한다. 개성화 과정이란 내 개인 안에 기록된 무의식적인 욕망의 표현이기도 하지만, 인류가 진화되어 오면서 DNA에 새겨진 인류 공통의 욕구의 표현이기도 한 것이다. 즉, 나를 초월하는 어떤 힘이 무의식에 존재하면서 나를 남과 다르게 표현하고자하는 힘으로 작용한다는 것을 두 명의 아버지로 나타낸 것이다.

헤라클레스는 청소년기에 이르면서 처음으로 살인을 저지른다. 한순간의 화를 참지 못하고 음악을 가르치는 리노스 선생님을 죽였다. 이로 인해 테베에서 쫓겨나 양치기 생활을 해야 했다. 또한 그는 광기에 휩싸여 자신의 세 아들과 아내를 죽인다. 그의 성격이 매우 다혈질적이고 폭력적이라는 일면을 드러낸 두 가지 사건이다.

여기서 헤라클레스가 드러낸 폭력성은 바로 개성화 과정에서 겪게 되는 위험성을 드러내고 있다. 자신을 자신답게 바꾸어 가는 개성화 과정을 섣불리 진행하면 타인이나 자신에게 위험할 수도 있다는 것이다.

예를 들어 아무리 자신의 무의식에 예술적인 욕망이 있다고 해도 금방 예술가가 되는 것은 아니다. 피아노를 통해 자신을 표현하고 싶은 사람이 있다면, 그는 오랜 시간을 피아노 앞에 앉아 연습을 해야 한다. 화가가 되고자 한다면 기본기를 닦기 위해 수없이 그림을 그려야 할 것이다. 그러나 자신의 욕망을 빨리 실현시키기 위해 급하게 서두르고 고된 훈련 과정을 생략한다면, 그 사람은 결국 실패를 맛보게 될 것이다. 그리고 개성화 과정은 중단되고, 자신의 본질적인 모습은 끝내 드러나지 못한다. 사실 우리 주변에서도 준비되지 않은 상태에서 개성화 과정을 겪다가 중도에 포기하고 그냥 평범한 일상으로 돌아간 사람들을 수없이 보게 된다.

또한 헤라클레스는 음악으로 상징되는 예술적인 성향, 즉 여성적인 취향에 대해 강한 거부감을 드러내고 있다. 즉, 남성다움에 깊이 심취되어 자신 안에 존재하는 여성적인 부분을 무시하고 억누르고 있다. 이는 자신을 가르치던 음악선생님의 살해로 표현된다.

하지만 자신 안에 존재하는 여성적인 부분, 즉 아니마$_{anima}$* 에 대한 억압은 사회적인 성취나 성공을 위해 필요할 수도 있지만, 자기소외** 를 불러일으키는 소지를 남긴다. 그래서 헤라클레스처럼 여성성을 억압한 남성들은 항상 일에 매달리고, 성공을 향해 앞으로 내달린다.

* **아니마** 융의 심리학 이론에서 남성이 지니는 무의식적인 여성적 요소를 말하는 것으로, 남성의 마음에 숨은 모든 여성적인 심리적 경향들이 인격화된 것이다.

** **자기소외** 인간이 자신의 본질을 외화, 즉 상실해 그것을 자기 자신의 다른 부분, 자기와 대립하는 것, 자기와 유리된 것이라고 간주하는 것을 말한다.

사실 남자들에게 가장 두려운 것은 여성적인 성향으로 분류되는 감정이다. 감정은 상대방에 대한 동정이나 공감도 포함되므로 앞에 나타나는 적은 무조건 무찌르고 죽여야 하는 헤라클레스에게 전혀 도움이 되지 않을 수밖에 없다. 그래서 그는 음악수업을 거부하고, 심지어 음악을 가르치는 선생님을 죽이는 살인까지 저지른다.

그리고 자식과 아내의 살인이 상징하는 것은 현대의 아버지들이 겪는 문제와 비슷하다. 현대의 아버지들은 너무 바빠서 자녀와 아내를 보살필 겨를이 없다. 집은 하숙집에 불과하고 사회라는 전쟁터에서 매일 전쟁을 치른다. 그런 면에서 현대의 아버지들은 자식과 아내가 없는 것이나 마찬가지다.

또한 자식과 아내를 잘 보살피는 아버지보다 돈을 많이 벌고 사람들이 선망하는 직업에 종사하는 아버지가 더욱 존경을 받는다. 그래서 현대의 아버지들은 사회적인 평판을 더 중시하기 때문에 가정을 포기하고 직장이나 일과 결혼을 하게 되는 것이다. 이렇게 일에 매달리는 아버지들은 헤라클레스가 자신의 가정을 파괴했듯이 자신의 가정을 등한시하게 된다.

헤라클레스의 가족 파괴는 개성화 과정의 위험한 측면일 수도 있지만, 다른 의미로는 가정과 자녀를 보살피고 돌봐야 하는 기능인 남성 안에 존재하는 여성적인 측면(아니마)의 억압이나 파괴를 의미한다.

이제 헤라클레스는 자식과 아내를 죽인 죄를 씻기 위해 사촌인 에우리스테우스의 노예로 들어간다. 그런데 헤라클레스는 왜 하필이면 가장 비겁하고 현실적이고 관습적인 에우리스테우스의 노예가 되었을까? 헤라클레스를 능가하거나 아니면 헤라클레스가 존경할 만한 대상이 아니라 그가 충분히 왕권까지도 빼앗을 수 있는 무능한 사람이 헤라클레스의 주인이 되었다는 점은 매우 의미심장하다.

에우리스테우스는 자아, 즉 에고ego를 상징한다. 자아는 항상 내면에 잠재된 무의식을 자신이 감당할 수 있을 정도만 의식화한다. 자아의 가장 큰 특징은 현실에 대한 적응력이다. 자아는 절대로 자신을 다치게 하거나 커다란 모험을 감행하게 하지 않는다. 그리고 자아는 자기보존을 위해 무의식의 지나친 욕구를 조절하려 든다.

하지만 자아는 에우리스테우스의 성격에서 알 수 있듯이 지나치게 현실적이고 관습적이다. 사회의 가치나 기준에 지나치게 매달리고 모험을 하지 않기 때문에 삶이 진부해지게 하는 위험성도 내포하고 있다.

그런 면에서 헤라클레스가 에우리스테우스의 노예가 된 것은 개성화 과정에서 어느 정도 자아로 상징되는 에우리스테우스의 조절 능력이 필요하다는 사실을 의미한다. 즉, 자아와 무의식의 욕망이 조화를 이룰 때 우리는 개성화 과정을 수행할 수 있는 것이다.

앞에서 언급했듯이, 남과 다른 존재가 되고 싶다고 해서 앞뒤 가리지 않고 무작정 자신의 일을 할 수는 없는 법이다. 때로는 자신이 하고 싶은 일을 하기 위해 몇 년 동안 하기 싫은 일을 하며 돈을 모아야 할 필요도 있고, 자신의 일을 잘하기 위해 오랜 시간 수련을 쌓는 과정도 분명 필요하다. 이런 과정이 없다면 우리는 나 자신이 되기도 전에 준비 부족으로 실패하고 만다.

헤라클레스가 처치한 괴물들은 우리 내면의 무의식의 여러 측면

자아로 상징되는 에우리스테우스는 헤라클레스에게 조심스럽게 한 가지씩 일을 맡겨 본다.

열두 가지 과업은 개성화 과정에서 직면해야 할 무의식의 여러 측면을 상징한다.

첫 번째 과업은 네메아의 사자를 죽이는 일이었다. 이 사자는 매우 잔인하고 난폭해서 사람을 죽이기도 했는데, 바로 헤라클레스 안에 존재하는 난폭하고 잔인한 측면을 의미한다. 헤라클레스가 네메아의 사자를 죽였다는 것은 그 안에 존재하는 본능적이고 분화되지 않은 에너지를 그가 의식화해서 순화했다는 의미다. 그 후 헤라클레스는 사자의 가죽을 망토처럼 걸치고 다닌다. 이는 내면에 존재하는 잔인하고 폭력적인 측면을 헤라클레스가 제압했으며, 이제 이런 에너지는 헤라클레스에게 복속되어 완전히 자아에 봉사하게 되었음을 의미한다.

그런데 재미있는 점은 헤라클레스가 네메아의 사자가죽을 벗길 때 이 사자의 발톱을 뽑아서 사용했다는 것이다. 이는 폭력성 안에 내재하는 폭력성을 이용할 때만이 나중에 유용하게 쓰인다는 사실을 보여 준다. 헤라클레스는 사자가죽을 벗겨내서 자신의 망토로 이용함으로써 더욱 용감해지고 과감해질 수 있었다. 이런 본능적인 에너지는 의식화함으로써 위험성이 상당히 줄어든다는 것도 주목할 만한 점이다.

네 번째 과업인 에리만토스의 멧돼지를 잡는 일도 멧돼지로 상징

〈히드라를 죽인 헤라클레스〉
주세페 캄마라노 | 19세기경 | 루브르 박물관 소장

되는 광포함과 난폭함을 길들여야 한다는 것을 의미한다.

두 번째 과업은 레르네에 살고 있는 히드라를 없애는 일이었다. 히드라는 머리를 자를 때마다 그 자리에 머리가 두 개로 불어나는 괴물이다. 헤라클레스는 히드라의 머리를 잘라내고 그 잘린 자리를 불로 지져 버린다. 하지만 절대로 죽지 않는 한 개의 머리가 문제였다. 그래서 그는 이 머리를 커다란 바위로 눌러 놓는다. 이는 과업의 절반만 성공한 것이다. 여기서 바위 밑에 묻어 놓은 머리는 무의식에 존재하는 욕망을 일시적으로 억압해 놓았을 뿐이라는 것을 암시한다. 결국 이 히드라가 흘린 핏속에 들어 있는 독으로 인해 헤라클레스 자신이 죽고 만다. 억압된 욕망은 언젠가는 다시 고개를 들어 문제를 일으킨다는 것이다.

세 번째 과업은 황금뿔을 가진 케리네이아의 암사슴을 붙잡아 오는 것이었는데, 여기서 황금뿔은 남성적인 가치를 상징한다. 이것은 여성을 상징하는 암사슴에 존재하고 있다. 즉, 남성적인 원리와 여성적인 원리가 조화를 이루어야 한다는 것을 의미한다. 그래서 이 사슴의 생포는 헤라클레스가 남성적인 원리와 여성적인 원리의 조화를 체득해야 한다는 것을 상징한다.

다섯 번째 과업은 아우게이아스의 축사를 청소하는 일이었다. 수십 년 동안 쌓인 배설물을 청소한다는 것은 인간 안에 존재하는 본능적인 측면을 돌아봐야 한다는 것을 의미한다. 축사에 배설물이 지나치게 쌓이게 되면 소가 더 이상 축사에서 살기 어렵다.

그런데 축사의 배설물을 오랫동안 청소하지 않은 이유는 무엇일까? 우리는 대개 배설물을 더럽다고 생각한다. 배설물은 아무짝에도 쓸모가 없어 보이지만, 사실 피폐한 땅을 옥토로 만들 수 있는 잠재성을 갖고 있다. 이는 우리가 너무 의식만을 추구하지 말고 본능에도 관심을 둬야 한다는 것이다.

여섯 번째 과업은 스팀팔로스의 괴조를 죽이는 것이었다. 스팀팔로스의 괴조가 상징하는 것은 부정적인 콤플렉스를 의미한다. 이 부정적인 콤플렉스는 자유롭게 날아오르는 새처럼 시도 때도 없이 인간의 무의식에서 고개를 들고 의식을 괴롭힌다. 자기 자신에 대한 회의나 부정적인 비판 등이 여기에 해당된다. 이런 부정적인 콤플렉스는 맞대응해 줘야 없어지는 경우가 많다.

헤라클레스는 히드라의 독이 묻은 화살로 날아오르는 괴조를 쏘아 맞추기 전에 커다란 소음을 일으켜서 새들을 날아오르게 했다. 마찬가지로 자신이 다른 사람보다 열등하다는 생각이나 자신에 대한 무가치감이 들 때마다 어떤 점이 모자라고 열등한지 정확하게 분석해 볼 필요가 있다. 이렇게 분석을 하다 보면, 부정적인 면은 누구에게나 있다는 보편성을 인식할 수 있고, 별것 아니라는 생각이 들게 된다. 사실 자기 자신에 대한 콤플렉스는 대개 근거가 없고, 불필요하게 확대되어 있는 경우가 많다. 그러므로 콤플렉스와 같은 부정적인 감정은 오히려 내면의 소음을 일으켜 잠재울 필요가 있다.

일곱 번째 과업은 크레타 섬에 살고 있는 황소를 잡아오는 것이었다.

스페인의 투우를 보면 알 수 있듯이, 황소는 붉은 망토를 향해 앞뒤 가리지 않고 뛰어드는 무모함을 갖고 있다. 이런 일방적이고 경직된 공격성은 춤을 추듯이 황소의 힘을 빼는 투우사에게는 당하지 못한다. 유연함이 강함을 이기는 원리라 할 수 있다. 헤라클레스도 무조건 상대방에게 돌진하고 적을 쳐부수려고만 할 뿐 생각의 유연성이 모자라는 인물이다. 따라서 헤라클레스는 이런 일방적인 남성성을 의식화하는 과정을 거칠 필요가 있었다.

여덟 번째 과업은 인간의 고기를 먹는 디오메데스의 말을 붙잡는 것이었다. 인간의 고기를 먹는 말은 의식을 잡아먹으려는 무의식의 측면을 상징한다. 말이 원래 풀을 먹어야 함에도 인간의 고기를 먹는다는 것은 이 말이 비정상적인 상태에 놓여 있음을 의미한다. 말은 원래 무의식이 갖고 있는 역동성과 이동성을 의미한다. 하지만 디오메데스의 말은 인간을 태우고 이동하는 것이 아니라, 도리어 자신의 주인이 되는 인간을 잡아먹는 변태적인 성향을 띠고 있다.

이는 마치 '자가면역질환'과 비슷하다. 인간을 괴롭히는 만성질환 중에 자가면역질환이라는 것이 있다. 원래 인간의 면역체계는 외부에서 침입하는 바이러스나 박테리아 등을 제거하는 임무를 띠고 있는데, 만약 면역체계에 이상이 생기면 자신의 몸을 외부에서 들어온 침입자로 잘못 인식해 자신의 몸을 공격하게 된다.

마찬가지로 인간이 부려야 하는 말이 도리어 인간을 잡아먹는다는 것은 무의식이 의식을 사로잡아 버리는 비정상적인 상황을 뜻한다. 이런 예로는 정신병을 들 수 있다. 무의식의 힘이 너무 비대해지게 되면 의식을 사로잡아 현실감이 없어지고, 자기세계에 빠져들고 만다. 이런 상태가 되면 몽상과 망상, 환각에 시달리게 되어 환각이 현실이 되고, 현실은 비현실로 바뀌고 만다.

따라서 이런 무의식의 위험한 측면을 상징하는 디오메데스의 말을 사로잡아야 헤라클레스는 자신의 광기에서 벗어날 수 있는 것이다.

아홉 번째 과업은 아마존족의 여왕인 히폴리테의 허리띠를 가져 오는 것이었다.

아마존족은 '가슴이 없는 자a-mazos'라는 의미를 갖고 있다. 이들 은 남자아이가 태어나면 죽이거나 불구로 만들었는데, 이는 잔인하 고 폭력적인 모성상을 의미한다. 게다가 아마존의 여왕인 히폴리테 가 갖고 있는 허리띠는 사실 전쟁의 신인 아레스Ares*가 선물한 것이 다. 히폴리테가 이 허리띠를 갖고 있다는 것은 모성이 남성적인 특 성인 폭력성에 집착하고 있음을 의미한다. 이런 폭력성은 남자아이 에 대한 무자비한 폭력과 잔혹한 간섭(남자아이의 운명을 집에서 허드렛일 이나 하는 역할에 한정)으로 드러나게 된다. 특히 심약한 남성의 경우 어 머니의 힘에 짓눌려 아무것도 하지 못하고 마마보이로 평생을 보내 는 경우가 많다.

따라서 헤라클레스가 히폴리테의 허리띠를 찾아오는 일은 이런 잔인한 모성에 갇힌 남성성을 구원하기 위한 것이다.

열 번째 과업은 게리온이 키우고 있는 소를 데려오는 것이었는데, 그 소가 있는 곳은 서쪽 끝에 위치하고 있다. 그는 소를 데려오는 과 정에서 많은 나라를 정복하고 식민지로 만든다. 그리고 이 난폭한 소를 잘 길들여서 데려온다. 이는 아직 분화되지 못한 무의식의 문명 화라고 볼 수 있다. 무의식은 분화 되지 않은 상태에서는 길들여지지 않은 짐승처럼 자기 멋대로 날뛰는

* **아레스** 그리스 신화에 나오는 전쟁 의 신. 제우스와 헤라의 아들로, 올림 포스 12신 중의 한 명. 아레스는 호전 적이고 파괴적 성격이었으나 번듯한 외모를 갖고 있어 아프로디테의 사랑 을 받는다.

성향을 갖고 있다. 헤라클레스는 소를 길들이는 과정을 통해 자신 안에 잠재되어 있는 조절되지 않는 부분을 길들이고 자기 것으로 만들어 문명화된 영웅으로 거듭난다는 의미를 담고 있다.

열한 번째 과업은 가장 어려운 일이었다. 하늘을 떠받치고 있는 아틀라스의 딸들인 헤스페리데스가 지키고 있는 황금사과를 가져 오는 일이었다. 헤스페리데스의 황금사과는 용이 지키고 있다. 여기 서 떠오르는 비슷한 이야기가 있는데, 바로 에덴동산 이야기다. 에 덴동산에서 선악과를 지키고 있는 것은 뱀이다.

이러한 낙원의 이미지는 인간의 전체성Totality**을 상징한다. 우리 마음의 전체성을 회복하기 위해서는 세상의 무게를 짊어지는 것을 감당해야 한다는 것이다. 즉, 맡고 싶지 않고 너무 무거워서 감당하 기 어려운 하늘처럼 자신 안에 존재하는 콤플렉스에 접근해야 마음 의 전체성을 회복할 수 있다는 의미다. 그래서 헤라클레스는 아틀라 스를 대신해서 기꺼이 하늘을 떠받치고 있는 임무를 감당한다.

마지막 열두 번째 과제는 지하세계에서 케르베로스의 개를 데려 오는 것이었다. 이것은 열한 번째 임무와 대비되고 있다. 헤스페리 데스의 황금사과가 낙원을 상징한다면, 케르베로스가 살고 있는 곳 은 저승을 상징한다. 헤스페리데스의 사과를 가져오는 것은 마음의 전체성을 회복하기 위해 황금사과로 상징되는 밝은 면을 부각시켜 야 한다는 의미이지만, 케르베로 스의 개를 데려오는 것은 무의식 에 숨어 있는 어두운 측면과 직면 해야 함을 뜻한다.

** **전체성** 여러 사물이 합쳐졌을 때 하나의 유기적인 체계를 이루고 있는 성질을 말한다.

우리가 보고 싶지 않고 건드리고 싶지 않은 자신의 추한 욕망, 탐욕, 의심, 질투 등을 인정하지 않고는 완전성perfection에 도달할 수 없다. 또한 이러한 어두운 측면을 인정해야 우리는 그것에 지배당하지 않고 조종할 수 있는 것이다.

그러나 헤라클레스는 자신의 시중을 들던 소년을 때려죽이는 바람에 열두 가지 과제 이외에 리디아의 여왕인 옴팔레 밑에 들어가 3년 동안 시중을 드는 과제를 수행하게 된다.

여기서 그는 우스꽝스러운 벌을 받는다. 즉, 여자들이 입는 옷을 입고, 바느질과 실을 잣는 것을 배우는 것이다. 이는 과다한 남성성을 중화하기 위해서 헤라클레스 안에 존재하는 여성적인 면(아니마)을 부추기고 확장하는 것을 의미한다. 이것이 바로 동양에서 말하는 '음과 양의 조화'다. 헤라클레스는 지나치게 양이 발달한 사람이다. 그러다 보니 지나치게 다혈질적이고, 성질이 매우 조급하다. 그래서 헤라클레스의 내면에 음으로 상징되는 여성적인 특성을 활성화해야 음양의 조화가 이루어질 수 있는 것이다.

이제 헤라클레스의 최후를 살펴보자.

헤라클레스는 아내가 몰래 바른 히드라의 독이 퍼진 네소스의 피가 묻은 옷을 입은 결과 최후를 맞는다. 히드라를 처단할 때 절대 죽지 않는 머리를 바위에 눌러 두었는데, 이 죽지 않은 히드라의 머리는 바로 무의식에 존재하는 욕망을 의미한다. 그는 히드라를 완전히 죽이지 못하고 임시방편의 처방만 내린 것이다. 이는 욕망을 제대로 의식화하지 못하고 일시적으로 억압했을 때 그것이 어느 순간 고개를 쳐들고 만다는 것을 의미한다.

그런데 여기서 재미있는 점은 욕망은 사슬처럼 연결되어 있다는 것이다. 켄타우로스족인 네소스는 데이아네이라를 강간하려는 욕망을 갖고 있고, 헤라클레스는 새로 알게 된 여인인 이올레에게 반한다. 데이아네이라는 헤라클레스를 영원히 소유하고 싶은 욕망 때문에 네소스의 피를 이용하는데, 네소스는 히드라의 독이 묻은 헤라클레스의 화살을 맞았기 때문에 히드라의 독에 감염되어 있었다. 이런 욕망의 사슬로 인해 헤라클레스는 최후를 맞게 되는 것이다.

그리고 그는 장작불에 누워 자신의 몸을 불태우게 된다. 즉, 승화되지 않은 욕망을 불에 태움으로써 그의 욕망은 정화된다. 이렇게 함으로써 그의 개성화 과정은 끝나게 된다. 마지막에 의식화하고 조절되어야 하는 것은 바로 인간의 욕망인 것이다.

그런데 한 가지 주목할 점은 헤라클레스의 욕망이 승화될 수 있었던 것은 그의 몸에 독이 퍼져 모든 것을 체념할 때였다. 그리고 기꺼이 장작에 올라 담담하게 죽음을 맞이할 때에야 비로소 욕망을 조절할 수 있는 계기가 마련되었다.

이를 통해 욕망을 정복하는 방법은 단순하다는 사실을 알 수 있다. 어깨에 힘을 빼고 운명을 받아들이자 오히려 욕망을 다스릴 수 있게 된 것이다. 욕망을 정복한 것은 결코 그의 억센 힘과 용기가 아니었다. 그것은 그의 힘이 다했을 때 저절로 이루어졌다.

여기에는 다음과 같은 인생의 진리가 담겨 있다.

"죽은 것이 산 것이고, 산 것이 죽은 것이며, 이긴 것이 진 것이고, 진 것이 이긴 것이다."

제8장

테세우스와
반복되는 근친살인

영웅심과 권력욕

Heroism and
The Desire for power

자신을 낳아준 아버지를 고발하는 아들의 심정을 여러분은 헤아릴 수 있으신가요?

많은 분이 아버지의 잘못을 비난하고 떠들어 대는 저를 패륜아라고 생각하실 겁니다. 자식 된 도리라면 아버지가 어떤 잘못을 하더라도 마땅히 그 허물을 덮어 주는 것이겠지요. 하지만 그것은 평범한 아버지를 둔 자식의 경우에만 해당되는 것인지도 모르겠습니다.

라비린토스라는 미로에서 황소의 머리를 한 미노타우로스를 죽여 일약 영웅이 되었고, 후에는 아테네의 융성을 이끈 유능한 지도자의 아들로서 제게는 아버지의 허물을 덮어 주는 것이 쉬운 일이 아니었습니다.

나무가 너무 크다 보면 그늘도 그만큼 짙게 드리우듯이, 저는 아버지를 영웅으로 둔 까닭에 테세우스의 아들로 불리었을 뿐 히폴리토스Hippolytos라는 제 이름은 그냥 묻혀 버렸습니다.

게다가 아버지가 계모인 파이드라Phaedra와 결혼을 하면서 저는 아버지와 함께 지낼 수도 없었습니다. 저는 아테네에서 멀리 떨어진 트로이젠에서 사색과 사냥이나 하면서 아버지를 그리며 어린 시절을 보낼 수밖에 없었습니다.

저의 생모는 아마존족인 안티오페Antiope입니다. 아버지 테세우스가 아마존족을 정벌하러 갔다가 어머니 안티오페와 사랑에 빠졌고, 어머니는 사랑에 눈이 멀어 자신의 종족을 떠나 무작정 아버지를 따라 아테네로 왔습니다. 그리고 제가 태어나게 되었죠. 그러나 아마존족들은 제 어머니가 아버지에게 납치당한 것으로 여겨 아테네로 쳐들어오게 됩니다. 결국 어머니는 아버지 옆에서 아마존족과 싸우다가 전사하고 맙니다. 생모마저 잃었으니 저는 항상 수줍음이 많고 내성적인 성격을 가질 수밖에 없었습니다.

이렇게 어린 시절을 어머니와 아버지를 그리워하면서 보낸 것도 억울한데, 아버지는 제 말을 믿어 주지 않았습니다.

문제는 계모인 파이드라였습니다. 그녀는 겨우 사춘기를 넘긴 저를 노골적으로 유혹했고, 저는 아버지의 아내이자 새어머니가 되는 파이드라의 요구를 들어줄 수 없었습니다. 그러나 그녀는 제게 집요하게 구애를 했고, 저는 너무 화가 난 나머지 그녀의 자존심을 건드리는 말을 하고 말았습니다.

"당신이 비록 새어머니이기는 하지만 분명 내 어머니입니다. 어떻게 자신이 낳지 않았다고 아들을 유혹할 수 있단 말입니까? 썩 물러가세요. 나는 아테네의 영웅인 테세우스의 아들입니다. 당신의 뱀 같은 혀에 놀아날 내가 아니란 말입니다. 곧 아버지가 먼 여행에서 돌아오시면 당신의 행실을 낱낱이 고할 것입니다."

파이드라는 음탕하기도 하지만 용의주도한 여자였습니다. 그녀는 자신의 잘못이 탄로 날까 두려워 목을 매 죽고 말았던 것입니다.

그런데 문제는 그 뻔뻔한 여자가 제가 자신을 능욕하는 바람에 굴욕감을 느껴 자살했다는 거짓 유서를 남긴 것입니다. 그러나 더 큰 문제는 제 아버지 테세우스는 파이드라의 유서만 믿을 뿐 아들의 말은 믿지 않은 것입니다.

저도 억울함을 벗기 위해 아버지 앞에서 자결을 하려는 생각도 했지만, 후일을 기약하고 아버지 곁을 떠나 도망쳤습니다. 하지만 아버지는 저에게 저주를 내렸고, 결국 저는 포세이돈이 보낸 괴물 때문에 죽고 말았습니다.

이렇게 억울한 일이 어디 있습니까? 친자식을 믿지 못하고 새로 얻은 음탕한 어린 아내의 말을 믿다니 말입니다.

하지만 곰곰이 생각해 본 결과 아버지는 저뿐만 아니라 제 친할아버지인 아이게우스Aegeus도 죽음으로 몰고 갔다는 심증을 갖게 되었습니다.

사람들은 아버지가 미노타우로스를 죽이고 너무 지친 나머지 실수로 흰 돛으로 바꿔 다는 것을 잊었다고 믿고 있습니다. 그러나 분명 그렇지 않을 것입니다. 아버지 테세우스는 할아버지를 죽일 의도가 있었던 것입니다.

제 아버지 테세우스가 누구입니까? 아테네의 변방지역을 아테네에 편입시키고 의회를 만들어 중앙집권적인 국가를 세운 인물입니다. 헤라클레스와 달리 아버지는 지혜와 꾀가 많은 인물로 알려져 있습니다. 그런 치밀한 성격을 가진 아버지가 돛을 바꿔다는 실수를 할 리가 없습니다.

제 아버지 테세우스는 사실 자신의 친족을 두 명이나 죽인 자입니다. 살인의 방법이 너무나 자연스럽고 교묘해서 아테네 시민들도 눈치채지 못했을 뿐만 아니라 그는 여전히 아테네 최고의 영웅으로 추앙받고 있습니다.

그럼 테세우스가 왜 자신의 아버지와 아들을 죽였는지 이제부터 자세하게 알려 드리겠습니다. 그러면 제가 아버지의 허물을 만천하에 드러내는 이유를 여러분은 이해하시게 될 것입니다.

사실 진실이 밝혀진다고 한들 제 억울함이 얼마나 덜어질 수 있겠습니까? 그래도 저는 조금은 편하게 눈을 감을 수 있을 것 같아 이렇게 구차한 이야기를 털어놓습니다.

친부 아테네의 왕 아이게우스를 찾아나선 테세우스

아테네의 왕 아이게우스는 두 번이나 결혼을 했지만 자식을 얻지 못했다. 하지만 문제는 자식이 없는 것이 아니라 자신의 왕위를 물려줄 후계자가 없다는 것이었다. 아이게우스에게는 팔라스라는 이복동생이 있었는데 그에게는 오십 명이나 되는 아들들이 있었다. 그들은 호시탐탐 아테네의 왕위를 넘보고 있었다.

"대체 내가 무슨 죄를 지었길래 이리도 자식 운이 없단 말인가? 혹시 모르니 델포이의 신탁을 찾아가 물어보는 수밖에 없겠군."

그래서 아이게우스는 델포이의 신탁을 찾아갔다. 신탁의 무녀는 일쏭달쏭한 신탁을 내려 주었다.

"아테네에 도착할 때까지 절대로 포도주가 담긴 가죽 부대의 마개를 열지 마시오."

아이게우스는 이 수수께끼 같은 신탁의 뜻을 알지 못해 도리어 더 고민에 빠지게 되었다. 그래서 친구인 트로이젠의 왕 피테우스 Pittheus에게 신탁의 뜻을 물으러 갔다. 피테우스 왕은 그에게 이렇게 말해 주었다.

"신탁의 뜻이야 정확히 아는 사람이 누가 있는가? 일단 자식을 얻지 못한다는 말은 없으니 안심하게. 어쨌거나 먼 길을 오느라 수고가 많았으니 스파이리아 섬에 가서 휴식이나 취하다 가게나."

사실 피테우스는 신탁의 의미가 아이게우스가 자식을 낳으면 아테네의 왕이 될 거라는 뜻임을 알고 있었다. 그러나 아이게우스에게 신탁의 뜻을 알려 주지 않았던 이유는 자신의 후손을 아테네의 왕으로 만들고 싶었기 때문이다. 그러고는 아이게우스를 스파이리아 섬에 데리고 가 포도주를 실컷 먹게 해서 취하게 하고는 자신의 딸인 아이트라Aithra와 하룻밤을 보내게 했다.

피테우스의 계략대로 아이트라는 곧 임신을 하게 되었고, 아이게우스도 그 사실을 알게 되었다. 하지만 그는 왕의 자리를 노리고 있는 동생인 팔라스 때문에 트로이젠에 오래 머물지 못하고 아테네로 떠날 수밖에 없었다. 그는 떠나기 전 아내인 아이트라에게 이렇게 당부했다.

"저기 궁전의 뜰에 있는 커다란 바위를 보시오. 그 바위 밑에 내 칼과 신발을 묻어 둘 터이니, 만약 사내아이가 태어나면 성인이 되거든 그 칼과 신발을 갖고 아테네로 찾아오라고 하시오. 나는 그 증표를 보고 내 아들임을 확인할 것이오."

아이게우스는 말을 마치자마자 커다란 바위를 번쩍 들어 올려 자신의 칼과 신발을 두고 바위를 제자리에 내려놓았다.

이후 테세우스가 태어났고, 그는 다른 아이들을 능가할 정도로 힘이 세고 잘생긴 청년으로 자랐다. 테세우스의 어머니 아이트라는 아들이 아버지를 만나러 갈 때가 되었다고 생각해 그에게 사실을 알려 주었다.

"아들아, 이제 네 출생의 비밀을 알려 주마. 너는 아테네의 왕인 아이게우스의 아들이란다. 그 증표가 저 큰 바위 밑에 있단다."

그동안 아버지 없는 아이라고 놀림을 받으며 자랐던 테세우스는 이 사실에 놀라지 않을 수 없었다.

"제가 아테네 왕의 아들이라고요? 정말 믿을 수가 없어요."

그는 곧바로 바위를 들어 보았다. 그러자 그 밑에 정말로 아이게우스 왕의 칼과 신발이 놓여 있어 그것을 꺼냈다. 그는 이 징표들을 들고 아버지를 만나러 가기 위한 여정에 올랐다.

외할아버지 피테우스는 손자가 무사히 아테네에 도착할 수 있도록 배를 마련해 주었다. 바닷길로 가는 것이 더 빠를 뿐 아니라 육로에는 너무나 많은 위험이 도사리고 있었기 때문이다. 하지만 테세우스는 한사코 배를 타고 가는 것을 거절하고 육로를 선택했다.

"저는 아테네의 왕인 아이게우스의 아들입니다. 강도나 도적떼가 무서워 배를 탄다는 것은 아버지의 이름을 더럽히는 것입니다. 게다가 저는 무고하게 희생당하고 있는 시민들을 그대로 지켜볼 수만은 없습니다."

그는 자신의 굳센 의지를 보여 주고는 살로니카 만을 우회하는 어려운 길을 선택했다. 그는 자신의 힘을 시험해 보고 싶은 혈기 왕성한 청년이었다. 그가 아테네로 향하던 중 처음 만난 악당은 페리페테스Peripetes였다. 페리페테스는 대장장이의 신인 헤파이스토스의 아들로 커다란 곤봉으로 지나가는 사람들을 때려죽이는 것으로 악명을 떨치고 있었다.

'곤봉의 사나이'란 별명을 가진 페리페테스는 숲 속에 숨어 있다 테세우스가 지나가는 것을 보고는 달려들어 곤봉으로 내리치려 했다. 이때 테세우스가 재빨리 페리페테스의 곤봉을 빼앗아 그가 다른 사람을 죽인 방법 그대로 그를 때려죽였다. 그 후 테세우스는 페리페테스의 곤봉을 언제나 지니고 다녔는데, 네메아의 사자가죽이 헤라클레스의 상징이 된 것처럼 이 곤봉이 테세우스의 상징이 되었다.

다음에 만난 악당은 시네스Sines라는 자였다. 그는 '소나무를 휘게 하는 자'라는 별명을 갖고 있었다. 시네스는 지나가는 나그네를 붙잡아 소나무 두 그루를 휘어 그 사이에 사지를 묶고는 소나무에 묶은 끈을 잘라 사지를 찢어죽이곤 했다. 시네스는 지나가던 테세우스를 발견하고 그가 범상한 인물이 아니라는 것을 직감하고는 처음부터 싸움을 걸지 않고 꾀를 내서 그를 죽이려 했다.

"이봐 지나가는 젊은이, 나를 좀 도와줄 수 있겠나? 이 소나무를 휘어서 땅에다 묶어 놓아야 하는데, 자네 힘이 필요하네."

시네스는 테세우스가 자신의 정체를 모르는 줄 알고 자신을 도와

줄 때 그를 얼른 때려눕혀 소나무에 묶을 생각이었다. 하지만 테세우스는 시네스를 단번에 알아보고는 그와 결투를 벌였다. 결국 시네스는 자신이 나그네들에게 했던 방법대로 소나무에 묶인 뒤 사지가 찢겨 죽었다.

테세우스는 가던 길을 재촉해 스키론 바위라 불리는 절벽에 이르렀다. 이곳에는 스키론이라는 악당이 살고 있었는데, 그는 지나가는 행인의 물건을 모두 빼앗은 뒤 자신의 발을 씻게 하고는 상대를 걷어차 절벽 밑으로 떨어뜨려 그 밑에 살고 있는 큰 거북이의 먹이가 되게 했다. 테세우스는 처음에는 스키론이 자신의 물건을 빼앗는 것을 내버려 두었다. 스키론이 거북이 밥으로 만들기 위해 자신의 발을 씻으라고 명령을 내리자 테세우스는 스키론의 발을 씻는 척하다가 그의 다리를 잡아 버랑에서 떨어뜨려 거북이의 밥이 되게 했다.

바로 이것이 헤라클레스와 테세우스가 다른 점이다. 만약 헤라클레스였다면 그는 스키론이 자신의 물건을 빼앗는 것을 지켜보지 않고 무조건 때려죽였을 것이다. 그러나 테세우스는 꾀를 내어 스키론을 안심시킨 뒤 그를 제거한 것이다. 이처럼 테세우스는 헤라클레스에 비해 참을성과 지혜를 발휘하는 영웅이었다.

다음으로 테세우스는 곡식의 신인 데메테르와 저승의 신 하데스의 아내인 페르세포네를 모시는 성지 엘레우시스에 도착했다. 이곳에는 케르키온Kerkyon이란 악당이 버티고 있었다. 그는 레슬링의 명수로 지나가는 사람을 번쩍 들었다 내팽개쳐 죽이곤 했다. 테세우스는 어린 시절 레슬링을 배웠던 터라 케르키온을 번쩍 들어올린 뒤 땅에 내팽개쳐 죽였다.

마지막으로 테세우스가 맞닥뜨린 악당은 그 유명한 프로크루스테스Procrustes였다. 이 자는 나그네를 꾀어 자신의 집으로 데려가서 자신의 침대에 묶은 뒤 침대의 길이보다 짧은 사람은 몸을 잡아당겨 죽이고, 침대보다 더 큰 사람은 침대 사이즈에 맞게 머리나 다리를 잘라 죽이는 엽기적인 악당이었다. 테세우스를 만난 프로크루스테스는 결국 자신이 침대에 묶이는 신세가 되어 죽고 말았다.

이렇게 육로 곳곳에서 자리를 잡고 지나가는 선량한 시민들을 괴롭히고 죽이던 악당들을 하나씩 물리칠 때마다 테세우스의 명성은 아테네에서 날로 높아져 갔다. 그래서 그가 아테네에 입성했을 때 아테네를 이끌어 갈 새로운 영웅으로 추앙받게 되었고, 그가 지나갈 때마다 아테네 시민들은 그에게 경의를 표했다.

아테네의 왕이었던 아이게우스는 혜성처럼 나타난 새로운 영웅을 무시할 수 없어 테세우스를 왕궁의 연회에 초대했다. 하지만 이 연회는 그를 치하하기 위한 것이 아니라 그를 죽이기 위한 것이었다. 사실 아이게우스는 새로 나타난 영웅에게 자신의 왕좌를 빼앗길까봐 걱정하고 있었다. 이때 아이게우스는 세 번째 아내인 메데이아Medeia*가 해 준 조언으로 테세우스를 죽이기로 생각을 굳혔다.

메데이아는 원래 마법사였으며, 질투심이 많은 여성이었다. 메데이아는 테세우스가 아이게우스 왕의 아들이라는 것을 이미 꿰뚫고

* **메데이아** 그리스 신화에 나오는 헬리오스의 아들인 콜키스의 왕 아이에테스의 딸. 마법의 능력을 지니고 있다. 콜키스에 황금양털을 찾으러 온 이아손을 사랑해 그가 관문을 통과하도록 모든 것을 도와준 후 함께 도망쳤다. 그러나 나중에 이아손이 자신을 버리고 그라우케와 결혼하려 하자 이아손과의 사이에서 난 자식들과 그라우케를 죽이고 아테네로 도망쳤다.

있었다. 만약 테세우스가 아이게우스 왕의 아들이라는 사실이 밝혀지면 자신과 아이게우스 사이에서 태어난 메도스Medos가 왕위를 이어받지 못하게 될 것을 염려해 계략을 꾸몄다.

"여보, 당신도 아테네 시민들이 열렬히 칭송하는 테세우스란 젊은이에 대한 소문을 들은 적이 있죠? 테세우스란 자는 당신의 왕위를 찬탈하고도 남을 자입니다. 제가 마법사이며 예언의 능력을 갖고 있다는 것은 당신도 아시죠? 제 말을 믿으세요. 그자를 제거해야 당신은 왕좌를 지킬 수 있어요. 그래서 제게 생각이 있어요. 그자를 왕궁의 연회에 초대해서 독배를 마시게 하면 만사가 해결될 수 있어요. 사람들은 그자가 여러 명의 악당을 처치하느라 지쳐 있다가 긴장이 풀리는 바람에 죽은 것으로 생각할 겁니다."

메데이아는 이렇게 아이게우스를 설득했고, 아이게우스도 그녀의 계획에 동의했다.

테세우스는 자신이 죽을지도 모른다는 생각은 눈곱만큼도 하지 못한 채 아버지를 만날 수 있다는 기쁨에 들떠 만찬장에 도착했다.

연회가 시작되자 테세우스의 앞에는 독이 든 술잔이 놓였다. 아이게우스는 새로운 영웅을 칭송하면서 모두 건배를 들자고 제의했다. 그 순간 아이게우스는 테세우스의 고기 접시 옆에 놓여 있던 칼을 발견하게 되었다. 테세우스는 자신이 아이게우스의 아들이라는 사실을 알리고 싶어 아버지가 증표로 남겨 놓았던 칼로 고기를 썰어 먹고 있었던 것이다.

테세우스가 독배를 들어 입으로 가져갈 때 아이게우스가 황급히 독배를 쳐서 떨어뜨려 아들의 목숨을 구했다.

"네가 내 아들이구나. 이렇게 훌륭하게 자라다니. 게다가 그 험한 길을 오면서 악당을 물리친 영웅이 내 아들이라니, 너무나 잘 커 주었구나."

아이게우스 왕이 자신을 아들로 알아보는 것에 감격한 테세우스는 아이게우스 왕의 손을 잡고 감격의 눈물을 흘렸다.

메데이아는 자신의 계략이 드러나자 아들 메도스와 황급히 만찬장을 빠져나와 고향인 콜키스로 도망쳤다.

이제 테세우스는 아테네의 정식 후계자로 인정받게 되었고, 아테네 시민들도 새로운 영웅이 왕의 아들이라는 사실에 더욱 기뻐했다.

테세우스의 영웅으로서의 파란만장한 여정과 삶

테세우스가 아테네에 도착하기 전에 아테네에는 끔찍한 일이 벌어지고 있었다.

아테네와 이웃한 크레타 섬에는 강력한 통치자인 미노스Minos* 왕이 있었다. 그에게는 애지중지하는 외아들 안드로게오스Androgeus가 있었다. 그런데 어느 날 아테네로 갔던 그의 아들 안드로게오스가 아테네에서 비명횡사하고 말았다.

> **• 미노스** 그리스 신화에 나오는 크레타 섬의 왕. 제우스와 에우로페의 아들. 괴물 미노타우로스를 미로 라비린토스에 가두고 아테네에서 보내지는 14명의 청년과 처녀를 먹이로 주었다. 아네테의 왕자 테세우스가 이 괴물을 처치했다. 최고의 해군의 조직자로서 해적을 평정해 에게 해 전역을 지배했으며, 크레타 섬에 법을 제정하고 선정을 베풀어 사후 저승의 재판관이 되었다는 전설도 전해진다.

그 당시 아테네에는 미친 황소가 사람을 해치며 돌아다니고 있었다. 그래서 아테네에서 이 황소를 죽이기 위해 원정대를 보냈는데 아이게우스 왕이 실수로 안드로게오스를 원정대에 합류시켰다. 안드로게오스는 자신만만하게 자신이 황소를 죽이겠다고 호언했지만, 오히려 황소에게 받혀 죽고 말았다.

이 일로 인해 아네테와 크레타 간에는 긴장이 고조되었고, 화가 난 미노스 왕이 아테네에 쳐들어와 사람들을 포로로 잡고 9년에 한 번씩 일곱 명의 청년과 일곱 명의 처녀들을 공물로 보내라는 명령을 내리고 철수했다. 이 지시를 따르지 않을 경우 미노스의 군대가 아테네를 쑥대밭으로 만들 것이 자명했으므로 아이게우스 왕은 9년마다 희생자들을 미노스 왕에게 바쳐야 했다.

희생자들은 크레타 섬에 있는 크노소스 궁전의 미로인 라비린토스에 살고 있는 미노타우로스의 제물로 바쳐졌다. 미노타우로스는 반은 황소이고 반은 사람인데, 태어난 사연이 흥미롭다.

미노스 왕은 원래 욕심이 많은 사람이었다. 바다의 신인 포세이돈이 왕위의 징표로 잘생긴 황소를 미노스 왕에게 보내주면서 자신에게 제물로 바치라고 했다. 하지만 미노스 왕은 차일피일 미루다 결국 자신이 황소를 소유했다. 이에 화가 난 포세이돈은 미노스 왕의 아내인 파시파에가 황소를 사랑하게 만들었다. 황소와 사랑에 빠진 파시파에는 유명한 발명가이자 라비린토스를 만든 다이달로스Daedalos˙에게 황소와 사랑의 결합을 할 수 있는 장치를 만들어 달라고 사정했다. 다이달로스는 나무로 아름다운 암소의 형상을 만들고 그 안에 파시파에가 들어갈 수 있게 설계했다. 파시파에는 이 장치를 통해 황소와 관계를 가졌고, 이후 미노타우로스가 태어난 것이다.

미노스 왕은 자신의 욕심의 결과로 태어난 미노타우로스를 죽일 수도 그렇다고 살릴 수도 없어 다이달로스로 하여금 미로를 만들게 해서 그 안에 미노타우로스를 가두었다. 그리고 아테네의 젊은 남자와 여자를 9년에 한 번씩 먹잇감으로 던져 주었던 것이다.

또 다른 9년째가 되자 아테네에서는 민심이 흉흉해지기 시작했다. 이번에는 어느 집 자식이 미노타우로스의 희생자가 될지 자식을 가진 부모는 모두 걱정에 휩싸였다. 이때 테세우스는 아이게우스의 만류에도 불구하고 자신이 크레타 섬에 가는 일곱 청년 중의 한 명이 되겠다고 선언했다. 아이게우스는 어쩔 수 없이 아들을 떠나보내며 이렇게 당부했다.

"아들아, 너를 사지에 몰아넣은 내 운명이 몹시 원망스럽구나. 하지만 네가 이미 아테네 시민들에게 선언하고 말았으니 이제 그 말을 주워 담을 방법은 없구나. 단지 아비의 소원이라면 만약 네가 살아서 돌아온다면 네가 탄 배의 검은 돛을 흰 돛으로 바꿔 달도록 해라. 그래야 네가 살았는지 죽었는지 조금이라도 빨리 알 수 있지 않겠느냐. 너를 떠나보내고 내 가슴이 타버려 재가 될지도 모르겠구나. 아무튼 제발 살아서 돌아와다오."

마침내 테세우스는 희생자가 될 다른 청년들 그리고 처녀들과 함께

> • **다이달로스** 그리스 신화에 나오는 명장名匠. 대장간의 신 헤파이스토스의 자손이다. 미노스 왕을 위해 미궁 라비린토스를 지어 주었으나 테세우스가 미궁을 빠져나가도록 알려 준 것이 원인이 되어 아들 이카로스와 함께 라비린토스에 갇히게 된다. 이때 다이달로스가 날개를 만들어 달고 아들과 함께 날아올라 탈출에 성공한다.

배를 타고 크레타 섬에 도착했다.

크레타 섬의 항구에는 9년에 한 번씩 찾아오는 희생자들을 보기 위해 많은 사람이 모여들어 있었다. 거기에는 미노스 왕의 딸인 아리아드네Ariadne도 끼어 있었다. 그녀는 맨 처음으로 배에서 늠름하게 내리는 청년을 보자마자 숨이 멎는 듯한 감정을 느꼈다. 다른 희생자들은 이미 죽음을 예감한 듯 풀이 죽어 고개를 숙인 채 느릿느릿하게 배에서 내렸지만, 그 청년은 자신감에 찬 표정으로 크레타 섬의 구경꾼들을 둘러보는 여유까지 부리는 것이었다. 그래서 아리아드네는 시종에게 그 청년이 누구인지를 물었고, 그가 아테네의 왕자 테세우스라는 사실을 알게 되었다.

그날 밤 아리아드네는 연정을 이기지 못해 뜬눈으로 밤을 새우며 어떻게 하면 잘생긴 아테네의 왕자를 죽음에서 구해낼 수 있을지 고심했다. 이때 그녀에게 한 가지 좋은 생각이 떠올랐다.

'라비린토스를 만든 이가 다이달로스이니 그만이 라비린토스에서 빠져나오는 방법을 알고 있을 거야. 그래, 다이달로스에게 가서 사정을 해 보자.'

다음 날 아리아드네는 다이달로스를 찾아가 묘책을 듣게 되었다.

"공주님, 라비린토스에 들어갔다가 나오는 것은 그리 어려운 일은 아닙니다. 하지만 그 안에 버티고 있는 미노타우로스를 해치우는 것이 더 큰 문제죠. 공주님이 특별히 부탁하시니 방법은 알려드리겠습니다. 어려운 것은 쉽게 풀라는 말이 있습니다. 실만 준비하면 미로에서 빠져나오는 것은 식은 죽 먹기입니다. 라비린토스에 들어가자마자 문설주에 실을 묶고 그것을 조금씩 풀어 가면서 들어간 뒤 그대로 풀린 실을 감으면서 나오면 되는 거죠. 단, 제가 이 방법을 알려줬다고 아무에게도 말씀하시면 안 됩니다. 그 사실이 알려지면 저는 곧 저승의 왕인 하데스를 만나게 될 처지에 놓일 테니까요."

아리아드네는 아테네에서 온 젊은 청년과 처녀들이 묵고 있는 숙소에 몰래 찾아가 테세우스를 불러냈다. 그리고 다이달로스가 알려준 라비린토스를 빠져나오는 방법을 그대로 말해 주었다. 테세우스는 미노스 왕의 딸이 이렇게까지 자신을 도와준다는 것이 이상해서 그녀에게 물었다.

"크레타와 아테네는 원수지간이나 마찬가지인데 왜 나에게 이런 친절을 베푸는 것이오?"

"저는 단지 억울하게 희생되는 젊은이들을 볼 때마다 안타까워서 도움을 드리려는 것뿐입니다. 실은 제가 당신에게 마음을 뺏겼다는 것이 더 솔직한 심정이겠죠."

아리아드네는 자신의 마음을 털어놓은 것에 부끄러움을 느껴 어둠속으로 총총히 사라졌다.

다음 날 테세우스는 커다란 실타래를 준비하고 미노타우로스가 살고 있는 라비린토스에 한 발 한 발 발을 들여놓았다. 비록 여러 명의 악당을 해치운 영웅 테세우스였지만, 그도 어둠속에서 언제 나타날지 모르는 미노타우로스에 대한 두려움은 떨쳐 버릴 수가 없었다. 그러나 그는 미노타우로스를 반드시 처단해야 아테네에 평화가 찾아온다는 신념으로 미로의 중심으로 걸어들어갔다.

인기척을 느낀 미노타우로스는 먹잇감이 들어왔다는 것에 흥분해 씩씩거리기 시작했다. 미노타우로스의 숨소리가 점점 가까이 들

〈미노타우로스를 죽인 테세우스〉
윌리엄 러셀 플린트 | 1912

려오면서 테세우스의 긴장은 더욱 고조되었다. 드디어 둘은 마주 섰고, 실타래 이외에 아무것도 가진 것이 없던 테세우스는 맨손으로 미노타우로스와 격투를 벌였다.

밀고 밀리는 숨 가쁜 격투 끝에 미노타우로스가 힘이 다해 쓰러지자 테세우스는 미노타우로스의 몸을 타고 앉아 숨통을 끊어 놓았다. 그리고 나서 손에서 놓친 실타래를 찾아 실을 되감으며 미로를 빠져나갔다.

임무를 완수한 테세우스는 다른 일행과 함께 자신이 타고 왔던 배로 돌아가 아테네로 향했다. 테세우스의 일행에는 아버지를 배신하고 미로를 빠져나오는 방법을 알려 주었던 아리아드네도 동승하고 있었다. 이들은 아테네로 돌아가던 중 낙소스 섬에 잠깐 정박하게 되었다. 이때 테세우스는 자신을 도와주었던 아리아드네를 낙소스 섬에 버리고 배를 출발시켰다.

혼자 남겨진 아리아드네는 자신을 버린 테세우스를 원망하며 울고 있었다. 그런데 그때 아리아드네에게 호감을 가졌던 술과 광기의 신인 디오니소스가 나타나 그녀를 자신의 아내로 맞이했다.

아리아드네의 입장에서는 인간보다 신을 신랑으로 맞아들였으니 어쩌면 더 잘된 일일 수도 있다. 하지만 테세우스에게 호의적인 다른 이야기는 뱃멀미를 심하게 했던 아리아드네가 낙소스 섬에 머무는 동안 갑자기 심한 바람이 불어 테세우스가 타고 있던 배가 바다로 떠밀려 가는 바람에 둘이 어쩔 수 없이 헤어지게 되었다고 전한다.

아테네에서는 아이게우스 왕이 매일 항구에 나와 수평선을 바라보며 아들이 무사히 돌아오기만을 기다리고 있었다. 드디어 수평선 너머에 아들이 타고 갔던 배의 돛이 조그맣게 보이기 시작했다. 처음에는 돛이 흰 돛인지 검은 돛인지 구분이 가지 않았지만, 배가 항구에 가까워졌을 때 아이게우스는 깊은 절망에 빠지고 말았다. 배는 검은 돛을 달고 항구로 들어오고 있었던 것이다. 이는 아들인 테세우스가 죽었다는 표시였기 때문이다.

아이게우스는 아무런 말도 없이 천천히 절벽으로 걸어가 바다에 몸을 던져 스스로 목숨을 끊었다. 이때부터 아이게우스가 몸을 던진 바다는 에게Aegean 해로 불렸다.

테세우스 일행은 미노타우로스를 물리치고 무사히 돌아왔다는 기쁨에 들떠 검은 돛을 흰 돛으로 바꿔 다는 것을 그만 잊어버렸던 것이다. 자신의 실수로 인해 아버지가 죽은 슬픔도 잠시뿐, 테세우스는 곧 아테네 왕으로서의 역할을 다해야 했다.

그는 아테네 시민들에게 민주적인 정치를 할 것을 선언하고, 의회를 만들고 공화정을 실시했다. 그 당시 어느 사회보다 앞선 정치제도가 아테네에서 시작된 것이다.

훌륭하게 아테네를 통치하던 영웅 테세우스도 세월은 거스를 수 없어 노년에 이르게 되었다. 그리고 자신이 버렸던 아리아드네의 동생인 파이드라와 결혼을 했다. 그런데 말년의 테세우스에게 이 결혼은 비극의 씨앗을 잉태하고 있었다.

테세우스는 아마존족의 여왕이었던 안티오페와의 사이에 히폴리토스라는 아들을 하나 두었다. 그는 사냥과 달의 여신인 아르테미스를 숭배했고, 그 자신도 사냥을 즐기며 세월을 보내고 있었다.

〈바쿠스(디오니소스)와 아리아드네〉
알레산드로 투르치 | 1630 | 에르미타주 미술관 소장

그는 사랑의 여신인 아프로디테를 별로 좋아하지 않았는데, 남자에게 사랑이란 아무짝에도 쓸모없는 감정놀음이라고 여겼기 때문이다. 아프로디테는 아르테미스만을 숭배하는 히폴리토스를 미워해 그에 대한 복수로 계모인 파이드라가 히폴리토스를 사랑하도록 주술을 걸었다.

사랑의 마법에 빠지게 되면 자신의 체면이나 지위 등은 모두 잊어버리게 된다. 자신이 어머니의 위치에 있음에도 불구하고 파이드라는 히폴리토스를 사랑하는 마음을 억누르지 못하고 그에게 접근했다.

어느 날 테세우스가 출타하고 없던 중에 파이드라는 히폴리토스에게 자신의 사랑의 감정을 털어놓았으나 일언지하에 면박을 당하고 말았다. 그제야 사태의 심각성을 깨달은 파이드라는 테세우스가 이 사실을 알게 되면 자신이 살아남지 못할 거라고 생각했고, 무엇보다 애송이에게 자신의 사랑이 거절당했다는 사실에 너무나 화가 났다. 그래서 파이드라는 자신이 비록 새어머니이기는 하지만 히폴리토스가 자신을 유혹하고 심지어 능욕하려 했다는 유서를 남기고 자살했다.

테세우스는 싸늘하게 식은 파이드라의 시체 곁에 놓인 유서를 읽고 분노가 하늘을 찌를 듯했다. 비록 자신이 나이를 먹기는 했지만 아들이 자신을 얼마나 무시했으면 자신의 아내를 탐했는지 참을 수 없었던 것이다. 그는 바다의 신 포세이돈에게 아들에게 벌을 내려줄 것을 간청했다.

"바다의 신 포세이돈이여! 히폴리토스가 제 아들이긴 하나 제 어머니를 능욕하려 한 패륜아입니다. 그에게 이 세상 사람들이 한 번도 맛보지 못한 벌을 내려 주소서."

사실 히폴리토스는 테세우스에게 여러 차례 자신의 결백함을 주장했다. 그러나 분노에 가득 차 있던 테세우스에게 그의 주장이 들릴 리 없었다.

그래서 히폴리토스는 아버지가 자신을 죽이려 한다는 위험을 감지하고 도망쳐 버렸다. 아테네를 떠나 한적한 바닷가를 말을 타고 달리던 히폴리토스에게 느닷없이 바다의 괴물이 나타났다. 테세우스의 부탁을 받은 포세이돈이 보낸 괴물이었다. 갑작스레 나타난 괴물을 보고 히폴리토스는 너무 놀라 말고삐를 놓치는 바람에 타고 있던 마차가 전복되면서 결국 죽고 말았다.

나중에 테세우스는 히폴리토스의 수호신이었던 아르테미스에게서 아들이 결백하다는 말을 듣고서 자신의 잘못을 알았지만, 이미 히폴리토스는 죽은 뒤였다.

"시간을 되돌릴 수만 있다면, 사랑하는 나의 아들 히폴리토스가 다시 살아날 수만 있다면! 늙어 버린 나의 머리는 이제 판단력까지 없어지고 말았구나!"

이후 테세우스는 아테네를 떠나 뤼코메데스의 왕궁에서 지냈다. 그러나 뤼코메데스에 의해 절벽에서 떨어져 죽고 말았다.

이렇게 그는 자신의 아버지 아이게우스, 아들 히폴리토스처럼 비극적인 죽음으로 파란만장한 인생의 막을 내리게 되었다.

테세우스의 신화는 아버지가 자신의 아들임을 입증할 수 있는 물건을 바위 밑에 묻어두는 것에서부터 시작된다. 아들은 성장해서 자신이 아버지의 아들이라는 사실을 입증하기 위해 바위 밑에 묻어 두었던 칼과 신발을 찾아낸다.

여기에서 한 가지 의문이 들게 된다. 아이게우스 왕은 왜 칼과 신발을 묻어 둔 것일까?

칼은 곧 왕위, 권력, 용기를 상징한다. 특히 칼은 지위를 상징하는 징표로, 이것을 소유한 자는 칼을 갖고 있던 사람과 같은 지위를 지닌다는 것을 의미한다. 아이게우스는 이 칼을 소유한 자가 바로 자신의 후계자가 될 것임을 이미 선포한 것이나 마찬가지다.

하지만 신발을 두고 떠난 것은 조금 의아스럽다. 신발은 땅을 밟고 다녀야 하므로 가장 쉽게 더럽혀지고 낡아 버리는 물건이기 때문이다. 하지만 신발도 권위를 나타낸다는 점에서 칼과 비슷한 의미를 갖는다. 신발은 과거 신분제도가 존재하던 시대부터 신분과 직업을 드러내는 의미를 담고 있었다. 왕이 신는 신발과 평민이 신는 신발은 엄연히 달랐다. 특히 과거 노예들은 신발조차 신지 못했다. 신발을 신을 수 있다는 것은 그만큼 자신의 신분이 어느 정도 높은 지위에 이르렀다는 것을 의미한다. 또한 신발은 자신을 제어할 수 있는 상징으로도 쓰인다. 그래서 신발을 다스리면 그 사람을 다스리는 것을 의미한다.

칼과 신발은 아이게우스가 자신의 권위를 아들에게 물려준다는 것을 의미하기도 하지만, 또 다른 의미로는 젊은이들이 쉽게 흥분하고 자기제어를 하지 못하는 것에 대해 아들에게 자신을 제어할 수 있는 능력을 가져야 한다는 것을 암시적으로 제시하는 것이다.

또한 신발은 땅을 밟고 서는 데 이용된다. 지나치게 이상적인 사람은 현실에 적응하기 쉽지 않다. 따라서 항상 발은 땅을 밟고 머리는 이상을 향해 나아가는 안전판을 가져야 한다는 것을 아이게우스는 아들에게 알려 주고 싶었던 것이다.

그런데 아이게우스는 왜 신발과 칼을 아무나 들지 못하는 커다란 바위 밑에 묻어 두었을까? 테세우스의 어머니인 아이트라에게 맡기고 떠날 수도 있지 않은가?

아버지가 이렇게 힘겨운 과제를 남기고 떠난 것은 자식이 아버지에게서 물려받게 되는 정신적, 물질적 유산은 쉽게 받아서는 안 된다는 점을 의미한다. 쉽게 물려받은 유산은 자식의 입장에서는 별로 소중하게 여기지 않게 되며, 자식에게 제대로 대물림되지 않을 수 있다.

이는 우리 주변에서도 어렵지 않게 볼 수 있다. 부모에게 쉽게 물려받은 재산으로 흥청망청 살다가 물려받은 재산을 전부 탕진해 버리는 경우다. 물려받는 과정이 너무 쉬웠기 때문에 자식은 그 유산의 가치를 제대로 알지 못하기 때문이다. 그래서 아이게우스는 커다란 바위를 들어올리는 숙제를 주고 떠난 것이다.

테세우스는 아버지가 내 준 숙제를 아주 쉽게 풀고 칼과 신발을 들고 아버지를 찾아간다. 이제 테세우스는 아버지에게서 물려받은 칼과 신발만으로도 충분히 아들임을 인정받을 수 있다. 하지만 그는 욕심을 내기 시작한다. 이런 물건이 아니라 자신이 갖고 있는 용기와 충정, 힘을 드러냄으로써 아버지의 아들임을 입증하고 싶어 한다. 그래서 그는 배를 타고 가지 않고 악당이 우글거리는 험한 육로를 선택해 아테네로 향한다.

여기서 청소년이나 청년들에게 쉽게 나타나는 문제가 테세우스에게도 나타난다. 자신이 아버지의 아들이라는 확실한 증표만 있으면 됨에도 불구하고 아버지로부터 인정받고 싶은 욕구를 표출하는 것이다. 그것은 바로 영웅적인 행동을 통해 사람들에게 인정받고자 하는 욕구다.

특히 저명인사나 높은 지위에 있는 부모를 둔 자식의 경우 부모에게 걸맞은 자식이 되려는 강박관념에 시달리는 경우가 많다. 그래서 자신이 진정 하고 싶은 일은 하찮게 여기고, 사회에서 인정받는 직업이나 명성을 얻기 위해 애쓰게 된다. 그렇지만 그런 환경에 놓인 아이들이 모두 성공할 수는 없는 법이다. 남들에게는 큰 문제없이 평범하게 사회생활을 하는 것처럼 보여도 부모가 우수한 학력과 좋은 직업을 갖고 있는 자식들은 자신이 잘난 것 하나 없는 실패자라고 여기는 경우가 많다. 그래서 쉽게 열등감에 휩싸이고, 심지어 자신이 성공하지 못한 것은 부모 때문이라고 부모의 탓으로 돌리기도 한다. 부모가 너무 잘나서 자신은 거기에 치여 아무것도 하지 못했다고 항변하는 것이다.

테세우스도 아버지에게 인정받고 싶은 강박관념을 갖고 있다. 그래서 그는 육로를 선택한 것이다.

테세우스가 만나서 무찌르는 악당들은 사실 그가 성장하면서 의식화해야 하는 발달되지 못한 무의식의 원형적인 모습들이다. 악당들은 예외 없이 잔인하고, 인정 없고, 원시적인 충동에 휩싸여 있는 자들이다. 이것은 테세우스 자신 안에 존재하는 미분화된 원시적인 본능들인데, 그는 그들을 때려눕히면서 이를 의식화하고 순화해 나간다. 바로 청소년들이나 청년들이 성장하면서 의식화해야 하는 것들이다.

테세우스는 악당을 물리칠 때 그 악당이 행인들에게 저질렀던 악행을 그대로 대갚음하는 방법을 사용한다. '이에는 이 눈에는 눈'으로 응대함으로써 그는 미분화된 본능을 순치할 수 있는 것이다.

테세우스가 가장 먼저 물리친 악당은 커다란 곤봉을 사용하는 페리페테스였다.

테세우스는 그를 물리치고 그의 소유물이었던 커다란 곤봉을 자신이 소유한다. 커다란 곤봉은 남성적인 힘을 상징하며, 무의식에서 거칠고 천방지축으로 날뛰던 남성적인 힘을 자신의 지배하에 두게 되었음을 의미한다. 사실 폭력적인 청소년들은 자신의 남성적인 힘을 과시하고 싶어 한다. 그래서 힘없는 아이들의 돈을 뺏기도 하고, 자신을 빤히 쳐다본다는 말도 안 되는 이유로 폭력을 행사하기도 한다. 그들은 남성적인 힘을 과시하려 하지만, 거기에는 어떤 규칙이나 기준이 없다. 그들은 순화되지 못한 페리페테스의 곤봉을 쥐고 있기 때문이다. 그래서 아무 때나 기분 내키는 대로 폭력성이 튀어나와 사람들을 괴롭힌다. 그러나 테세우스는 자신을 방어할 때나 악당을 물리칠 때만 폭력을 사용한다. 남성적인 힘을 절제하고 조절할 수 있는 것이다.

다음에 만난 악당은 시네스였다. 그는 소나무를 휘어 거기에 사람을 붙들어 매고 사지를 찢어 죽이는 자다.

여기서 소나무를 휘게 한다는 것은 매우 부자연스러운 행동이다. 소나무는 생긴 그대로 있어야 가장 자연스럽기 때문이다. 그런데 소나무를 휘어서 밧줄로 붙잡아 매는 시네스의 행동은 무의식에 존재하는 지나친 자기 통제를 상징한다. 억지로 붙잡아 매어 놓은 소나무는 반발력으로 인해 원래의 자리로 되돌아가게 되고, 이때 거기에 묶여 있던 사람은 죽고 만다. 마찬가지로 지나친 자기 통제는 휘어진 소나무처럼 자신을 압박하고 자유롭지 못하게 한다.

특히 청소년들은 어린 시절부터 배운 사회적 관습이나 도덕적 계율을 스펀지처럼 빨아들여 자신을 통제하는 데만 이용하는 경우가 많다. 특히 어린 시절 엄격한 종교적 분위기의 집안에서 자란 아이들의 경우 무엇을 해도 자신이 죄를 지었다고 생각한다. 가장 심한 예가 '성도착증'일 것이다. 어린 시절부터 섹스는 나쁘고 불결하며, 여자를 멀리해야 한다는 교육을 받은 아이들은 청년이 되어도 이런 관념 때문에 여성과의 친밀한 관계를 피하려 한다. 그러다 보니 자신의 성적욕구를 계속 억압하기만 한다. 마치 시네스가 휘어놓은 소나무처럼 말이다.

그러나 시네스의 소나무가 묶여 있던 밧줄이 끊어지면 행인의 사지가 찢어져 죽는 것처럼, 억압된 성은 결국 어느 순간 분출되고 만다. 그런 행동이 바로 몰래 여성을 훔쳐보는 관음증이나 여성의 물건이나 신체 부위(여성의 속옷이나 손톱, 머리카락)를 수집하는 페티시즘fetishism으로 발전하는 것이다. 정상적으로 직접 사람을 만나서 성적인 리비도 libido가 해소되어야 하는데 그렇지 못하고 물건을 수집하고 몰래 여성을 훔쳐보는 성도착증으로 발전하게 되는 것이다.

테세우스는 이런 시네스의 지나친 자기 통제를 풀어낸 것이다.

테세우스는 이번에는 자신의 발을 씻게 한 뒤 절벽에서 밀어 죽이는 스키론이라는 악당을 만나게 된다. 스키론이 상징하는 것은 그에게 희생되는 행인들처럼 되어서는 안 된다는 것을 의미한다. 즉, 무릎을 꿇고 남의 발을 씻어주는 행위는 지나친 겸손이나 복종, 노예근성을 말한다. 스키론은 사람들이 갖고 있는 이러한 근성을 이용하는 자다.

사실 남에게 복종하고 착하게만 행동하면 당장은 다른 사람으로부터 칭찬을 들을 수 있다. 즉, 말 잘 듣고 착한 청소년으로 자라는 것이다. 그러나 이것에 익숙해지면 낭떠러지로 떨어진 희생자들처럼 자신의 생각이란 없는 사람으로 성장할 수밖에 없다.

따라서 테세우스가 스키론을 처단한 것은 자기 안에 존재하는 남에게 아첨하고, 복종하고, 무조건 남의 말에 따르는 성향을 경계해야 함을 의미한다.

다음에 만난 케르키온은 힘이 세서 자신의 팔 힘으로 행인을 죽이는 악당이다. 테세우스가 그를 상대할 때 선택한 방법은 평소 닦아 온 레슬링의 기술이었다. 이는 자신의 무의식과 대면할 때 자신만의 원칙과 기술이 있어야 함을 의미한다. 의식이 무의식의 힘을

• **리비도** 정신분석학 용어로 사람이 내재적으로 갖고 있는 성욕 또는 성적 충동을 말한다. 프로이트는 리비도가 사춘기에 갑자기 나타나는 것이 아니라 태어나면서부터 서서히 발달하는 것이라고 보았고, 리비도가 승화되어 정신활동의 에너지가 된다고 여겼다.

다룰 때 무조건 같은 힘으로 대항해서는 무의식은 의식화되지 못하고 오히려 퇴행할 수 있다.

마지막으로 만난 악당은 프로크루스테스였다. 이는 무의식에 존재하는 광포한 아집과 독선을 의미한다. 현실에 대해서는 전혀 관심을 두지 않고 자신의 짐승 같은 힘을 과시하고 자신의 기준대로 판단을 하고 결정을 내리는 편견을 상징한다. 이러한 다듬어지지 않은 원시적인 본능이 드러나게 되면, 자신만의 기준을 상대방에게 내세우고, 그것을 듣지 않으면 무자비하게 보복하거나 폭력성을 드러내는 것을 말한다.

이런 프로크루스테스는 개인 안에도 존재하지만, 집단적인 광기를 통해 드러날 때도 있다. 가장 대표적인 것이 중국의 문화혁명, 중세의 마녀사냥, 제2차 세계대전 때의 유태인 학살 등이다.

사실 한국 사회에서는 요즘도 프로크루스테스의 침대가 여전히 존재한다. 자신만이 옳고 상대방은 무조건 그르다는 생각으로 자신의 프로크루스테스 침대에 남들을 묶어 놓고 자르거나 늘이는 폭력성을 행사한다. 이로 인해 우리 사회는 여전히 이념 갈등이나 분쟁이 심한 것이다. 분쟁 당사자들은 자신의 침대 사이즈에 맞지 않는다고 상대방을 죽일 것처럼 미워하고, 실제로 폭력을 가하기도 한다. 한국 사회는 21세기에도 여전히 무의식의 폭력성이 날뛰고 있는 원시적 본능 공동체는 아닐까?

테세우스는 악당을 모두 퇴치하고 영웅이 되어 아테네에 도착한다. 그는 이제 아들로 인정받을 수 있는 물건뿐 아니라 새로운 젊은 영웅이라는 타이틀까지 거머쥐게 되어 아버지 앞에 떳떳한 아들로 나타난 것이다.

영웅심과 권력욕이 빚은 무의식적인 살인

그런데 아버지와 해후를 하게
된 만찬장에서 테세우스는 하
마터면 독이 든 술을 먹고 죽을 뻔했다. 만찬장의 만남은 테세우스
가 아버지에게 완전한 남성으로 인정받으려는 순간이다. 여기서 메
데이아가 준비한 독이 든 잔은 어머니에게 다시 퇴행하려는 갈망을
의미한다.

청년들이 완전히 남성으로서 인정받고 사회에서 남성의 역할을
시작하려는 순간에 마음속에서 나타나는 퇴행의 본능을 메데이아
의 독이 든 잔으로 상징되고 있다. 청소년기를 마치고 청년으로서
사회에 발을 내디딘 남성들은 남성으로 인정받는 것을 원하기도 하
지만, 또 한편에는 사회에서 독립적으로 살아야 하는 두려움이 자리
잡고 있다. 이제 어머니의 품에서 영영 떠나야 하며, 인정사정없고
치열한 경쟁이 벌어지는 남성적인 사회에 들어가야 하는 것에 대한
두려움이 있는 것이다.

이때 남자들은 다시 어머니의 품으로, 그리고 어린 시절로 돌아가
고 싶은 퇴행의 욕구가 고개를 든다. 그러나 그렇게 되면 사회에서
홀로서기를 할 수 없다. 그래서 남자로 인정받고 완전한 남자가 되
기 위해서는 메데이아가 내민 독이 든 잔을 거절해야 한다. 그렇지
않으면 남자는 앞으로 사회생활에서 영원히 잠들거나 죽음만을 맞

을 뿐이다.

이때 아버지 아이게우스는 어머니에게로의 퇴행을 상징하는 독이 든 잔을 얼른 치워 버린다. 남성적인 원리로 상징되는 아버지는 아들이 어머니의 품으로 돌아가는 것을 용납하지 않기 때문이다.

메데이아가 테세우스를 죽이기 위해 준비한 독이 든 잔은 또 다른 해석도 가능하다.

테세우스 신화에는 두 명의 아버지상이 등장한다. 반갑게 아들을 맞아 주고 사랑을 주는 아이게우스라는 다정한 아버지와 미노스 왕처럼 탐욕스럽고 지배적인 아버지가 등장한다. 이 두 명의 아버지가 갖고 있는 아니마(남성 안에 존재하는 여성적인 측면)를 통해 두 아버지가 갖고 있는 장단점을 이 신화는 보여주고 있다.

아이게우스 왕의 아니마는 바로 메데이아로 신화 속에 등장한다.

아이게우스 왕처럼 자애로운 아버지는 물론 자식에게 바람직한 부모의 모델이지만, 그 안에 감추어진 아니마는 메데이아처럼 부정적일 수 있다.

아이게우스 왕은 테세우스가 크레타 섬으로 떠난 뒤 자식의 안위가 걱정되어 매일 항구에서 아들을 기다리다가 결국 아들이 죽었다고 생각해서 목숨까지 끊어 버린 아버지다. 그만큼 아이게우스는 아들에 대한 사랑이 지극한 좋은 아버지상이다. 하지만 이런 좋은 아버지는 한편으로 메데이아가 내민 독이 든 잔처럼 아들에게 독이 될 수도 있다.

부모의 지나친 애정과 걱정은 자식으로 하여금 항상 좋은 아버지에 대한 충성을 맹세하게 한다. 또한 부모의 기대에 부응해 살아야 한다는 의무감을 갖게 한다. 왜냐하면 완전무결한 부모상 앞에서 어떻게 자신의 의견을 감히 내놓을 수 있겠는가? 부모가 아무런 결점이 없다 보니 자식은 자연스럽게 부모의 기대대로 살게 되고, 그 기대에 맞추어 살다 보면 자신이란 존재는 없어진다. 그리고 부모가 마음의 중심에 항상 자리 잡고 있어 결혼을 하고도 독립을 하지 못한다. 그래서 메데이아가 내민 독이 든 잔은 바로 좋은 아버지상이 자식에게 내밀게 되는 독을 의미한다.

반면, 나쁜 아버지상으로 등장하는 미노스 왕은 도리어 긍정적인 측면이 있다.

그에게는 아리아드네라는 아니마가 존재한다. 미노스 왕은 매우 잔인하고 욕심이 많으며 이기적인 인물이다. 그래서 그는 포세이돈이 제물로 바치라는 황소를 돌려주지 않는다. 이런 아버지는 자식에 대해서 별로 관심이 없다. 자신의 물질에만 관심이 있기 때문이다. 그러다 보니 자식에 대해 별로 집착하지 않고 자식에게마저도 인색하다. 그래서 이런 아버지 밑에서 자란 자녀들은 아버지의 사랑은 받지 못하지만, 도리어 어린 시절부터 독립적으로 자라게 된다. 그래서 어린 시절부터 일찍 성숙하게 되고, 부모에게 받지 못한 사랑에 대한 결핍을 다음 세대의 자기 자식은 느끼지 않게 하려고 노력한다. 냉정한 아버지가 갖고 있는 유일한 장점이라고 볼 수 있다.

테세우스가 미로에서 헤매지 않을 수 있었던 것은 바로 아리아드네가 알려 준 실타래 덕분이다. 미로, 즉 라비린토스는 우리 인생을 의미한다. 잘 훈련되지 않고 준비하지 않았다가는 미로에 갇혀 굶어 죽거나 미노타우로스로 상징되는 냉혹한 현실의 희생자가 될 수 있다. 그런데 이런 인색한 아버지가 가진 좋은 아니마는 현실의 어려움을 헤쳐 나가는 방법을 어린 시절부터 터득하게 해 준다. 그래서 미로 같은 현실에서 길을 잃지 않고 자신의 목표를 이룰 수 있게 해 준다.

미노타우로스는 원시적이고 본능적인 남성적인 에너지를 상징한다. 이 에너지를 해결하지 않으면 9년마다 아테네의 젊은 청년들과 처녀들이 희생되어야 하듯이 의식이 그만큼의 대가를 치러야 함을 상징한다. 이 에너지는 길들여지지 않고 지나치게 난폭하기 때문에 불필요하게 남성적인 힘을 과시하려고 한다. 그 결과 자신뿐 아니라 남까지도 희생시킬 우려가 있기 때문에 테세우스는 이 미노타우로스를 처치해야 하는 것이다. 미노타우로스가 잠들어야 그는 자신의 힘을 제때에 적절하게 쓸 수 있는 남자로 성장하기 때문이다.

그런데 무조건 자신 안의 남성적인 에너지를 처단하면 자신도 다칠 우려가 있다. 이때 도움을 받는 것이 여성적인 측면인 아리아드네다. 적을 무찌를 때 무조건 힘으로 밀어붙인다고 좋은 것은 아니다. 그만큼 자신도 상처를 입게 되기 때문이다. 그래서 어떤 때는 여성적인 측면의 도움을 받으면 일은 손쉽게 해결할 수 있다는 것을 보여 준다. 마치 서로 극한으로 대립하고 있는 두 집단이 격렬하게 논쟁을 벌일 때 힘으로 밀어붙여 한쪽을 제압하는 방법도 있지만, 여성적인 방법인 인간적인 면을 보여 주거나 진심으로 설득하면 오히려 손쉽게 상대방의 동의를 끌어내거나 상대를 자기편으로 만들 수 있는 것처럼 말이다.

테세우스는 미노타우로스를 처치하고 아리아드네와 함께 아테네로 돌아가게 되었다. 하지만 테세우스는 아리아드네를 배신하고 낙소스 섬에 그녀를 버리고 도망친다. 그 이유는 당시의 그리스 사회를 살펴보면 답을 찾을 수 있다. 아리아드네로 상징되는 도움을 주는 여성적인 측면(아니마)은 그리스 사회에서 중요한 덕목이 아니었기 때문이다.

그가 이제 아테네의 왕으로서 군림하고 계속 영웅적인 행동을 하기 위해서는 여성적인 측면을 더 이상 발달시켜서는 곤란하다. 왕은 가장 권위 있고 남성적인 역할을 떠맡아야 한다. 그래서 그는 낙소스 섬에 그동안 자신에게 도움을 주었던 여성적인 측면인 아리아드네를 버리게 되는 것이다.

테세우스는 미노타우로스까지 처치하면서 영웅적인 행동에 정점을 찍는다. 이제 그는 누가 봐도 아테네의 왕이다. 그에게 더 이상 아버지는 필요 없다. 그래서 그는 무의식적으로 검은 돛을 흰 돛으로 바꿔 달지 않은 것이다. 검은 돛은 테세우스의 죽음을 상징한다. 이제 과거의 테세우스는 죽었으며, 새로운 아테네의 왕으로서의 테세우스가 존재하고 있다는 것을 검은 돛이 상징하고 있다.

또한 그는 아버지에게 인정받기 위해 아테네에 갈 때 육로를 선택했다. 그리고 미노타우로스의 제물로 선뜻 자원하게 된 계기도 아버지의 좋은 아들이 되고 싶은 욕구가 있었기 때문이다.

하지만 그의 내면에는 이제 아버지의 좋은 아들로 남고 싶은 욕구가 없어진 것이다. 남을 위해, 특히 아버지에게 보이기 위한 영웅적인 행동에 그는 더 이상 신물이 났는지도 모른다.

테세우스도 인간이기에 수많은 악당과 미노타우로스라는 괴물과 마주쳤을 때마다 내심 두려웠을 것이다. 하지만 그는 남자다움을 과시하고 아버지에게 인정받고자 하는 욕망 때문에 언제나 선두에 서야 했다. 이제 그는 이런 두려운 일을 하도록 만드는 아버지의 존재가 세상에서 가장 힘든 부담이었을 것이다. 그래서 그는 무의식적인 살인을 한 것이다. 검은 돛을 계속 달기만 하면 아이게우스는 슬픔을 견디지 못해 죽을 것이 뻔했기 때문이다.

테세우스의 무의식적인 의도대로 아이게우스가 자살함으로써 그는 부담감을 덜었으며, 아테네의 일인자인 왕의 자리에 올랐다.

테세우스는 자신이 무의식적으로 아버지를 살해했기에 나이가 들면서 자신 또한 자식에게 왕좌를 내주어야 하는 것은 아닌지 하는 피해의식이 있었다. 언제든 자신의 힘이 약해지면 왕좌를 차지할지도 모르는 아들이 두려운 것이다. 가부장제의 특징은 아버지가 힘이 없어지면 아들이 모든 권력을 차지하게 되고, 아버지는 퇴물 취급을 받는 것이다.

그런 피해의식으로 인해 테세우스는 파이드라의 유서 한 장에 의해 심증을 더욱 굳히게 되고, 아들을 죽음으로 몰아넣었다. 자신이 아버지를 죽음으로 몰고 갔듯이 자신도 똑같은 상황에 놓이게 되지 않을까 하는 두려움은 그에게 아들을 죽일 수 있는 이유를 만들어 준 것이다.

이렇게 그는 무의식적으로 그리고 교묘하게 자신의 아버지와 아들을 죽이게 된 것이다.

이런 불행은 바로 낙소스 섬에 아리아드네를 버림으로써 비롯된 것이다. 그에게 아리아드네로 상징되는 좋은 여성적인 측면이 살아 있었다면, 그는 아버지와 아들을 죽이지 않았을 것이다. 좋은 아니마는 그에게 남성다움을 강요하지도 않았을 것이고, 그에게 항상 정상에 서 있을 필요도 없다고 가르쳐 주었을 것이기 때문이다.

제9장

아름다웠던 여신 메두사의 분노와 페르세우스

소유욕과 정체성
Possessiveness and Identity

아! 아테나.

그녀는 제 머리를 방패에 달고 다니며 승리의 노래를 부르지만, 그녀는 가장 더러운 배신자이며 탐욕스런 여인네입니다.

그녀는 투구를 쓰고 창과 방패를 든 모습으로 나타나곤 합니다. 그리고 그 방패에는 제 머리가 걸려 있습니다. 저에게는 돌이킬 수 없는 커다란 불행이 그녀에게는 승리의 기념물로 남게 되었죠.

그녀는 전쟁의 신이며, 모든 기예技藝의 수호신이기도 하죠. 또한 도시의 수호신이기도 합니다. 그래서 그녀의 이름을 기리기 위해 아테네라는 도시의 이름도 생긴 것입니다. 아테네 시민들은 그녀를 기리기 위해 파르테논 신전까지 지어 그녀에게 봉헌했습니다.

게다가 아테나는 제우스의 가장 총애받는 딸이기도 합니다. 여자이지만 남자 못지않은 배짱과 지혜를 갖고 있다고 해서 제우스는 그녀가 남자보다 더 낫다고 생각합니다.

그러나 이는 겉으로 보이는 허상일 뿐입니다. 그녀는 탐욕스럽고 질투심에 가득 찬 속 좁은 여신에 불과합니다.

사실 제 목을 자른 페르세우스Perseus는 하수인에 불과합니다. 그는 저, 메두사를 처치함으로써 영웅의 반열에 오른 인물입니다. 하지만 그가 한 것이 무엇입니까?

도둑과 상인의 수호신인 헤르메스에게서 받은 검과 아테나에게서 받은 거울처럼 반짝이는 청동방패가 없었다면, 그는 감히 제 목을 자르지는 못했을 겁니다.

사실 페르세우스는 헤라클레스나 테세우스에 비하면 아주 격이 떨어지는 영웅이죠. 그들은 그래도 악당이나 괴물을 물리칠 때 자신의 힘과 기술로 제압하지 않았습니까? 그러나 페르세우스는 여러 신의 도움을 받아 저를 간신히 죽일 수 있었습니다. 그런 애송이 같은 젊은 놈에게 제 목숨을 빼앗겼다고 생각하면 지금도 분이 풀리지 않습니다.

하지만 왜 아테나가 페르세우스를 도와주었을까요? 여기에 바로 제 죽음에 관한 비밀이 숨겨져 있습니다.

페르세우스의 영웅다움에 매료되어서 일까요? 아니면 그가 자신의 어머니인 다나에Danae를 폴리데크테스란 왕으로부터 보호하고자 하는 효성에 감동해서일까요?

사실 많은 분이 순진하게도 그렇게 알고 있습니다.

그러나 아테나는 그렇게 인정이 많은 여자가 아닙니다. 그녀는 매우 치밀하고 냉정한 여신입니다. 전쟁이란 것이 원래 냉정하고 잔인해야 승리를 거둘 수 있는 것이죠. 우리는 아테나가 전쟁의 신이란 사실을 잊어서는 안 됩니다. 그녀는 자신의 이익을 위해서라면 무슨 짓이든 하는 인물입니다.

아테나는 사실 제 목숨을 계속 노리고 있었습니다. 그 기회가 오기를 기다리다가 페르세우스가 폴리데크테스에게 어이없는 약속을 하는 바람에 드디어 그녀의 꿈이 이루어지게 되었죠.

그런데 아테나는 왜 하필이면 제 머리를 자신의 방패나 갑옷에 달고 다니는지 생각해 본 적이 있으신가요?

여러분이 알고 계시듯이 제가 한낱 괴물이라면 굳이 목이 잘린 제 머리가 아테나의 승리의 상징이 될 수 있을까요?

그녀는 저를 제거함으로써 커다란 이득을 얻었습니다. 그 이득이 뭐냐구요?

거기에 바로 제 죽음에 대한 해답이 있고, 아테나가 페르세우스를 도와주게 된 속사정이 있습니다.

아테나의 탐욕도 탐욕이지만, 그녀가 왜 가장 더러운 배신자인지 이제부터 낱낱이 알려 드리죠.

외할아버지를 죽일 거라는 운명을 타고난 페르세우스의 시련

아르고스라는 왕국에 아크리시오스Acrisios라는 왕이 있었다. 그는 아들은 없고 다나에라고 하는 아름다운 딸만 하나 있었다. 아들이 없는 왕들이 그렇듯이 그는 자신의 왕국을 물려줄 후계자가 없는 것이 항상 걱정이었다.

그래서 그는 델포이의 신탁을 찾아가 미래를 물어보았다. 델포이의 무녀는 아크리시오스 왕에게 기절할 만한 신탁을 들려주었다.

"당신에게는 아들 운이 없습니다. 단, 손자는 볼 수 있습니다. 하지만 그 손자에게 죽임을 당하는 운명입니다."

아크리시오스 왕은 무거운 발걸음을 이끌고 왕궁으로 돌아와서는 며칠을 고민하다가 결국 딸을 청동으로 만든 감옥에 가두기로 결정했다. 아버지로서 할 짓은 아니었지만, 자기 목숨이 달려 있는 문제였기 때문이다. 그는 딸을 감금해 놓으면 그녀가 어떤 남자와도 만날 수 없을 테니 손자도 생기지 않으리라 생각했다. 사실 딸의 목숨을 끊는 방법도 생각했지만, 부녀간의 정도 정이지만 친족살해는 올림포스 신들이 가장 큰 벌을 내리는 중대 범죄였기 때문에 차마 그렇게 하지는 못했다.

하지만 운명이란 것은 하늘에서 정해준 것이기에 인간이 아무리 애를 써도 바꿀 수 없는 경우가 많은 법이다.

아크리시오스 왕의 딸인 다나에가 머문 곳은 지하를 파서 청동으로 벽을 둘러치고 천장에 조그만 창을 내어 빛과 공기가 통하도록 만든 요새 같은 곳이었다. 이런 곳에 접근하는 것은 인간 남자는 불가능한 일이고, 신만이 가능한 일이었다. 그런데 아름다운 여자라면 사족을 못 쓰는 제우스의 눈에 이 지하감옥에 갇혀 있는 다나에가 눈에 띄었다. 제우스는 이 지하감옥의 좁은 창을 통과할 수 있는 방법은 한 가지 밖에 없다고 생각했다. 그는 황금비로 변해 다나에의 무릎위에 내려앉았다.

그 결과 다나에는 곧 임신을 했고, 열 달이 지나 잘생긴 사내아이를 출산하게 되었다. 이렇게 태어난 아이가 페르세우스였다. 다나에는 혹시 아버지가 손자가 태어났다는 사실을 알면 죽일까봐 몰래 아이를 키우려 했다. 그러나 아이의 울음소리가 작은 창을 통해 들리고 말았다. 아크리시오스 왕은 너무 화가 나서 딸을 다그쳤다.

"도대체 어떤 자가 너를 임신시킨 것이냐? 당장 그놈을 죽이고 네 모자도 죽이리라."

하지만 다나에는 아이의 아버지가 제우스라는 사실을 알고 있었기 때문에 아버지의 이름을 당당하게 말했다. 아크리시오스 왕은 아이의 아버지가 제우스란 사실에 당황할 수밖에 없었다. 자기 목숨을 생각하면 손자를 그냥 살려 둘 수도 없는 상황이었고, 당장 죽이려 하니 제우스가 마음에 걸렸다. 그래서 자신의 손으로 직접 죽이는 방법을 피해 다나에와 페르세우스를 나무궤짝에 집어넣고 바다에 던져 버렸다. 나무궤짝이 풍랑에 이리저리 휩쓸리다 부서져 모자가 물에 빠져 죽거나, 굶어 죽기를 바란 것이다.

하지만 운명은 정해진 궤도를 따라 차근차근 움직였다.

이 나무궤짝은 파도에 휩쓸리다 세리포스 섬에 닿게 되었다. 해안가에 나무궤짝이 놓여 있는 것을 이상하게 여긴 어부 디크티스(그물이라는 뜻)는 그 궤짝을 열어 다나에와 페르세우스를 구해 주었다. 심성이 매우 착한 디크티스는 이들 모자를 자신의 집에 데리고 가서 가족처럼 잘 대해 주었다. 하지만 이들을 위협하는

* **페르세우스** 그리스 신화에 나오는 영웅. 제우스와 다나에 사이에서 태어났다. 어머니인 다나에를 위해 폴리데크테스의 명령으로 메두사를 죽이고, 돌아오는 길에 바다 괴물로부터 안드로메다를 구하고 아내로 삼았다. 메두사의 머리는 아테나에게 바치고, 티린스의 국왕이 되었다.

존재가 이 섬에 살고 있었다. 세리포스 섬의 왕인 폴리데크테스였다. 그는 디크티스의 형제였는데, 매우 욕심이 많은 세리포스 섬의 독재자였다.

폴리데크테스는 우연히 다나에를 보고 난 뒤 그녀의 미모에 반해 그녀를 자신의 왕비로 맞아들일 기회를 호시탐탐 엿보고 있었다. 그러나 다나에는 그에게 별다른 호감을 갖지 않았기 때문에 번번이 청혼을 거절했다.

특히 폴리데크테스는 다나에의 아들인 페르세우스가 어머니의 재혼에 반대하고 있다는 것을 알고 있었다. 그래서 페르세우스를 없앨 방법을 궁리했다.

'하는 수 없지. 마음에 들지는 않지만 오이노마오스 왕의 딸인 히포다메이아Hippodamia와 결혼할 거라고 선언하는 수밖에 없군. 그러면 결혼 축하 선물을 모두 하나씩 준비해야 할 텐데, 가난한 페르세우스는 선물을 준비할 수 없을 거야. 그때 그녀석의 자존심을 건드려 도저히 가져오지 못할 선물을 요구하자. 되도록 아주 위험하고, 인간의 능력으로는 불가능한 선물을 말이야.'

드디어 결혼 축하연이 열리게 되었고, 페르세우스도 초대를 받았다. 폴리데크테스는 페르세우스가 연회장에 들어오자마자 대뜸 결혼 선물로 뭘 가져왔냐고 물었다. 그 당시 풍습으로는 결혼선물로 말을 선물하는 것이 관례였다. 아무것도 가진 것이 없던 페르세우스는 아무런 대답도 하지 못했다. 이 기회를 놓칠세라 폴리데크테스는 페르세우스를 다그쳤다.

"다 죽어 가는 자네 모자를 이 섬에서 편안하게 살게 한 내 은덕도 모르나? 이렇게 성대한 날에 그런 예의 정도는 지켜야 하지 않겠는가?"

자존심에 상처를 입은 페르세우스는 그만 실언을 하고 말았다.

"왕이시여, 비록 제가 말은 없지만 지금 다른 사람들이 선물했던 어떤 것보다 더 좋은 선물을 드리겠습니다. 무엇을 원하십니까?"

페르세우스는 그만 폴리데크테스가 쳐 놓은 함정에 걸려들고 만 것이다.

"그래? 그렇다면 말이야, 자네 능력으로 충분히 준비할 수 있는 선물을 말하도록 하지. 게다가 자네는 자신이 제우스의 아들이라고 떠들고 다니지 않았나? 신의 아들이 무엇인들 못 가져오겠는가. 내가 원하는 것은 고르곤 자매 중 하나인 메두사의 머리일세. 만약 메두사의 머리를 가져오지 못한다면 자네의 어머니는 내 아내가 되어야겠지."

페르세우스는 메두사란 말만 듣고도 그 자리에 얼어붙는 듯한 느낌이었다. 머리를 쳐다보기만 해도 모든 것을 돌로 변하게 하는 마력을 지닌 괴물의 머리를 가져오라는 것은 자신에게 죽으라는 말과 같았기 때문이다. 그러나 자신이 내뱉은 말을 주워 담을 수는 없기에 페르세우스는 메두사의 머리를 얻기 위해 길을 떠났다.

강력한 괴물 메두사의 목을 베다

다나에의 걱정을 뒤로 한 채 페르세우스는 메두사가 어디에 살고 있는지도 모른 채 나아갔다. 이때 모든 것을 지켜보고 있던 제우스는 자신의 아들을 위해 헤르메스를 내려보냈다.

헤르메스는 페르세우스에게 메두사를 죽이려면 머리에 쓰면 보이지 않게 해 주는 마법의 모자와 날개 달린 신발, 그리고 무엇을 담든지 크기가 딱 맞게 줄어드는 마법의 자루가 필요하다고 알려 주었다. 이 세 가지 보물은 북쪽에 있는 님프들이 갖고 있는데, 그곳을 알고 있는 이들은 그라이아이Graeae라고 불리는 세 명의 백발 노파라는 것이었다. 헤르메스는 메두사의 억센 비늘을 자를 수 있는 강한 칼을 주면서 그라이아이가 살고 있는 곳을 알려 주었다.

헤르메스의 도움을 받은 페르세우스는 용기를 내어 그라이아이를 찾아 길을 떠났다.

헤르메스가 가르쳐 준 대로 페르세우스는 먼 길을 걸어 그라이아이가 살고 있는 곳에 도착했다. 그라이아이 자매는 허리가 구부러지고 머리는 헝클어진 채 백발로 덮여 있었다. 더욱이 이 세 자매가 흉물스러운 것은 하나의 눈과 이를 갖고 있다는 점이었다. 그래서 이들은 음식을 먹을 때면 다른 자매가 끼고 있던 이를 받아서 자신의 입에 끼웠고, 사물을 볼 때도 다른 자매가 갖고 있던 눈을 받아서 이마에 붙이곤 했다.

페르세우스는 숨어서 한 명이 눈을 빼내서 다른 자매에게 넘겨줄 때를 기다렸다. 그때는 세 자매 모두 아무것도 보지 못하기 때문이다. 마침내 그 순간이 오자 재빨리 눈을 낚아챈 페르세우스는 눈을 돌려주지 않겠다고 위협해서 그들의 무거운 입을 열게 해 세 가지 보물이 있는 장소를 알아냈다.

북쪽에 사는 님프를 만나러 가던 페르세우스 앞에 갑자기 아름다운 광채에 둘러싸인 아테나 여신이 나타났다. 아테나는 페르세우스에게 청동방패를 주면서 메두사를 직접 쳐다보면 돌로 변하게 되니 반드시 자신이 준 청동방패에 메두사를 비추어 목을 자르라고 당부했다. 청동방패는 매우 잘 닦여 있어 마치 거울처럼 사물을 훤히 비추었다.

헤르메스 신과 아테나 여신의 도움을 받게 된 페르세우스는 이제는 메두사를 처치할 수 있다는 자신감이 용솟음쳤다. 또한 북쪽에 사는 님프들을 만나 손쉽게 세 가지 보물을 얻고, 메두사가 살고 있는 곳도 알게 되었다.

메두사는 고르곤이라 불리는 세 자매 중 막내였다. 이 세 자매는 서쪽 끝에 있는 오케아노스 강 근처에 살고 있었는데, 이들은 스텐노(힘), 에우리알레(멀리 날다), 메두사(여왕)였다.

이들의 모습이 처음부터 그렇게 추한 것은 아니었다. 원래 메두사는 아름다운 얼굴을 가져 바다의 신인 포세이돈이 그녀의 아름다움에 반해 아테나의 신전에서 그녀와 정을 통했다. 이에 화가 난 아테나는 이 세 자매에게 저주를 내렸다. 세 자매 중에서도 메두사의 외모를 가장 흉하게 만들어 버렸다. 그래서 메두사는 머리카락은 온통 뱀이고, 몸통은 멧돼지에 크게 찢어진 입으로 기다란 혀를 내밀고 있는 모습으로 변한 것이다.

메두사의 자매인 스텐노와 에우리알레는 절대 죽지 않는 불멸의 존재였고, 메두사만은 인간처럼 언젠가는 죽어야 하는 운명이었다. 따라서 페르세우스는 고르곤의 세 자매 중 다른 자매는 아무리 강한 칼을 가졌다 해도 죽일 수가 없었다.

마침내 페르세우스가 메두사가 있는 곳에 도착했을 때 마침 고르곤 세 자매는 잠에 빠져 있었다. 페르세우스는 메두사를 직접 보면 돌로 변한다는 사실을 알고 있었기 때문에 거울처럼 반짝이는 아테나의 청동방패를 통해 메두사를 보았다. 페르세우스는 메두사의 흉측한 모습을 보자 심장이 멎는 듯했지만, 어머니를 생각하며 메두사에게 조심스레 다가가 헤르메스가 준 강한 검으로 메두사의 머리를 단칼에 베어 버렸다.

이때 메두사의 목에서 뿜어져 나온 피에서 날개 달린 말인 페가수스와 세 개의 머리를 가진 거인인 게리온Geryon의 아버지인 크리사오르Chrysaor가 탄생했다.

페르세우스는 재빨리 마법의 주머니에 메두사의 머리를 집어넣은 뒤 아무것도 보이지 않게 하는 마법의 모자를 써서 다른 고르곤 자매의 추적을 따돌렸다. 그리고 날개 달린 신발을 신고 하늘로 날아올라 귀향길에 올랐다.

한참을 날아가던 페르세우스가 에티오피아 상공을 날고 있을 때였다. 한 처녀가 쇠사슬에 묶인 채 바닷가에 홀로 있는 것을 발견했다. 이 처녀는 안드로메다Andromeda*로, 에티오피아 왕 케페우스Cepheus와 카시오페이아Cassiopeia 왕비의 딸이었다.

〈메두사의 목을 베는 페르세우스〉
프란체스코 마페이 | 1650 | 아카데미아 미술관 소장

카시오페이아 왕비는 자신은 물론이고 딸인 안드로메다가 물의 요정들 네레이데스Nereides보다 더 아름답다고 잘난 체를 한 적이 있었다. 오만은 항상 화를 불러오는 법이다. 이 말을 들은 네레이데스는 복수의 칼을 갈았다.

"인간인 주제에 자신의 미모가 잘났다고 감히 잘난 체를 하다니? 인간의 미모는 기껏해야 10년을 넘지 못하는 것을 모르는 모양이군. 하지만 그 10년도 기다려 줄 생각이 없다. 그 전에 자신이 뱉은 말로 인해 일각이 여삼추 같다는 것이 어떤 의미인지 알도록 해 주지."

네레이데스는 분노에 차서 포세이돈에게 카시오페이아의 오만을 벌해 달라고 부탁했다. 이에 포세이돈은 바다에서 커다란 뱀을 보내 수많은 에티오피아인을 잡아먹게 했다. 놀란 케페우스 왕은 바다뱀이 왜 나타났는지 신탁에게 물어보았다.

"카시오페이아 왕비의 가벼운 혀가 이런 화를 불러왔군요. 이미 뱉어 놓은 말은 주워 담을 수 없듯이, 바다뱀을 잠재울 수 있는 방법은 카시오페이아 왕비가 해결할 수밖에 없습니다. 그런데 카시오페이아 왕비 자신은 아니군요. 그녀가 가장 사랑하는 딸을 제물로 내놓아야 합니다."

이미 에티오피아의 민심이 흉흉할 대로 흉흉해져서 안드로메다를 뱀의 제물로 내놓지 않을 수 없는 상황이었다. 그래서 안드로메다는 바닷가에 홀로 남겨진 채 바다뱀이 나타나기를 기다리고 있었던 것이다.

* **안드로메다** 그리스 신화에 나오는 에티오피아 왕 케페우스와 왕비 카시오페이아의 딸. 페르세우스와 결혼했으며, 죽어서는 페르세우스와 함께 별자리가 되었다고 한다.

이때 지나가고 있던 페르세우스는 안드로메다를 보자마자 사랑에 빠졌다. 그는 바다뱀이 나타나자마자 날개 달린 신발을 신고 뱀의 주위를 날아다니다가 단칼에 뱀의 목을 베어 버렸다.

그러고 나서 케페우스 왕과 카시오페이아 왕비에게 결혼 승낙을 받고 곧바로 세리포스 섬으로 향했다. 드디어 메두사의 목이 담긴 자루를 들고 폴리데크테스가 기거하는 왕궁에 페르세우스가 도착했다.

"왕이시여, 여기 메두사의 목을 가져왔습니다. 약속을 지켰으니 이제 어머니에 대한 생각은 꿈도 꾸지 마십시오."

메두사의 목을 가져오리라고는 꿈에도 생각지 못했던 폴리데크테스는 페르세우스가 거짓말을 하고 있다고 생각했다. 그래서 신하들 앞에서 페르세우스를 망신 줄 생각으로 페르세우스에게 가져온 자루를 풀어 메두사의 머리를 보이라고 했다.

"메두사의 머리를 보게 되면 누구나 돌이 된다는 것쯤은 알고 계실 텐데 정말 메두사의 머리를 보고 싶으십니까?"

페르세우스가 폴리데크테스에게 자신만만하게 물어보자 폴리데크테스는 빨리 자루를 풀라고 재촉했다. 마침내 자루가 열리고 메두사의 목이 자루에서 나오는 순간 폴리데크테스뿐 아니라 왕궁에 있던 신하들까지 모두 돌로 변했다.

이로써 세리포스 섬에는 평화가 찾아오게 되었고, 폭정에 시달리던 백성은 자유를 되찾게 되었다. 페르세우스는 자신과 어머니를 구해 주었던 어부 디크티스에게 왕위를 넘겨주고는 세리포스 섬을 떠났다.

폴리데크테스를 해결하고 난 페르세우스는 자신을 도와준 아테나 여신에게 메두사의 머리를 헌상했다. 그 이후 아테나는 메두사의 머리를 자신의 방패에 달고 다녀 그녀의 상징이 되었다.

이제 페르세우스에게는 마지막으로 풀어야 할 매듭이 있었다.

손자로 인해 죽어야 한다는 신탁 때문에 자신과 어머니를 버렸던 아크리시오스 왕을 만나 자신은 할아버지를 죽일 생각이 전혀 없다는 것을 알려주고 싶었던 것이다.

아크리시오스 왕이 다스리던 아르고스에 페르세우스가 도착했을 때 아크리시오스 왕은 왕위에서 쫓겨나 행방이 묘연한 상태였다. 페르세우스는 할아버지를 찾기 위해 이곳저곳을 찾아다니다 우연히 라리사라는 도시에 도착하게 되었다. 마침 그곳에서는 대규모 운동대회가 열리고 있었고, 페르세우스도 심심풀이 삼아 원반던지기 대회에 참여했다. 드디어 페르세우스의 차례가 되어 그는 힘차게 원반을 던졌다. 그런데 그 원반이 관중석까지 너무 멀리 날아가는 바람에 관중들 중 한 노인을 맞히고 말았다. 하필이면 그 노인은 바로 아크리시오스 왕이었다. 그는 원반을 맞고 즉사했다.

운명을 피하기 위해 딸과 손자까지 버린 아크리시오스 왕은 낯선 도시에서 자신의 운명대로 결국 손자의 손에 죽고 만 것이다.

메두사는 부정적인 어머니상이 갖고 있는 공포의 상징이자 우리 내면의 가장 두려운 대상의 상징화

페르세우스의 어머니 다나에는 청동으로 만든 감옥에 갇히게 되는데, 이는 아크리시오스 왕이 손자가 태어나는 것을 두려워했기 때문이다. 이는 가부장제하에서 흔히 겪는 일로, 손자의 탄생으로 인해 위협받게 되는 왕권을 지키기 위해서다.

아크리시오스 왕이 아들 없이 딸만 하나 두고 있다는 것은 아크리시오스 왕의 무의식에는 아들을 바라지 않는다는 생각이 있을 수도 있다는 점을 의미한다. 어쩌면 그는 왕권을 넘겨줄 의사가 없으며, 아들이 태어나게 되면 자신이 물러나야 할지도 모른다는 불안감 때문에 아들을 두지 않았을 수도 있다. 하지만 의식적으로는 자신의 대를 이어야 한다는 강박관념 때문에 아들을 원하게 된다. 그래서 신탁에게 물어봤지만, 결과는 왕권을 넘겨줘야 하는 정도가 아니라 아예 자신의 목숨까지 빼앗기는 처지에 놓인다는 것이었다. 그래서 그는 비정하게 자신의 딸을 청동감옥에 가둬 버린 것이다.

다나에가 청동감옥에 감금된 것은 세상과의 단절을 의미한다. 감금은 의식과의 연을 끊고 무의식에 접근하게 되었다는 것을 상징하며, 이런 무의식의 접근을 통해서만이 정말 가치 있고 영웅적인 행동이 시작될 수 있는 기반이 조성됨을 상징한다.

또한 이런 억압과 감금이라는 불리한 환경은 영웅을 영웅답게 만들기도 한다. 영웅의 탄생은 어려움과 고통으로부터 시작되어야 더욱 빛나기 때문이다.

영웅의 어린 시절이 그렇듯이 페르세우스도 태어나자마자 버림을 받는다. 어머니와 함께 나무궤짝에 갇힌 채 바다에 버려지는데, 이는 일반적이고 관습적인 방법으로는 영웅이 영웅답게 만들어지지 않는다는 것을 말한다. 영웅은 어린 시절부터 담금질당하고, 수

난과 고통을 겪어야 비로소 영웅답게 성장하게 된다.

이제 페르세우스가 성년이 되어 자신의 용기와 재능을 펼쳐보여야 할 때가 되었다. 그러려면 보통 인간들도 할 수 있는 쉬운 일을 해결해서는 영웅이 될 수 없다. 그래서 그가 선택한 것이 바로 고르곤 자매 중 하나인 메두사의 머리를 가져오는 것이다.

나를 나답게 만드는 개성화 과정에서 중요한 것은 누구나 할 수 있고, 누구나 생각할 수 있는 일을 하는 것이 아니다. 자신만이 할 수 있지만 두렵고 독특한 일을 실천해야 내가 나다워질 수 있다. 그래서 페르세우스는 폴리데크테스 왕 앞에서 메두사의 머리를 가져오겠다고 호언장담한다. 이런 모험을 거쳐야 그는 성장할 수 있으며, 남들과 다른 비범함을 보일 수 있기 때문이다.

우리는 때로 어떤 사람이 쉬운 길을 두고도 어려운 길을 가거나, 자신의 기득권을 버리고 아무런 물질적 보상도 주어지지 않는 길을 선택하는 경우를 보게 된다. 하지만 그 사람은 그런 과정을 통해 내가 나다워질 수 있는 것이다. 결국 개성화 과정은 물질적인 보상이 아니라 내가 흡족하고 만족스러우면 되는 것이다.

페르세우스는 헤르메스와 아테나의 도움으로 메두사와 직면하게 된다. 메두사는 외모가 흉물스럽기도 하지만, 가장 두려운 점은 누구나 보기만 해도 돌로 변한다는 것이다.

여기서 메두사가 상징하고 있는 것은 부정적인 어머니 원형이다. 어머니 원형은 여러 가지가 있다. 성모 마리아처럼 자식에게 헌신하고 모든 것을 주는 좋은 어머니상도 있고, 반대로 자신을 쳐다보기만 해도 돌로 만들어 버리는 무서운 어머니 원형도 존재한다.

보기만 해도 돌로 변한다는 것은 자식들이 어머니를 두려워하기 때문에 어머니 앞에서 경직되고 긴장된다는 것을 의미한다. 그리고 어머니의 얼굴을 쳐다보면 돌로 변한다는 것은 다음과 같은 의미다. 쳐다본다는 것은 자식과 어머니가 일대일의 대등한 관계임을 상징하는데, 이런 대등한 관계를 어머니가 허용하지 않으며, 그럴 때는 자식을 돌로 만들어 아무런 생각 없이 복종하게 만들어 버린다는 것이다.

이렇게 되면 감히 어머니의 얼굴을 쳐다본다는 것은 상상하기도 어려운 일이다. 어머니는 이렇게 복종하는 자식들의 태도에 매우 만족할 수도 있다. 그래서 자식들은 어머니의 말이라면 무엇이든 복종하고, 어머니의 뜻을 거스르지 않는다.

메두사는 부정적인 어머니가 갖고 있는 공포감을 나타낸다.

페르세우스는 아테나의 방패에 메두사의 머리를 비추어 봄으로써 메두사의 머리를 자를 수 있었다. 이때 메두사의 머리가 잘린 곳에서는 날개 달린 말인 페가수스와 크리사오르가 탄생했다. 이는 부정적인 모성을 극복하게 되면, 여기서 부정적인 어머니 원형은 도리어 긍정적으로 바뀌게 된다는 것을 의미한다. 즉, 무서운 어머니 원형을 두려워하고 거기에 복종하게 되면 언제든 돌로 변할 수 있는 가능성이 있지만, 반대로 거기에 직면하고 그것을 제거하게 되면 부정적인 에너지가 긍정적인 에너지로 바뀌게 된다는 것이다.

자신 안에 존재하는 부정적인 어머니상에 휘둘려 자신 마음대로는 아무것도 하지 못하고 어머니의 뜻에 따라 살던 사람이 어느 날 갑자기 이런 공포감을 극복하면 그는 그 순간부터 자유로워지고, 자신의 창조성과 자율성이 드러나게 되는 것이다. 페가수스는 날개 달린 천마로, 시인들의 시작詩作에 영감을 준다고 알려져 있다. 이는 바로 페가수스가 창의성과 자율성을 의미하기 때문이다.

그런데 페르세우스로 하여금 메두사를 직면할 수 있게 해 준 것이 바로 아테나가 전해 준 청동방패다. 이 청동방패는 반짝반짝 윤이 나는 거울의 역할을 하고 있다. 여기서 거울이 갖고 있는 상징을 보면 페르세우스 신화를 더욱 잘 이해할 수 있다.

거울은 우리의 모습을 비춰 주는 기능을 갖고 있다. 아이러니하게도 우리 눈은 가장 가까이에 있는 내 얼굴은 보지 못한다. 그리고 내 뒷모습 또한 볼 수가 없다. 거울을 통해 자신을 들여다본다는 것은 자기인식* 또는 자기반성이나 자기반영**을 의미한다. 이런 자신에 대한 인식 없이는 우리는 객관적인 시각을 가질 수 없으며, 외부세계에 대해서도 정확한 판단을 내릴 수 없다.

거울은 우리가 누구인지, 무엇을 해야 하는지, 무엇을 위해 살아야 하는지 정확하게 알려 준다. 그래서 백설공주 이야기에서 사악한 마녀인 계모는 거울을 보면서 "거울아 거울아 이 세상에서 누가 제일 예쁘니?"라고 물어본다.

이 요술거울은 사실 백설공주의 계모 안에 자리 잡고 있는 이성적인 판단과 양심을 나타낸다. 거울은 여지없이 "백설공주가 이

* **자기인식** 심리학 용어로, 자기 자신에 대해 깨닫는 것을 말한다. 예를 들면, 자신이 누구이고 세상에 얼마나 잘 맞는 사람인지를 아는 것이다. 건강한 자기인식은 자기만의 관점이 아닌 타인의 관점으로 바라보고 타인의 처지나 생각을 이해하는 것이다.

** **자기반영** 자신을 비추어 보는 것을 말한다. 거울을 보듯이 자신 스스로를 들여다보고 스스로 반성하고, 이러한 반성을 통해서 자신이 지니고 있는 모습을 인식하는 것이다.

세상에서 제일 예쁘다"라고 일러 준다. 거울은 마녀에게 정확한 자기인식을 일러 준 셈이다.

페르세우스는 메두사를 직접 쳐다볼 수가 없다. 직접 보게 되면 그는 돌이 되어 버리기 때문이다. 그런데 청동방패를 이용해서 들여다보면, 그는 메두사의 흉물스런 모습을 볼 수 있다. 페르세우스가 거울을 통해서 메두사를 보는 행위는 자기인식이나 자기반영을 이용한다면 자신 안에 존재하는 어떤 두려움도 직면할 수 있음을 의미한다.

거울이라는 매개체는 우리가 갖고 있는 두려움, 용기, 고뇌, 약점과 강점 등을 자신에게 그대로 비춰 준다. 우리는 자신에 대해 정확하게 인식할 수 있을 때에 비로소 내면에 존재하는 가장 두려운 대상인 메두사와 직면해서 그것을 없앨 수 있다.

거울은 바로 무의식으로 들어가는 관문이다. 《이상한 나라의 앨리스》에서도 앨리스는 거울을 보다가 거울 속으로 빨려들어간다. 앨리스는 거울을 통해 자신의 무의식으로 들어가서 내면에 존재하는 여러 가지 무의식의 존재들과 만나게 된다.

자신의 내면에 존재하는 여러 가지 모습들을 들여다보게 되면 흥미롭기도 하지만, 놀랍고 당황스럽기도 하다. 지친 하루를 보내고 나서 욕실에서 세수를 하고 거울에 비친 자신의 모습을 들여다보고 흠칫 놀란 경험을 한 적이 있을 것이다. 하루 종일 열심히 일하느라 잊고 있던 내 자신과 직면했기 때문이다. 거울 속에 비친 나는 다른 사람들에게 잘 보이려고 애쓰고, 화가 나도 속으로 꾹꾹 눌러 참으며 미소를 띠기도 했던 가면을 쓴 모습이 아니라 내 본래 그대로의 모습이다. 그래서 순간적으로 낯설어 보여 화들짝 놀라게 되는 것이다. 거울mirror이라는 단어의 어원은 원래 miror, mirae(놀라다, 당황하다, 깜짝 놀라다)에서 유래되었다.

아테나와의 세력 대결에서 패한 후 아름다운 여신 메두사는 괴물로 전락하다

이제 우리는 메두사의 상징에 대해 더 자세히 살펴볼 필요가 있다. 메두사가 아테나에게 원한을 품은 원인과 아테나가 페르세우스에게 청동방패를 준 이유는 역사적인 배경을 살펴보아야 알 수 있다.

아주 오래전 북아프리카와 이집트에는 네이트Neith라는 여신이 있었다. 이 여신은 리비아 쪽에서는 아나타Anatha로 불렸다. 당시 북아프리카 지역의 사람들은 그리스와 많은 교류가 있었다. 기원전 4000년경 리비아의 망명자들이 크레타 섬에 도착했는데 이들은 아나타 여신과 함께 상륙했다. 아나타 여신은 곧 그리스 본토로 진출했고, 그리스에서는 아나타가 아테나로 이름이 바뀌게 되었다.

아나타 여신은 원래 아테나 여신과 메두사 여신의 두 측면을 모두 갖고 있는 여신이었다. 그러나 그리스에서는 아나타 여신을 받아들일 때 아테나 여신의 측면만을 받아들였고, 아테나는 마침내 올림포스의 주신이 되었다. 이리하여 아나타 여신은 아테나와 메두사 두 여신으로 분리되었다.

그런데 아테나가 올림포스의 주요한 여신이 되면서부터 많은 부분 변형이 이루어지게 되었다. 그리스에서는 이미 남성 신들이 중심이 되고 있었다. 따라서 원래 아나타 여신이 갖고 있었던 많은 부분이 버려지거나 억압될 수밖에 없었다. 아테나 여신은 올림포스 주신의 대열에 끼기 위해 자신의 조상인 아나타 여신과의 관계를 끊고심지어 배신을 해야 했다. 즉, 아테나는 여성신이지만, 자신이 갖고 있는 여성적인 측면을 모두 버리고 남성적인 신으로 변모해야 했다.

그래서 아테나는 여신이지만, 처녀신으로 남아 있어야 했다. 그녀는 자신의 성性을 버린 것이다. 또한 자신의 조상신인 아나타와의 관계를 청산하고자 자신을 낳아준 신이 제우스라고 주장하게 된다.

아테나의 탄생신화는 이렇다. 제우스는 어느 날 머리가 너무 아파서 아들인 헤파이스토스에게 도움을 청했다. 이때 헤파이스토스는양날 도끼로 제우스의 머리를 내리쳤는데, 제우스의 머리에서 창과방패로 무장한 아테나가 태어났다고 한다.

이는 아테나가 남성중심적인 신의 사회에 완전히 복속하게 되었음을 의미하는 사건이다. 이후 아테나는 자신과 뿌리를 같이하는 메두사와 경쟁관계에 놓이게 되고, 둘은 투쟁을 벌인다.

당시 아테네에서는 전쟁의 신인 아테나와 바다의 신인 포세이돈이 아테네 시의 주신으로 자리 잡기 위해 투쟁을 벌이고 있었다. 이때 메두사가 나타난 것이다. 메두사는 북아프리카를 넘어와 그리스로 상륙하면서 전략적인 제휴를 벌이게 된다. 그 대상이 바로 포세이돈이었다.

아테나는 아테네 시의 주신의 자리가 위협을 받자 더 이상 참을수가 없었다. 그래서 메두사에 대한 폄하를 하게 되었고, 아름다운

〈팔라스 아테나〉
렘브란트 판 레인 | 1655 | 칼루스테 굴벤키안 박물관 소장

여신은 뱀의 머리를 한 추한 몰골로 바뀌게 되었다. 그리고 한 걸음 더 나아가 페르세우스를 통해 그녀의 머리를 베게 만든 것이다.

이후 아테나가 메두사의 머리를 자신의 방패에 달고 다녔던 이유는 자신이 여성신인 메두사를 완전히 정복했음을 보여주기 위한 것이다. 결국 아테나는 메두사를 없애 버림으로써 포세이돈뿐 아니라 메두사의 아테네 상륙을 패퇴시키게 되었다.

아테나와 메두사는 아나타라는 여신의 두 가지 측면이라고 했는데, 아테나는 여성들만이 가질 수 있는 용기, 지혜, 냉정함, 활기를 상징하는 여신이고, 메두사는 반대로 죽음과 재생을 담당하는 여신이었다. 고대 그리스인들은 여기서 아나타가 갖고 있는 밝은 면만을 취하고, 죽음과 재생이라는 어두운 여신의 측면은 받아들이지 않은 것이다.

메두사가 갖고 있던 죽음과 재생은 여성의 월경과 관련이 있다. 고대 사람들은 여성이 한 달에 한 번 피를 흘리고도 살아남는 것을 이상하게 생각했다. 또한 이런 주기가 달의 주기와 일치하는 것도 경이로운 일이었다. 달은 조금씩 커지다가 만월이 되고, 다시 크기가 줄어들고, 며칠 동안 아예 사라지기도 한다. 즉, 달이 죽은 것이다. 그런데 달은 또다시 나타나게 된다. 따라서 메두사는 달이 뜨지 않는 암흑의 밤하늘을 주관하는 달의 여신이기도 하다. 메두사 여신은 달이 없어졌다가 다시 하늘에 나타나듯이 죽음이 있어야 재생이 있다는 것을 상징하고 있었다.

하지만 남성중심 사회인 그리스에서는 이런 여성들이 가진 신비롭고 경이로운 월경과 달의 주기 변화를 받아들이지 않았다. 이것은 남성들이 여성에 대해 갖고 있던 열등감이 원인이었다. 남자들은 어떤 초자연적인 현상과도 연관을 맺지 못하기 때문이다. 그래서 메두사는 결국 사람들을 돌로 만들어 버리는 추한 상징이 된다.

하지만 그리스 사람들은 죽음 뒤에 다시 삶이 있다는 것을 간과했다. 메두사가 죽으면서 피를 흘렸다고 하는데 왼쪽 정맥에서 흘린 피는 사람을 죽이는 역할을 하고, 오른쪽 정맥에서 흘린 피는 사람을 살리는 작용을 했다고 전해진다. 그래서 의술의 신인 아스클레피오스Asclépios*는 이 오른쪽 정맥에서 흘린 피로 죽었던 사람을 살려 냈다는 이야기가 있다.

메두사에 대해서 여러 심리학자들이 분석을 했는데, 프로이트의 해석이 재미있다. 프로이트는 메두사가 뱀을 머리에 얹은 모습을 어머니의 성기를 상징하는 것으로 보았다. 이때 메두사의 머리가 잘려 나간 것은 어머니의 성기가 거세됨을 의미하고, 메두사를 보면 남자들이 돌이 된다는 것은 어머니의 성기가 거세된 것에 대한 두려움을 극복하고자 남자의 성기가 발기되는 것을 의미한다는 것이다.

또 다른 심리학자 슬레이터는 메두사의 머리를 보면 돌로 변하는 것은, 남자아이들이 메두사의 머리(어머니의 성기)를 보고 자신의 성기가 거세당하지 않을까 하는 두려움 때문에 도리어 발기불능 상태에 빠져 버리는 것을 돌로 변하는 것으로 표현했다고 보았다.

하지만 제일 타당해 보이는 의견

* **아스클레피오스** 그리스 신화에 나오는 의술의 신. 아폴론의 아들로, 죽은 사람도 살려낼 정도로 뛰어난 의술을 발휘하다가 인간이 그를 통해 불사의 능력을 얻을까 두려워한 제우스에 의해 벼락에 맞아 죽었다고 한다. 펠로폰네소스 반도의 에피다우로스는 아스클레피오스 숭배로 유명한 도시다.

은 메두사는 어머니가 아들을 잡아두려고 하는 원시적인 욕망을 상징한다는 것이다. 남자아이들은 어머니의 품에 영원히 남고 싶은 욕구가 있다. 하지만 한편으로는 어머니의 힘에 이끌려 자신이 어머니에게 잡아먹히지 않을까(심리적으로 억압받지 않을까) 하는 두려움을 갖는다. 따라서 이런 양가감정**에 괴로워하게 되고, 결국은 어머니의 억압에서 벗어나는 것을 페르세우스가 메두사의 목을 베는 것으로 나타냈다는 것이 가장 적합한 관점일 것이다.

그리고 이런 모성과의 단절은 긍정적인 의미로 자신만의 정체성을 확립하고, 사회에 나가 독립적인 한 인격으로 성장하게 되는 원동력이 된다.

** **양가감정** 동일 대상에 대해 두 가지의 서로 대립되거나 상호 모순되는 감정이 공존하는 상태를 말한다.

제10장

사랑과 증오의 서사시
이아손과 메데이아

소중함
Preciousness

저는 메데이아입니다.

흔히 저를 마녀라고 하죠. 아마 마녀의 원조 정도로 생각하는 사람이 많을 겁니다.

하지만 저는 당당하게 말할 수 있습니다. 저는 마녀가 아니라 마법사 입니다. 저는 약초를 조합해서 인간이 갖지 못한 능력을 부여할 수도 있고, 심지어 인간이 늙는 것을 막을 수 있을뿐더러 젊어지게 하는 능력까 지 갖고 있습니다.

하지만 저도 인간이기에 약점이 있습니다.

바로 사랑이죠. 사랑에 빠지게 되면, 모든 판단력은 마비되고 앞날을 예측하는 제 능력도 발휘되지 못합니다. 그건 신도 마찬가지죠.

이성과 태양의 신인 아폴론을 보세요. 제아무리 이성으로 무장하고 있다 한들 한낱 인간인 다프네에게 빠져 그녀를 쫓아다니지 않았습니 까? 그 반듯하고 잘생긴 아폴론이 싫어 다프네는 월계수로 변하게 해달라고 자청했고, 결국 아폴론은 망신살이 뻗쳐 한동안 고개도 들고 다니지 못했죠.

이게 바로 사랑입니다.

신과 인간을 마비시켜 버리는, 한마디로 정신병적인 상태가 사랑인 것 같습니다.

제가 이아손을 보는 순간 사랑에 빠지고 말았으니, 운명이란 정말 알수 없는 것입니다. 그 볼품없고, 능력 없는 청년에게 왜 내 마음이 움직였는지 지금 생각해도 도무지 알 수가 없습니다. 그는 용기도 없고, 배짱도 없을 뿐 아니라 겁도 많은 청년이었습니다.

저는 사랑만 믿고 최선을 다해 이아손을 도왔습니다. 그는 내 도움이 없었다면 황금양털을 얻기는커녕 죽음을 면치 못했을 것입니다. 참, 그에게도 한 가지 재능은 있었죠. 다른 사람을 현혹하고 거짓말하는 재주 말입니다.

그는 제가 자신을 사랑한다는 것을 금방 알아채고는 자신의 목적을 위해 제게 사랑한다는 말을 서슴지 않고 하면서 콜키스를 떠나 자신의 고향에서 성대하게 결혼식을 올리자고 거짓 언약을 했습니다. 저는 그의 말에 완전히 속고 말았죠.

저는 그를 위해 모든 것을 희생했습니다. 심지어 아버지를 배신하고, 남동생을 죽이기까지 했으며, 탐욕스런 펠리아스 왕까지 제거해 주었습니다. 그럼에도 제게 돌아온 것은 배신의 칼날뿐이었습니다. 그는 자신의 고향으로 돌아가서는 마음을 바꿔서 다른 여자와 결혼을 하려고 했습니다.

저는 사랑에 눈이 멀어 손에 피를 묻히는 바람에 이후 마녀로 사람들의 입에 오르내리게 되었고, 모든 것을 잃고 말았습니다. 결국 이아손도 모든 것을 잃은 것은 마찬가지이기는 합니다.

이제 다시는 사랑을 믿지 않으렵니다. 특히 남자의 말은 믿지 않을 생각입니다.

남자들은 진정 사랑을 알지 못하는 존재입니다. 단지 목적을 위해 사랑을 팔기만 할 뿐이죠.

사람들은 아르고호의 모험이야기에 많은 관심을 갖더군요. 내로라하는 영웅들이 아르고호를 타고 온갖 모험을 한 그 유명한 이야기 말입니다.

하지만 자세히 들여다보면, 아르고호의 항해는 영웅담이 아니라 배신과 탐욕의 이야기일 뿐입니다. 그리고 그 중심에 이아손이 자리 잡고 있죠.

이제부터 그 이야기를 들려드리죠.

숙부에게 왕위를 빼앗긴 왕의 아들 이아손

이올코스라는 왕국에 펠리아스라는 왕이 있었다. 그는 왕이 되기까지 많은 어려움을 겪었다. 펠리아스의 아버지는 바다의 신 포세이돈이며, 어머니는 티로Tyro였다. 포세이돈과 티로가 사랑을 나누어 티로가 쌍둥이를 낳았는데, 그중 하나가 펠리아스였다. 그런데 펠리아스는 태어나자마자 어머니에게 버림을 받게 되었다. 펠리아스의 어머니 티로의 계모 때문이었다. 이 계모의 이름은 시데로Sidero인데,

자신의 의붓딸을 너무나 미워했기 때문에 손자도 좋아할 리가 없었다. 그래서 아들에게 해를 끼치지 않을까 겁이 난 티로는 쌍둥이 형제를 버렸던 것이다.

펠리아스는 버림받은 뒤 마부들의 손에 자랐다. 장성한 펠리아스는 어머니인 티로를 찾아가게 되었고, 할머니인 시데로의 미움 때문에 어머니가 어쩔 수 없이 자신을 버렸다는 사실을 알게 되었다. 펠리아스는 자신의 어린 시절을 망가뜨린 할머니를 죽이기로 결심했다.

"당신은 아무리 피가 섞이지 않았다고는 하지만 손자인 나를 미워하고 우리 어머니를 학대한 벌을 받아야 합니다. 친족살해가 가장 끔찍한 벌을 받는다고는 하나 나는 가슴에 맺힌 한을 이 칼로 풀어 버릴 것이오."

펠리아스는 의붓할머니인 시데로의 면전에서 이렇게 외치며 칼을 빼들었다. 시데로는 죽음을 피하기 위해 헤라의 신전으로 도망을 쳤다. 설마 헤라의 신전에서 피를 뿌리는 불경한 짓을 저지르지는 않을 것이라는 생각에서였다. 하지만 펠리아스는 개의치 않고 헤라의 신전에서 시데로의 목을 쳤다. 이것을 지켜본 헤라는 참을 수가 없었다.

'아무리 포세이돈의 아들이라고 하지만 감히 내 성전에서 인간의 피를 뿌리다니. 내 저놈이 자신이 한 일에 대해 뼛속 깊이 후회하는 날이 오도록 할 것이다.'

헤라는 이렇게 혼잣말을 되뇌이며 펠리아스에게 복수할 날 만을 기다렸다.

펠리아스의 어머니인 티로는 펠리아스를 낳은 후 이올코스의 왕이었던 크레테우스Cretheus와 재혼을 했다. 이 둘 사이에서 태어난 이가 아이손Aison이다. 따라서 펠리아스와 아이손은 이부異父형제 사이였다.

아이손은 이올코스 왕국의 왕이 되었고, 아들을 두었는데 그 아들이 이아손이다.

펠리아스가 자신의 원수를 갚기 위해 할머니를 죽일 정도로 집요하고 냉정한 인물임에 반해, 아이손은 나약하고 우유부단한 인물이었다.

할머니도 죽인 마당에 펠리아스가 못할 것은 없었다. 펠리아스는 이올코스 왕국으로 찾아가 아이손에게 왕위를 내놓으라고 협박을 해서 심약한 아이손에게서 왕위를 탈취했다.

이때 아이손의 아내는 펠리아스가 자신의 아들인 이아손을 죽일지 모른다는 생각이 들어 이아손을 피신시켰다.

이아손은 켄타우로스족(반은 사람이고, 반은 말인 반인반수)의 현인인 케이론Cheiron*에게 맡겨졌다. 케이론은 교육자로 이름을 날렸으며, 수많은 영웅에게 학식뿐 아니라 지혜와 도덕, 좋은 품성을 심어주는 데 기여했다. 이아손은 비록 부모의 품을 떠날 수밖에 없었지만 좋은 선생님 밑에서 훌륭한 교육을 받을 수 있었다.

이아손이 케이론의 문하에서

* **케이론** 그리스 신화에 나오는 켄타우로스족의 현자. 머리부터 허리까지는 인간이고 나머지 부분은 말의 형상인 켄타우로스족은 난폭한 성질을 가졌지만, 케이론은 정의를 존중하는 온화한 성격이었다고 한다. 의술, 음악, 무술에 뛰어난 재능을 가져 헤라클레스, 아스클레피오스, 이아손, 아킬레스 등 많은 영웅이 그의 가르침을 받았다.

있을 때 같이 수학을 했던 영웅들이 나중에 아르고호를 타고 황금 양털을 찾으러 떠나는 일행이 된다.

한편 이올코스의 왕이 된 펠리아스에게 갑작스레 걱정이 생겼다. 어느 날 펠리아스는 델포이에 가서 신탁을 받았는데 신탁은 다음과 같이 알려 주었다.

"펠리아스 왕이여, 한쪽에만 샌들을 신고 나타날 청년을 조심하시오. 그에게 목숨을 잃을 것이오."

펠리아스는 애써 신탁을 무시하려 했지만, 신탁이 맞지 않은 경우는 보지 못했기에 하루하루 불안 속에서 보내게 되었다.

이아손이 성장해 더 이상 케이론에게서 배울 것이 없게 되자, 그는 자기 나라로 돌아가기로 결심했다.

'사실 이올코스 왕국의 왕위는 아버지나 내가 차지해야 하는데, 숙부인 펠리아스가 왜 계속 왕권을 갖고 있는지 모르겠군. 이제 내가 어른이 되었으니 다시 왕위를 돌려달라고 담판을 지을 때가 되었어.'

그래서 이아손은 왕위를 되찾기 위해 이올코스로 향했다.

이아손은 길을 떠난 지 얼마 지나지 않아 커다란 강가에 도착하게 되었다. 이때 그의 곁에 조용히 한 노파가 나타났다. 그 노파는 사실 헤라 여신이었다. 헤라는 이아손이 얼마나 재능과 힘을 갖추고 있는지 시험해 볼 목적으로 노파로 변장해 나타난 것이다.

"이봐 젊은이, 나 좀 업어서 이 강을 건네주겠나? 나 같은 늙은이는 강물에 휩쓸려 죽을 수도 있으니 자네가 나 좀 도와줘."

이아손은 자신이 곧 왕이 될 거라는 생각 때문에 기분이 들떠 있던 상태여서 흔쾌히 업어 주겠다고 했다. 이아손이 노파를 업고 강을 건너는데 이상하게 노파의 몸무게가 점점 무거워지는 느낌이 들었다. 그래서 강 중간쯤 다다랐을 때는 발걸음을 떼는 것조차 힘이 들었다.

"아니 젊은 사람이 왜 그렇게 힘이 없어? 늙은이도 이보다는 더 빨리 강을 건너겠네. 힘 좀 써 보라구."

그러지 않아도 힘이 들던 이아손은 노파의 말을 듣고 화가 나서 강을 빨리 건너려다 그만 자신이 신고 있던 한쪽 샌들을 잃어버리고 말았다. 이아손은 간신히 노파를 강 건너편으로 건네주고 이올코스 왕국으로 향했다. 이아손은 자신이 강을 건네준 노파가 헤라라는 사실은 전혀 알지 못했다.

한쪽만 샌들을 신은 채 이올코스에 도착한 이아손에 대한 소문은 금방 왕궁까지 전달되었다. 그래서 펠리아스는 당장 이아손을 붙잡아서 죽이고 싶었지만, 하필 그날은 자신의 아버지인 포세이돈의 축일이어서 피를 뿌리기를 원치 않았다.

"그래 오늘 같은 날 사람을 죽일 수는 없지. 도대체 어떤 놈인지 얼굴이나 보자."

왕궁에 도착한 이아손은 거두절미하고 이렇게 말했다.

"제가 아이손의 아들인 이아손입니다. 원래 이 나라의 왕좌를 물려받을 사람은 저라는 사실을 잘 알고 계시겠죠. 그동안 잘 다스려 주셔서 감사합니다."

그때서야 한쪽 샌들을 신은 청년이 바로 자신의 조카라는 사실을 알게 된 펠리아스는 이아손이 별로 똑똑하지 않다는 것을 간파했다.

"물론 왕좌는 자네 것이네, 그렇지 않아도 자네가 이올코스에 오기를 기다리고 있었네. 자네가 곧 이 왕권을 차지할 테지만, 왕이란 자리가 그렇게 좋지만은 않네. 골치 아픈 일도 많고 말이야. 그래서 이제나저제나 어디 물려줄 만한 사람이 없나 물색하고 있던 차에 조카가 나타났으니 어찌 기쁘지 않겠나.

그런데 말일세, 내가 들은 신탁에 의하면 이 왕좌는 황금양털을 가져오는 자에게 물려주라고 하더군. 자네 할 수 있겠나?"

펠리아스는 거짓으로 지어내 이루지 못할 과제를 주어 왕위를 물려주지 않을 속셈이었다. 하지만 즉흥적이고 생각이 좀 모자란 이아손은 선뜻 대답하고 말았다.

"그러지요. 그깟 황금양털을 가져오는 것이 뭐 어렵겠습니까? 지금 당장 출발하겠습니다."

이아손은 왕궁을 나와 즉시 케이론 밑에서 같이 공부했던 친구들을 불러 모았다.

"우리 이렇게 따분하게 인생을 보낼게 아니라, 큰 모험을 떠나 보는 게 어떻겠나? 저 흑해 끝에 있다는 황금양털를 찾으러 떠나세. 자네들 모두 내 생각에 동의할 것으로 생각하네."

이아손의 친구들은 황금양털을 찾으러 가는 모험에 기꺼이 참여했다.

이 모험에 참여한 이는 아름다운 음악을 연주하는 재주를 가진 오르페우스, 북풍의 신의 아들로 날개를 갖고 있는 제테스Zetes와 칼라이스Calais 형제, 폴리데우케스Polydeuces와 카스토르Castor 형제, 만물을 투시하는 능력을 가진 린케우스Lynceus, 목수인 아르고스Argos 그리고 헤라클레스 등이었다.

이들이 타고 갈 배는 목수인 아르고스가 만들었고, 배의 이름은 아르고(빠른 속도)호라고 지었다. 이리하여 그 유명한 아르고호의 모험이 시작되었다.

이아손의 왕위를 찾기 위한 영웅들의 모험과 조력자 메데이아

아르고호는 순조롭게 항해를 할 수 있었다. 항해 중에 모자란 물과 식량을 구하기 위해 처음 도착한 곳이 렘노스 섬이었다. 이 렘노스 섬에는 여자들만 살고 있었다. 아프로디테가 이 섬의 여자들을 저주해 몸에서 지독한 냄새를 풍기게 했는데, 이 섬의 남자들이 그 냄새 때문에 여자를 멀리하자 여자들이 남자들을 모두 죽여 버렸기 때문이다. 남자가 없는 섬에 영웅들이 나타나자 렘노스 섬의 여자들은 그들을 열렬히 환영했다.

이때 대장장이의 신인 헤파이스토스가 아프로디테를 설득해 렘노스 섬의 여자들에게 풍기는 악취를 제거해 주어 아르고호의 선원들은 섬에 일 년이나 지내면서 자식까지 낳게 되었다.

이들은 아쉬운 마음을 뒤로 하고 렘노스 섬을 떠나 항해를 계속하다가 헤라클레스가 너무 세게 노를 젓는 바람에 노가 부러져서 더 이상 항해를 할 수 없어 비티니아 땅에 상륙했다.

그런데 여기서 사건이 한 가지 생기고 말았다. 헤라클레스가 총애

하던 힐라스Hylas라는 미소년이 있었다. 힐라스가 비티니아 숲 속에 물을 뜨러 들어갔는데, 그가 샘물에서 물을 뜨려고 할 때 샘물에 살던 요정들이 힐라스의 미모에 반해 그를 샘물로 끌고들어가 버렸다. 헤라클레스는 힐라스를 찾기 위해 숲 전체를 샅샅이 뒤졌지만 끝내 찾지 못했다. 아르고호의 선원들은 아무리 기다려도 헤라클레스가 나타나지 않자 어쩔 수 없이 헤라클레스를 비티니아 땅에 두고 떠나게 되었다.

아르고호가 다음으로 도착한 곳은 베브리케인의 나라였다. 이곳에는 아미코스Amycos라는 교만한 왕이 있었는데, 그는 모든 방문자와 권투시합을 벌여 상대를 죽이곤 했다. 이에 아르고호의 일행인 폴리데우케스가 나서서 아미코스와 권투시합을 벌였다. 권투시합에 능했던 폴리데우케스는 한 방에 아미코스의 머리를 가격해 아미코스는 그 자리에서 죽었다.

그다음으로는 트라케라는 곳에 도착했다. 이곳에는 피네우스라는 왕이 살고 있었다. 그는 포세이돈의 아들인데, 자신이 장님이 되는 조건으로 대단한 예언 능력을 신에게서 받게 되었다. 그런데 자신의 예언 능력을 과시하느라 신들의 일까지 떠벌리고 다닌 까닭에 벌을 받았다. 그것은 하르퓌아Harpuia라는 괴조怪鳥가 피네우스 왕이 식사를 할 때마다 나타나 왕의 음식을 모두 가로챌 뿐만 아니라 배설까지 하고 가는 것이었다.

아르고호의 선원들이 트라케에 도착했을 때 피네우스 왕은 그들에게 일행의 앞날을 예언하는 대가로 하르퓌아들을 제거해 달라고 통사정을 했다. 일행은 그를 측은하게 여겨 칼라이스와 제테스가 하늘로 날아올라 하르퓌아들을 혼내 주어 하르퓌아는 다시는 피네우스 왕을 괴롭히지 않았다.

피네우스 왕은 아르고호 일행에게 심플레가데스(부딪치는 바위)를 통과하는 방법을 가르쳐 주었다. 심플레가데스는 두 개의 바위가 계속 서로 부딪치면서 지나가는 배들을 파괴했는데, 피네우스가 가르쳐 준 방법대로 한 결과 아르고호는 두 바위 사이를 무사히 빠져나갈 수 있었다.

이렇게 우여곡절을 겪으며 아르고호는 마침내 황금양털이 있는 콜키스에 도착했다.

콜키스의 왕인 아이에테스Aeetes는 아르고호의 일행이 왕궁에 도착하자 무엇 때문에 이 먼 곳까지 오게 되었냐고 물었다.

"황금양털을 가지러 왔습니다."

이아손은 무슨 배짱인지 그 귀한 황금양털을 대뜸 달라고 한 것이다. 아이에테스는 어이가 없어 한동안 말이 없다가 대노해서 이렇게 소리쳤다.

"너희 일행이 그 유명한 재주와 용기를 가진 영웅들이라고 하나, 황금양털은 절대 내줄 수 없다. 너희의 목숨도 하나인 것은 분명한데, 그 목숨이 아깝지 않은 모양이구나. 지금 썩 물러가지 않으면 너희의 배는 곧 너희의 관이 되고 말 것이다."

아이에테스 왕 곁에서 이 광경을 지켜보고 있던 메데이아 공주가 갑자기 아버지에게 다가가서 귓속말을 했다.

"아버지 제게 생각이 있어요. 저들 스스로 죽게 만드는 방법을 쓰시면 되잖아요. 이곳에는 불을 뿜는 청동의 발굽을 가진 황소가 있고, 땅에 뿌리기만 하면 무장한 병사들로 변하는 용의 이가 있잖아요. 저들에게 그 황소에 쟁기를 묶어 밭을 간 다음 용의 이를 뿌리면 황금양털을 준다고 하세요. 그러면 저들은 황소의 불에 타 죽거나, 용의 이에서 튀어나온 병사들에게 모두 죽음을 당할 게 뻔하잖아요. 그러면 아버지 손에 피를 묻히지 않고 저들 모두를 저승으로 보낼 수 있을 거예요."

이 말을 다 듣고 난 아이에테스 왕은 곧 노기를 가라앉히고는 메데이아가 알려 준 방법대로 이아손에게 제안을 했다.

"불을 뿜는 황소에 쟁기를 묶어 밭을 간 다음 용의 이를 뿌리는 일을 모두 마치면 황금 양털을 주도록 하지. 내가 젊은이들의 뜻을 꺾으려고만 했던 것 같군. 자네들은 모두 영웅들이니 충분히 내가 제안한 과업을 모두 수행할 수 있으리라 믿네."

아이에테스 왕의 노기가 가라앉은 것에 잠깐 동안 안심이 된 아르고호 일행은 숙소로 돌아오자 의견이 엇갈리기 시작했다. 한쪽은 이것은 아이에테스 왕이 파놓은 함정이니 황금양털을 포기하자고 했고, 또 다른 한쪽은 여기까지 고생해서 왔으니 죽는 한이 있더라도 한번 끝까지 해 보자고 주장했다. 이렇게 아르고호의 일행이 갑론을박하고 있을 때 숙소의 문을 두드리는 소리가 들렸다. 메데이아가 이아손을 만나러 숙소까지 찾아온 것이다.

"잠깐 밖으로 나와 보세요. 제가 긴히 드릴 말씀이 있습니다."

이아손은 아이에테스 왕의 딸이 한밤중에 찾아온 것이 이상하다고 여기면서도 그녀의 청에 따라 숙소 밖으로 나갔다.

"제가 당신을 돕고 싶어요. 불을 뿜는 황소와 용의 이에서 나올 병사들을 해치울 수 있는 방법을 알려 드릴게요."

이아손이 놀라서 그녀의 얼굴을 의아한 표정으로 쳐다보자 메데이아가 말했다.

"물론 제가 당신을 돕는 것이 이상하게 생각되시겠죠. 하지만 제가 당신을 도와주고 싶은 이유는 당신이 마음에 들기 때문이에요."

이아손은 메데이아가 마법을 부릴 줄 안다는 사실을 익히 들어서 알고 있었기 때문에 그녀가 도움을 준다면 분명 황금양털을 얻을 수 있을 거라 생각했다.

"정말 나를 도와줄 생각이오? 그렇다면 내가 당신을 위해 무엇이든 다 하리다. 그래요. 우리 황금양털을 갖고 이올코스로 돌아가자마자 결혼합시다. 나도 왕궁에서 당신을 처음 보는 순간 사랑에 빠지고 말았소."

이아손이 가진 재주는 사실 말재주밖에 없어서 이렇게 약속했지만, 메데이아는 이아손의 말을 믿고 모든 비법을 가르쳐 주었다.

이윽고 다음 날, 어제 메데이아가 약초로 만들어 준 고약을 온몸에 바른 이아손은 불을 뿜는 황소를 쟁기에 묶어 밭을 갈기 시작했다. 이 고약은 한동안 인간을 불사로 만들어 주는 효과가 있어 황소의 시뻘건 불도 이아손을 태우지 못했다. 밭을 모두 갈고 나서 용의 이를 뿌리자 정말로 무장한 병사들이 용의 이에서 튀어나오더니 이아손 일행을 공격하려 했다. 이때 이아손은 이 병사들 사이에 돌을 던졌다. 그러자 병사들은 갑자기 서로를 공격하기 시작하더니 모두 죽었다.

아이에테스 왕은 이 광경을 지켜보고 몹시 화가 났지만, 왕의 체

〈황금양털을 손에 넣은 이아손〉
장 프랑수아 드 트루아 | 1742~1743 | 런던 내셔널 갤러리 소장

면상 화를 내지는 못하고 알아서 황금양털을 가져가라고 말하고는 왕궁으로 들어가 버렸다. 아이에테스 왕은 마지막으로 황금양털을 지키는 용을 믿었기 때문이다.

'그래봤자 저들은 용의 먹이가 될 게 뻔하지.'

하지만 이번에도 메데이아는 용을 잠들게 해서 그 틈에 이아손으로 하여금 황금양털을 가져오도록 했다. 그러고 나서 이들은 재빨리 아르고호에 올라타 닻을 올리고 콜키스에서 도망쳤다.

하지만 황금양털을 포기할 아이에테스 왕이 아니었다. 그는 배를 타고 아르고호를 뒤쫓기 시작했다. 하지만 메데이아는 이에 대한 준비도 해 놓고 있었다.

메데이아는 자신의 동생인 압시르토스를 인질로 잡고 있었는데, 아이에테스 왕의 배가 아르고호에 점점 가까이 다가오자 압시르토스의 사지를 찢어 그것을 바다에 던졌다. 아이에테스 왕은 아들의 시체를 수습하느라 결국 아르고호를 놓치고 말았다.

이아손 일행은 마침내 이올코스에 도착했다. 이아손은 펠리아스를 찾아가 황금양털을 주면서 왕위를 돌려 달라고 요청했다. 하지만 하루 이틀이 지나도 펠리아스는 왕좌를 내놓을 기색이 없었다.

이때 메데이아가 또다시 나섰다. 메데이아는 펠리아스 왕의 딸들을 불러서 자신이 신기한 것을 보여 주겠다고 했다.

"자 여기 늙은 양이 있습니다. 이 양을 다시 젊게 하도록 하죠. 제가 마법을 부린다는 사실은 알고 있죠?"

그러고는 늙은 양을 칼로 토막내어 펄펄 끓는 솥에 넣었다. 그런데 얼마 후 솥뚜껑을 열자 정말 늙은 양은 간데없고 아주 어린 양이

솥 안에서 튀어나오는 것이었다.

"자, 보세요. 펠리아스 왕도 이제 많이 늙으셨습니다. 당신의 아버지도 이렇게 젊어지게 해 드릴 수 있어요."

펠리아스 왕의 딸들은 아버지가 젊어질 수 있다는 말에 아버지에게 술을 먹여 깊이 잠들도록 했다. 그런 다음 메데이아가 가르쳐 준 대로 아버지를 칼로 토막내어 끓는 솥에 넣었다. 하지만 펠리아스는 되살아나지 못하고 이것으로 죽음을 맞이했다. 그제야 펠리아스 왕의 딸들은 메데이아에게 속았다는 사실을 알았지만 이미 어쩔 수 없는 일이었다.

이렇게 해서 모든 것을 완수했지만 원로회에서 펠리아스의 아들에게 왕권을 넘겨주는 바람에 이아손은 메데이아와 함께 코린토스로 망명을 가서 십 년 동안 함께 살았다. 그런데 이아손은 코린토스의 왕 크레온의 딸을 좋아하게 되었다. 여기에는 정략적인 의미도 있었는데, 크레온의 딸인 글라우케Glauce와 결혼을 하면 코린토스에서 자신의 입지가 매우 확고해지리라는 생각도 있었던 것이다.

그리하여 메데이아는 이아손에게 버림을 받게 되었다. 남편의 변심을 지켜보던 메데이아는 새로 아내가 되는 글라우케에게 결혼예복을 선물해 주었다. 이아손은 메데이아가 선물까지 하자 글라우케와의 결혼을 승낙하는 것으로 생각했다.

그러나 메데이아가 선물한 옷을 글라우케가 입자마자 옷이 화염에 휩싸이더니 글라우케는 불에 타 죽고 말았다. 또한 메데이아는 이아손이 보는 앞에서 이아손과 자신 사이에서 낳은 아이들을 모두 죽이고는 날개가 달린 뱀이 끄는 수레를 타고 아테네로 날아가 버렸다.

〈격노한 메데이아〉
외젠 들라크루아 | 1838 | 루브르 박물관 소장

메데이아는 테세우스의 신화에도 등장한다. 메데이아는 테세우스의 아버지인 아이게우스의 아내가 된다. 그러나 테세우스가 나타나자 자신이 낳은 아들이 왕위를 차지하지 못할까봐 테세우스에게 독이 든 잔을 권한다. 그러나 아이게우스 왕이 테세우스가 자신의 아들이라는 사실을 알게 되어 암살 계획은 실패하게 되고, 메데이아는 결국 아테네에서도 떠난다.

이아손은 정신적 충격으로 미치고 말았다. 광인이 되어 이곳저곳을 떠돌던 이아손은 자신의 과거의 영광을 말해 주던 낡아 버린 아르고호에 이르게 되었다. 그 밑에서 배를 물끄러미 지켜보던 이아손은 배가 부서지면서 떨어진 들보에 머리를 맞아 최후를 맞이했다.

이아손이 찾아나선 황금양털은 심리적인 인간의 완전성을 상징

황금은 중세의 연금술사들이 가장 원하던 금속이었다. 그들은 평생을 바쳐 다른 금속을 황금으로 변하게 하는 비법을 알아내기 위해 노력했다. 확인되지 않은 사실이지만, 어떤 연금술사는 납을 금으로 변하게 하는 비법을 알아내어 몇 개의 교회를 짓고 고아원을 짓는 등 커다란 돈을 모았다는 이야기도 있다.

연금술사들이 이처럼 황금을 만들려고 했던 가장 큰 이유는 물론 경제적인 이유도 있었지만, 또 다른 이유는 황금은 완전한 금속이기 때문이다. 황금은 녹슬지 않고, 오랜 세월이 지나도 절대 변하지 않는다.

연금술사들이 궁극적으로 찾아 헤매던 이 황금은 심리적으로 인간의 완전성을 상징하고 있다. 납이나 동과 같이 가치가 떨어지는 금속이 가장 가치 있는 금속인 황금으로 변화되는 것은 인간의 무의식을 의식화함으로써 인간의 의식과 무의식 간에 균형이 이루어지고, 의식의 부족한 부분을 보충해서 궁극적으로 인격의 최고 상태에 이른다는 것을 의미한다. 즉, 나를 나답게 만드는 개성화 과정의 종착점을 황금으로 표현한 것이다.

따라서 이아손이 황금양털을 찾아 나선 것은 곧 한 인간이 자신다워지는 개성화 과정을 상징하고 있는 것이다. 또한 인격의 성숙을 이루기 위한 한 인간의 정신적인 여정의 목표가 황금양털로 표현된 것이다.

이아손은 태어나자마자 숙부인 펠리아스의 위협 때문에 현명한 스승인 케이론에게 맡겨진다. 그는 어린 시절 부모의 사랑을 받지 못하고 다른 이에게 양육된 것이다. 여기서 이아손은 훌륭한 교육을 받았는지는 모르지만, 부모의 보살핌을 받지 못했다는 약점을 갖게 된다. 중요한 한 사람(어머니)과의 관계를 어린 시절 맺지 못한 까닭에 이아손은 남자들과 사귀고 유대관계를 맺을 수 있는 능력은 배울 수 있었지만, 여자와의 관계는 매우 서투르고 표면적일 수밖에 없다. 그래서 여자와의 관계는 목적을 위한 수단으로 이용할 뿐 친밀한 한 인간으로 대하고 오랫동안 지속적인 관계를 맺을 수 있는 법은 배우지 못했다. 이아손은 자신의 목적을 위해 메데이아를 이용하기만 할 뿐 진정으로 사랑하고 오랫동안 관계를 맺지 못한다.

이런 그의 콤플렉스는 강을 건너면서 잃어버리게 되는 한쪽 샌들로 상징된다. 이아손은 헤라 여신을 업고 강을 건너면서 한쪽 샌들을 잃어버리고 만다.

헤라 여신은 가정의 수호신이기도 하다. 헤라가 제일 싫어했던 것은 조강지처를 버리고 다른 여자를 사랑하는 남자들처럼 가정을 깨뜨리는 것이다. 또한 헤라는 위대한 어머니신이기도 하다. 이아손은 그런 헤라 여신의 무게를 감당하지 못해 강에서 샌들을 잃어버린다. 그에게는 헤라가 상징하는 모성이나 여성성, 가정을 지키는 능력을 감당할 힘이 없다는 것을 상징하는 것이다.

이아손이 한쪽 샌들을 잃어버렸다는 것은 물론 다른 해석도 가능하다. 샌들은 땅을 딛고 앞으로 나아가게 하는 도구다. 한 인간이 갖고 있는 현실적인 판단력이나 능력을 말한다. 이아손 이야기의 전체를 훑어보더라도 사실 이아손에게는 현실적인 능력이 별로 없어 보인다. 펠리아스 왕을 찾아가서 왕권을 차지하는 과정에서도 그는 펠리아스 왕의 꼬임에 빠져 황금양털을 구하러 가겠다고 약속을 하고 만다. 그리고 테세우스나 헤라클레스처럼 자신 혼자의 힘으로 모험을 하지 않고, 자신의 친구들을 불러모아 황금양털을 찾아 나선다. 왜냐하면 그는 혼자 감당할 수 있는 능력이 없기 때문이다. 그는 다른 사람의 힘을 빌려서 과업을 수행할 수 있을 뿐 자신의 힘으로 할 수 있는 것이 별로 없다. 그럼에도 불구하고 그는 무조건 저지르고 보는 성격이다.

한쪽 샌들을 잃어버렸다는 것은 그가 현실감각의 균형을 잃었다는 것을 보여 준다. 이처럼 현실감각이 없는 모습은 콜키스에 도착해서 황금양털을 구하기 위해 불을 뿜는 황소와 용의 이에서 튀어

나오는 병사들과 맞닥뜨려야 할 때도 보인다. 그는 무조건 아이에테스 왕의 제안을 받아들인다. 이아손은 이렇게 반복적으로 비현실적인 판단을 한다.

한쪽 샌들을 잃어버린 것에 대한 또 다른 해석도 가능하다. 신발은 지위나 권위를 상징한다고 했다. 그의 잃어버린 한쪽 샌들은 그가 다시 찾아야 할 왕권이나 자존심을 상징한다. 그는 한쪽 샌들을 다시 찾아서 일시적인 절름발이 상태에서 벗어나야 하는 것이다.

신발을 잃어버린 자만이 그 불편함을 알 수 있고, 더욱더 신발의 가치를 알게 된다. 헤라는 일부러 이아손의 신발을 잃어버리게 함으로써 그에게 무엇을 찾아야 하는지 가르쳐 주고 있다. 그가 빼앗긴 왕권, 즉 샌들을 찾아 나서라는 암시를 주고 있는 것이다.

무엇이든 없어야 찾고자 하는 욕구가 강한 법이고, 이것이 콤플렉스가 되어 한 사람이 앞으로 나아가게 하는 원동력이 된다. 허먼 멜빌의 소설 《백경》에서 아합 선장은 흰고래를 잡다가 자신의 발을 잃어버리고 목발을 하고 다닌다. 그는 항상 자신의 목발을 보면서 흰고래를 꼭 잡겠다는 의지를 다진다. 마찬가지로 헤라는 이아손에게 불편을 주어 그가 찾아야 할 왕권, 즉 펠리아스에 대한 복수를 다짐케 하고 있다.

이아손이 아르고호의 일행과 처음으로 도착한 곳은 렘노스 섬이다. 여기서 렘노스 섬의 여인들은 남자에 대해 매우 부정적인 생각을 갖고 있고, 그들을 잔인하게 대했던 인물들이다. 렘노스 섬의 여인들은 남성 안에 존재하는 잔인한 여성적인 측면을 상징하고 있다. 이때 아르고호의 선원들은 렘노스 섬의 여인들과 같은 방법으로 그들을 제압하지 않는다. 난폭한 것은 난폭한 것으로 대처하지 않고, 반대로 그들을 연인으로 맞아들여 사랑을 나눈다. 난폭한 것의 반대가 되는 유연함과 보살핌이 도리어 우리의 무의식에 존재하는 난폭함을 다룰 수 있는 방법이 되는 것이다.

여기서 힐라스라는 청년이 아르고호의 모험 도중 요정들에 의해 연못 속으로 끌려들어가 여행을 포기하게 되는 대목이 있다. 아르고호의 항해는 인간 마음의 완전성을 향한 여정을 상징하는데, 힐라스가 도중하차하게 되는 이유는 연못을 들여다보다가 요정들에게 이끌려 연못 속으로 빠져들어갔기 때문이다.

이는 힐라스로 상징되는 지나친 낭만주의는 인격 발달에 장애가 될 수 있으며, 정체상태에 이를 수 있다는 것을 보여 준다. 여기서 힐라스를 통해 우리는 나르키소스Narcissos*를 떠올리게 된다. 연못에 비친 자신의 모습에 반해 결국 굶어 죽었다는 나르키소스는 자기애에 빠져 다른 사람과 관계를 맺지 못한 인물이다. 힐라스도 이런 면에서 또 다른 나르키소스를 연상하게 한다. 그는 요정으로 상징되는 자신의 모습에 반해서 그만 연못에 빠져들고 만 것이다. 그래서 그는 아르고호의 항해에서 탈락하고 말았다.

그리고 교만하고 잔인한 베브리케인의 나라의 왕인 아미코스를 폴리데우케스가 죽이는 장면이 나온다. 이는 무의식의 여행에서 교만한 태도는 정복되어야 함

* **나르키소스** 그리스 신화에 나오는 미소년. 나르키소스에게 사랑을 거절당한 에코가 복수의 여신 네메시스에게 그도 똑같은 고통을 겪게 해 달라고 빌어 호수에 비친 자신의 모습을 사랑하게 되어 샘에 빠져 죽게 된다. 그가 죽은 자리에 수선화가 피었다고 한다. 정신분석에서 자기애를 뜻하는 나르시시즘이 나르키소스에서 유래한 것이다.

을 의미한다. 이런 교만하고 호전적인 태도는 그 어떤 것도 새로 받아들일 수 있는 여지를 만들지 않기 때문이다.

다음으로 아르고호의 선원들이 만나게 되는 이가 예언의 능력을 가진 피네우스다. 예언의 능력이란 직관을 의미한다. 이런 직관적인 능력이 발달한 사람은 앞일을 예측하는 데 탁월한 능력을 가진다. 사업가 중에 이런 직관능력을 가진 사람들이 있는데, 남들보다 앞서 어떤 업종이 잘될 수 있는지, 어떤 상품이 잘 팔릴 수 있는지 예측하는 능력이 발달해 있어 큰 성공을 거둔다. 이런 직관능력은 잘나가는 펀드매니저에게서도 찾아볼 수 있다. 사실 모든 정보는 누구에게나 열려 있지만, 어떤 종목이 오를 것인지 마지막에 결정하는 것은 직관의 힘이다.

그런데 피네우스는 자신의 예언능력, 즉 직관능력을 지나치게 낭비하고 만다. 그는 신들의 시시콜콜한 이야기까지 떠벌리는 바람에 괴조로부터 괴롭힘을 당하는 저주를 받는다. 이는 지나치게 직관능력에 의존해서는 안 된다는 것을 보여 주고 있다. 직관능력은 인간의 미래를 예측하는 데 도움은 되지만, 직관능력에만 의존하게 되면 직관의 희생자가 되기도 한다.

그 예로는 지나치게 징크스를 많이 갖고 있는 사람을 들 수 있다. 출근길에 어떤 색 옷을 입고 있는 사람을 만나면 그날 하루 운수가 나쁘다거나, 어떤 꿈을 꾸면 자신에게 꼭 나쁜 일이 생긴다고 믿거나, 어떤 일을 시작할 때 단지 기분이 좋지 않아서 포기하는 것 등이다.

직관력은 어느 정도 사용할 때 도움이 되지만, 지나치게 맹신하면 앞으로 나아가지 못하게 가로막는 역할을 한다. 항상 불길한 직관적인 느낌 때문에 아무것도 하지 못하고 제자리를 맴도는 사람들이 있다. 또한 자신의 직관능력이 아니라 남의 직관능력을 빌려서 믿는 이도 이에 해당될 것이다.

'점쟁이 오류'라는 말이 있다. 이는 사소한 일이 발생했을 때 무조건 그걸 확대 해석해서 자신이 분명 실패한다거나, 자신이 낙오자나 실패자라고 단정짓는 경우를 말한다. 이는 점쟁이들이 대개 부정적인 예언을 하기 때문이다. 이는 사람들이 긍정적인 예언을 하면 잘 믿지 않지만, 부정적인 예언은 확신하기 때문이다.

예를 들어 올해 운수대통이라고 점쟁이가 예언을 했다면 점을 보러 온 사람은 믿으려 하지 않는다. 반면 올해에는 액이 끼었으니 사람을 조심하고, 사고를 조심하는 것이 좋다고 하면 그것은 믿고 염두에 둔다. 심지어 부적을 해야 한다고 하면 주저 없이 부적을 구입하는 사람들도 있다. 이처럼 자신의 직관뿐 아니라 다른 사람의 직관까지 빌려서 믿는다면 그의 인생은 항상 불안과 미래에 대한 걱정 때문에 하루도 편할 날이 없을 것이다.

피네우스가 괴조로부터 음식을 빼앗기고 배설물 세례를 받는 것은 잘못된 직관으로 인한 벌을 상징한다. 피네우스처럼 일반인들도 불필요한 직관으로 인해 하루하루 편할 날이 없이 지내는 사람이 많다.

아르고호의 일행은 드디어 아이에테스 왕이 살고 있는 콜키스에 도착한다.

여기서 불을 뿜는 황소와 용의 이에서 튀어나온 병사들을 퇴치한 방법은 사실 의외로 간단했다. 그들 사이에 돌을 던져 자중지난에 빠지게 해서 서로가 서로에게 공격을 해서 죽게 만든 것이다.

만약 이아손 일행이 무장을 한 병사들과 전투를 벌였다면 그들은 살아남지 못했을 것이다. 이 불을 뿜는 황소와 무장을 한 병사들은 바로 무의식에 존재하는 원시적인 공격성을 의미한다. 이것을 퇴치하고 의식화하기 위해서는 그들과 같은 방법으로 동일시해서는 안 된다는 것을 보여 준다. 똑같이 난폭하고 공격적으로 자신의 무의식을 대하게 되면 자멸하게 되는 것이다. 도리어 그런 무의식에 존재하는 공격성은 그대로 내버려 둘 때 그들의 힘이 없어지게 되는 법이지 맞서 싸우게 되면 공격성은 더욱 심해질 수 있다.

예를 들어 아주 난폭한 아이를 변화시키는 방법은 매로 다스리거나 벌을 주어 그 아이와 동일시해서는 효과가 없는 법이다. 도리어 그 아이가 왜 그렇게 난폭한 행동을 하는지 이야기를 들어 주고, 그 아이에게 자율성을 부여하면 오히려 순한 양처럼 변하는 것과 같은 이치다.

욕망의 추구와 삶의 정서의 균형을 깬 대가로 얻은 이아손의 비참한 말로

이제 이아손은 황금양털을 손에 넣어 콜키스 섬을 빠져나오게 된다. 이때 메데이아는 자신의 동생인 압시르토스의 사지를 절단해서 바다에 던져 일행으로 하여금 위기를 벗어나게 해 준다.

일반인의 입장에서 보면 이러한 메데이아의 행동은 지나치게 잔인하게 비칠 것이다.

메데이아가 동생을 죽인 것은 새로운 관계를 맺기 위해서는 과거와 단절해야 한다는 것을 상징한다. 인생을 살다보면, 과거의 관계에 매달려서 미래에 오는 기회를 놓치는 사람이 많다. 때로는 냉정하게 지금 자신이 맺고 있는 관계를 끊어야 할 때가 있다.

과거의 사랑에 매달려서 현재 다른 여성을 만나지 못하는 남성도 있고, 어머니와의 병적인 결합을 끊지 못해 독립된 가정을 꾸리지 못하는 사람도 있다. 또 어떤 여성은 여전히 어린 소녀로 남아 아버지에게 사랑만 받았던 것을 잊지 못해 현재의 남편이 자신의 아버지가 되어 주기를 바라는 경우도 있다.

메데이아의 행동은 과거에 맺었던 관계의 단절이 새로운 관계를 맺게 해 준다는 점을 상기시켜 주는 대목이다. 그런 면에서 메데이아는 이아손에게 존재하는 아니마(남성 안에 존재하는 여성성)로서 과거와의 냉정한 단절을 요구한다.

마침내 이아손은 이올코스에 도착해 다시 한 번 메데이아의 도움을 받아 펠리아스 왕을 죽이게 된다.

그럼, 이제 그의 임무는 모두 완수되었는가?

그렇지 못하다. 이아손의 모험을 전체적으로 봤을 때 가장 큰 역할을 했던 것은 메데이아의 도움이었다. 메데이아는 이아손 안에 존재하는 아니마로서 그가 황금양털이라는 완전성에 도달하는 데 도움을 주었다. 하지만 이아손은 메데이아를 버림으로써 비극적인 최후를 맞게 된다. 그는 자신을 도와주었던 아니마를 소홀히 대접한 것이다.

이아손은 황금양털을 갖고도 여전히 자신의 남성적인 목적을 위해 코린토스의 공주와 결혼하려 했다. 자신의 영향력을 발휘하고 싶은 욕망 때문이다. 그는 자신의 목적을 이룬 후에도 아니마가 여전히 남아 있어야 마음속에 존재하는 음양의 조화, 즉 남성성과 여성성의 조화가 계속될 수 있다는 점을 잊은 것이다.

그는 이제 메데이아가 필요 없다고 생각하고 버리고 만다. 그러나 남성들이 자신 안에 존재하는 여성성을 홀대하게 되면, 그의 인생은 황폐해지고 몰락하게 된다. 그 예로는 사회적인 성공만을 위해, 또 돈을 많이 벌기 위해 밤낮없이 뛰어다니는 중년의 남성들을 들 수 있다. 이들은 계속해서 자신의 남성적인 측면인 과시와 성공을 위해 아내와 자식과의 친밀한 유대관계를 포기한다. 하지만 우리는 가족 간의 유대관계 속에서 인생이 풍성해질 수 있다.

이렇게 성공을 위해 모든 것을 버린(남자들은 아내와 자식을 위해 희생한다고 생각한다) 남자들은 노년기에 이르러서 자신을 돌아볼 때 자신에게 남은 것은 질병과 외로움뿐임을 알게 된다. 이들은 그간 자녀와 아내와 친밀한 관계를 맺지 못했기 때문에 노년에 이르렀을 때 아내와 자식은 그저 타인에 불과한 것이다.

자신 안에 존재하는 여성적인 측면인 아니마를 소중하게 여기는 남성들은 비록 돈을 적게 벌고, 성공은 하지 못했더라도 아내와 자녀들과의 친밀한 관계에서 행복감을 느낀다.

그래서 이아손의 모험은 사실은 실패로 끝난 것이다. 그것은 남성 안에 존재하는 여성적인 측면인 아니마를 소홀히 대했기 때문이다.

이아손은 자신의 영광을 나타냈던 아르고호의 들보에 맞아 죽는다. 아르고호는 앞으로만 나아가서 도전과 성취만을 하게 했던 이아손의 분신이기도 하다. 하지만 그 배는 세월이 흘러 낡아 버리고 이아손이 과거에 젖어 그 배를 찾아갔다가 그만 배의 들보에 맞아 죽고 만 것이다.

이는 성공과 돈을 위해 앞으로 달려가기만 하는 남성들이 자신들이 추구하고 성취했던 것들이 부메랑이 되어 결국 그들을 거꾸러트리고 말 것임을 암시적으로 보여 주고 있다.

그 예가 바로 40대의 돌연사와 가족과의 서먹서먹한 관계다.

메데이아는 마법을 쓸 줄 아는 인물이다. 그 마법이란 다른 사람과 대등한 관계를 맺고 보살펴 주고, 사랑해 주고, 보듬어 주는 능력이다. 그 마법을 부릴 줄 아는 자는 기적을 만들어 낸다. 인간과 인간 사이의 친밀한 관계처럼 굉장한 마법은 없다. 그 마법이 바로 인간을 젊게 만들고, 어떤 어려움이 닥쳐도 죽지 않게 만드는 불사의 고약인 것이다.

그리스 신화로 보는 우리 내면의 은밀한 심리

심리학으로 읽는 그리스 신화

초 판 1쇄 발행 2016년 3월 10일
초 판 61쇄 발행 2024년 10월 30일

지은이   김상준
펴낸곳   보아스
펴낸이   이지연
등 록   2014년 11월 24일(No. 제2014-000064호)
주 소   서울시 양천구 목동중앙북로8라길 26, 301호(목동) (우편번호 07950)
전 화   02)2647-3262
팩 스   02)6398-3262
이메일   boasbook@naver.com
블로그   http://blog.naver.com/shumaker21
유튜브   보아스북 TV

ISBN   979-11-954336-4-3 (03180)

이 도서의 국립중앙도서관 출판시도서목록(CIP)은 서지정보유통지원시스템 홈페이지
(http://seoji.nl.go.kr)와 국가자료공동목록시스템(http://www.nl.go.kr/kolisnet)에서
이용하실 수 있습니다. (CIP제어번호: CIP2016005001)